Erläuterungen und Dokumente

Heinrich von Kleist
Prinz Friedrich von Homburg

HERAUSGEGEBEN VON
FRITZ HACKERT

PHILIPP RECLAM JUN. STUTTGART

Kleists »Prinz Friedrich von Homburg« liegt unter Nr. 178 in Reclams Universal-Bibliothek vor

Universal-Bibliothek Nr. 8147 [3]

Herstellung: Reclam Stuttgart. Printed in Germany 1979
ISBN 3-15-008147-5

Inhalt

I. Wort- und Sacherklärungen

Widmung

An seinen Verleger Georg Reimer in Berlin schrieb Kleist im Juli 1811, er habe die Absicht, das Drama »der Prinzess. Wilhelm zu dedizieren«. – Nach dem Tod der Königin Luise (1810), die von Kleist mit einem Gedicht als Trösterin im Unglück des Vaterlands gefeiert worden war, nahm die Schwägerin des preußischen Königs, Friedrich Wilhelms III., die Aufgaben einer ersten Dame des Hofes wahr. Sie war eine Urenkelin des Prinzen von Hessen-Homburg. – Die Kopistenhandschrift des Schauspiels, welche die Widmung enthält und die einzige Grundlage für den Text geblieben ist, hatte Kleists Kusine Marie von Kleist kurz vor seinem Tod mit einem Bittbrief dem ihr bekannten Fürstenpaar, dem Prinzen und der Prinzessin Wilhelm (d. i. Amalie Marie Anne bzw. Marianne), übersandt. Sie befindet sich heute im Besitz der Heidelberger Universitätsbibliothek.

Gen: heute veraltete, nur noch in stehenden Wendungen zu findende Präposition mit Akk.; aus ahd. gegeni ›gegen‹ wurde durch Erweichung des Mittelkonsonanten mhd. gein, dann nhd. gen, das besonders in der Bibelübersetzung häufig vorkommt und um 1800 noch poet. Stilwert besaß.

Barde: Kleist ordnet sich hier in die um 1770 durch Klopstock berühmt gewordene deutsche Bardendichtung ein. Der Barde (ir. bard ›Sänger‹) galt als Urbild des sein Volk preisenden Dichters. Geschichtlich waren unter diesem Namen im Mittelalter keltische Hofdichter und Sänger bei den Galliern, Iren, Gälen, Wallisern und Bretonen aufgetreten. – Wie andere zeitgenössische Autoren nahm Kleist als vaterländischer Dichter in der Auseinandersetzung mit dem Frankreich Napoleons die Rolle des germanischen Sängers an (vgl. seine Kriegslyrik und das Drama »Die Hermannsschlacht«).

eine denkt er: Während das Verb in diesem Kontext heute nur ein Präpositionalobjekt zuläßt (›denken an‹), konnte es daneben bis ins 19. Jh. noch direkt mit einem Akk.-Objekt verbunden werden.

ihm falle: wahrscheinlich aus metrischen Gründen gewählte Kurzform für ›ihm zufalle‹.

Personen

Friedrich Wilhelm, Kurfürst von Brandenburg: Der Große Kurfürst (1620–88) verbündete sich 1672 mit den Niederlanden gegen die in Europa anwachsende Macht Ludwigs XIV., welche 1674 auf den Widerstand der beim Reichstag von Regensburg versammelten deutschen Fürsten stieß. An ihrem Bündnis beteiligte sich F. W., führte seine Truppen jedoch nicht in die Niederlande, sondern zur Vereinigung mit anderen Verbänden des Reichs an den Oberrhein, wo die Franzosen ins Elsaß zurückgeworfen wurden. – Nach dem Gegenstoß des französischen Marschalls Turenne (vgl. Anm. zu V. 349 f.) zogen sich die Reichstruppen Anfang 1675 zurück, während zur gleichen Zeit die von Ludwig XIV. finanzierten Schweden die Mark Brandenburg besetzten. Darauf rückte F. W. mit seinem Heer aus dem Westen ab und schlug die von den Feldmarschällen und Brüdern Wrangel geführte schwedische Armee (nach dem alten Julianischen Kalender, der in den protestantischen Ländern noch galt, am Morgen des 18. Juni) entscheidend in der Schlacht von Fehrbellin.

Die Kurfürstin: historisch die zweite Frau des Kurfürsten, bei der Schlacht nicht zugegen. Ihren Namen *Elisa* (V. 233) erfand Kleist vielleicht im Anklang an den Vornamen der ersten Frau, Luise Henriette von Oranien, durch welche die Herrscherhäuser der Niederlande und Brandenburgs verbunden waren.

Prinzessin Natalie von Oranien, seine Nichte, Chef eines Dragonerregiments: erfundene Figur, die jedoch auf die enge Verbindung zwischen den Oraniern und dem Kurfürsten hindeutet, der ein Enkel des ersten Statthalters der Niederlande und im Haag aufgewachsen war. Daraus erklärt sich auch seine erste Ehe (vgl. Anm. zu *Die Kurfürstin*) und die Unterstützung Wilhelms III. von Oranien bei dessen Abwehrkampf gegen Frankreich. Aktualität besaß die Dramenfigur insofern, als seit 1795, nachdem die Franzosen Holland besetzt hatten, der Erbprinz Wilhelm von Oranien (1772–1843, ab 1815 erster

König von Holland) als Flüchtling am preußischen Hof in Berlin lebte, da er mit einer Schwester Friedrich Wilhelms III., des preußischen Königs, nämlich Friederike Luise Wilhelmine (1774–1837), verheiratet war. Diese stand mit den Damen des Hofes (so Königin Luise, Prinzessin Anna Amalie und Luise Radziwill) während der Exilzeit in enger Verbindung. – Der militärische Rang der Prinzessin ist ein Ehrenamt, wie es z. B. Königin Luise innehatte, die Chefin eines Dragonerregiments war. Zur Zeit der Schlacht von Fehrbellin gab es kein *Regiment Prinzessin von Oranien* (V. 127), aber der am Hof lebende Erbprinz von Oranien war Kommandeur eines preußischen Regiments und befürwortete den Kampf gegen Napoleon an der Seite Österreichs.

Chef: Fachsprache des Militärs wie auch noch ziemlich verbreitete Umgangssprache des Adels war das Französische (s. die Briefe aus Kleists Umgebung).

Dragoner: von frz. dragon, einer nach dem ›Drachen‹ benannten Feuerwaffe des 17. Jh.s; der Begriff übertrug sich auf die mit Feuerwaffen ausgerüsteten Reiter, die auch im Kampf zu Fuß eingesetzt wurden.

Feldmarschall Dörfling: Georg Derfflinger (1606–95), Sohn eines österreichischen Bauern und zunächst in schwedischen Diensten, baute als brandenburgischer Offizier die Reiterei des Großen Kurfürsten auf und wurde 1670 Generalfeldmarschall. Entgegen der Kleistschen Charakterisierung besaß er eine hohe militärische Bedeutung, die sich im Nachruhm der Geschichtslegenden um seine Figur widerspiegelt.

Prinz Friedrich Arthur von Homburg, General der Reuterei: Der Vorname *Arthur* ist von Kleist erfunden, vielleicht zur Unterscheidung zwischen dem Prinzen und dem Kurfürsten und möglicherweise entlehnt aus Shakespeares »König Johann« (vgl. dazu Mommsen, S. 186 ff.). – Der historische F. v. H. (1633–1708) diente unter Karl X. im schwedischen Heer und erhielt, als er 1659 ein Bein verloren hatte und eine Prothese trug, den Beinamen »Der Landgraf mit dem silbernen Bein«. In zweiter Ehe heiratete er nach dem Ausscheiden aus schwedischen Diensten eine Nichte des Großen Kurfürsten, so daß er ihm gegenüber den Verwandtschaftsgrad eines Neffen erhielt. Als brandenburgischer General der Kavallerie nahm er an den Feldzügen des Großen Kurfürsten teil und spielte eine wichtige Rolle in der Schlacht von Fehrbellin, worum sich später allerhand geschichtliche Sagen rankten, die zu Kleists Lebenszeit immer wieder erörtert wurden und auch zu bildlichen Darstellungen führten. Geschichtliche Tatsache ist, daß der Konflikt zwischen Kurfürst und General wohl aufgekommen war, aber keine Folgen hatte. 1681 trat F. v. H. als Landgraf Friedrich II. die Nachfolge seines Bruders in der Regentschaft des kleinen hessischen Fürstentums an.

Reuterei: frühnhd. verbreitet statt ›Reiterei‹ und später noch als poet. Ausdruck gebraucht; aus lat. ruta (s. ›Rotte‹) und rutarius ›Räuber‹, aber auch ›Söldner‹, entwikkelte sich über niederl. ruiter das dt. Wort ›Reuter‹, das eine Zeitlang mit der Form ›Reiter‹ konkurrierte.

Oberst Kottwitz: Der Name könnte einem Rittmeister K. entlehnt sein, der in Vertretung seines gefallenen Oberst bei Fehrbellin ein Dragonerregiment befehligte. Im Charakter der Dramenfigur dürfte als Vorbild aus Kleists Gegenwart der General Blücher durchscheinen.

Obrist: Die Umstellung von Vokal und Konsonant gegenüber ›Oberst‹ bildet eine obdt. Variante, die um 1800 noch als Übersetzung der frz. Rangbezeichnung ›colonel‹ in Gebrauch war.

Hennings: historische Figur, Teilnehmer an der Schlacht von Fehrbellin, nach der er vom Oberstleutnant zum Oberst befördert wurde.

Graf Truchß: historisch Graf Wolf Christoph von Truchseß, der jedoch zur Zeit der Schlacht noch nicht brandenburgischer Offizier war. – Mit ihm beginnt die Reihe der historisch stark abweichenden und auch erfundenen Offiziersfiguren, deren Namen Kleist z. T. der militärischen Rangliste Preußens von 1806 entnahm.

Suite: (frz.) Gefolge, Begleitung.

Rittmeister: Hauptmannsrang bei der Reiterei; ihm untersteht eine Schwadron, also eine Gruppe von Kompaniegröße bei der Kavallerie.

Wachtmeister: Unterführer im Feldwebelrang.

Korporale: (frz.) Unteroffiziere.

Hofkavaliere: am Hof eines Fürsten versammelte Edelleute, deren lokale Regierungsgewalt durch die Zentralisierung der Herrschaft gegenstandslos wurde; beispielgebend war der Absolutismus Ludwigs XIV. Das Wort ›Kavalier‹ entstammt dem ital. cavaliere ›Ritter‹ und wurde in seiner frz. Form (cavalier) ins Deutsche aufgenommen.

Pagen: (frz.) adelige Knaben, die einer höhergestellten Familie dienten und dabei eine Lehre der Standessitten durchliefen.

Heiducken: urspr. Bezeichnung eines ungarischen Stammes, dann auf seine Soldaten übertragen, deren Uniform aber erst im 18. Jh. als Dienerkleidung am Wiener Hof eingeführt wurde; insofern legt Kleist auch hier keinen Wert auf geschichtliche Treue.

Bedienten: Der artikellose Nom. Pl. ist hier schwach statt stark flektiert (›Bediente‹); bei substantivierten Adjektiven schwankt im Pl. auch heute noch manchmal die Flexion.

Erster Akt

Fehrbellin: kleine, damals von Sümpfen umgebene Stadt der Mark Brandenburg, etwa 60 km nordwestlich von Berlin. Ihre Szenerie mit Schloß und Park, dem Münster und dem Hauptquartier des Kurfürsten ist unhistorisch und von Kleist erfunden. Strategischen Wert hatte der Ort als Verkehrsknotenpunkt.

im altfranzösischen Stil: ›Altfranzösisch‹ war, aus der Napoleon-Zeit geurteilt, die Stiltradition vor der Revolution, wo im Rokoko neben dem englischen Park immer noch das Muster der barocken Schloßgärten fortwirkte, geometrische Anlagen mit ornamental gestutzten Pflanzen wie im Versailles Ludwigs XIV., das den europäischen Höfen, so auch dem preußischen in Berlin-Charlottenburg, als Vorbild diente.

Rampe: die von zwei Seiten zum Schloßeingang führende Auffahrt.

Erster Auftritt

1–10 *Der Prinz ... vorzurücken?:* Zur Form dieses Eingangssatzes vgl. die Interpretation Beißners, Kap. V; zur militärischen Lage vgl. die Karte Kap. III,2.

1 *Vetter:* drückt eine Gemeinsamkeit oder Verbindung (nicht nur verwandtschaftlicher Art) zwischen dem Sprecher und dem Angeredeten aus, hier wohl die gemeinsame Standeszugehörigkeit innerhalb des Adels, wo man sich als »Vetter« anredete; vgl. auch V. 777 u. ö.

2 *seit drei Tagen:* Drei Tage zuvor hatte der Große Kurfürst, von Magdeburg angerückt, die Schweden aus der brandenburgischen Stadt Rathenow geworfen.

3 *munter:* lebhaft, energisch; heute überwiegt die Bedeutung ›wach, lustig‹.

8 *Wrangel:* Waldemar von W. hatte sich, als der Entsatz von Rathenow (vgl. Anm. zu V. 2) nicht gelungen war, vor den brandenburgischen Truppen mit seiner schwedischen Teilarmee zurückgezogen, um sie mit den Streitkräften seines Bruders Karl Gustav von Wrangel zu vereinigen, der jenseits des Rhyn stand.

9 *Rhyn:* heute: Rhin; kleiner Nebenfluß der Havel.

10 *Hackelberge:* Die Schlacht entwickelte sich zwischen Fehrbellin und dem 6 km nordöstlich gelegenen Dorf Hakenberg, das in der Quelle Kleists (K. H. Krause, »Mein Vaterland unter den Hohenzollerischen Regenten«, vgl. Kap. II,1) als »Hackelberg« bezeichnet ist. Aus diesem Namen leitete Kleist die Geographie seines Schlachtfelds ab; so die Erfindung von *Hackelwitz* (V 129), der *Hackelbüsche* (V. 255), der *Hackelhöhn* (V. 394) und des *Hackelgrund* (V. 395).

11–17 *Die Chefs ... auszuruhn:* Die verwickelte Satzform ist ein typischer Stilzug von Kleist, der sich hier wohl an der französischen Partizipialkonstruktion orientierte (vgl. V. 1105 f., 1822).

13 *Glock zehn:* Uhren mit Stundenschlag hießen ›Glocken‹; ›die Glocke ist zehn‹: es ist zehn Uhr.
gemessen: förmlich; um 1800 häufig verwendetes Partizip zur Bezeichnung einer Sache, die nach Maß oder Regel vorgeschrieben ist.

18 *So:* Der modale Sinn (›auf diese Weise‹) tritt hier zugunsten des demonstrativen (›dieses, das‹) zurück.

24 *Nachtwandler:* lat. noctambulus nachgebildet und erst in der Mitte des 19. Jh.s durch das heute gebräuchliche ›Schlafwandler‹ (lat. somnambulus) ersetzt. Das Wort erscheint auch in Gotthilf Heinrich Schuberts »Ansichten

von der Nachtseite der Naturwissenschaft« (Dresden 1808), von dem wahrscheinlich Kleists Kenntnisse des Somnambulismus stammen (vgl. Kap. II,3).

28 *einzuwinden:* um 1800 gebraucht im Sinne von ›einrollen, zusammenbiegen‹, also hier eine Intensivierung des Verbs ›winden‹.

29 *herab:* Die sprachregelnde Unterscheidung zwischen ›hinab‹ (von einem höheren Standpunkt des Sprechers weg) und ›herab‹ (auf einen tieferen Standpunkt des Sprechers zu) setzt am Ende des 18. Jh.s ein, wird aber von vielen Schriftstellern noch lange Zeit nicht beachtet.

30 *Im Schlaf versenkt?:* Statt des Partizips vom intransitiven Verb (›versunken‹) steht hier das Partizip des transitiven (›versenkt‹), dem jedoch das präpositionale Dat.- statt des Akk.-Objekts (›in den Schlaf versenkt‹) zugeordnet ist.

31 *Ruf ihn bei Namen auf:* ›aufrufen‹ hatte umgspr. die Bedeutung ›zum Aufstehen rufen, einen Schlafenden wachrufen‹; mit dem fehlenden Dat. in der Wendung *bei Namen* (statt ›beim‹) weicht Kleist vom allgemeinen Sprachgebrauch ab. – Nach landläufiger Vorstellung fallen Schlafwandler um, wenn man sie beim Namen ruft.

33 *braucht des Arztes:* Die heute ausgestorbene Gen.-Verbindung erhielt sich neben dem Akk. besonders in der an Luthers Bibelübersetzung ausgerichteten Dichtersprache (vgl. Anm. zu V. 34).

34 *sein zu spotten:* ›seiner‹ als Gen. des Pronomens ›er‹ wurde im Oberdeutschen und damit auch dem Stil von Luthers Bibelübersetzung oft zu ›sein‹ verkürzt.

39 *Unart:* Hohenzollern deutet die Anfälle Homburgs als harmlose Abnormität (vgl. V. 35: *Er ist gesund*); bei Schubert (vgl. Anm. zu V. 24) gilt der Somnambulismus als Krankheit.

40 *Ein Märchen glaubt ichs!:* Die Schreiberkopie, die heutigen Ausgaben zugrunde liegt (vgl. Anm. zur Widmung), enthält hinter *Märchen* ein Komma, so daß sich der Sinn ergibt: ›Nur als Märchen wäre dies zu glauben.‹ – Die Tilgung in späteren Ausgaben greift darauf zurück, daß ›glauben‹ mit einem doppelten Akk. zu der Bedeutung führt: ›Für ein Märchen hielt ich es.‹

42 *Zurück! die Fackeln!:* Bei Befehlen verleiht Kleist den

einzelnen Wörtern öfter dadurch Nachdruck, daß er hinter ihnen Ausrufezeichen setzt (vgl. V. 79).
Laßt sie: d. h. die Pagen, deren Fackeln Homburg nicht aufwecken, wie sich im folgenden zeigt.

43 *Flecken:* heute noch übliche Bezeichnung für eine kleine Ortschaft.

44 *Daß ... nicht:* um 1800 noch anstelle des sich durchsetzenden ›ohne daß‹ gebraucht.

45 *Demant:* von afrz. demande abgeleitete Variante von ›Diamant‹, von Luther gebraucht, in poet. Sprache noch lange erhalten.

47 *Lorbeer:* immergrüner Baumstrauch des Mittelmeergebiets, dessen Zweige seit dem Altertum zur Bekränzung siegreicher Feldherrn und Sportler oder berühmter Künstler verwendet wurden.

49 *Rüstsaal:* vermutlich poet. Ausdruck für das Zeughaus in Berlin Unter den Linden, dessen Bau erst 1695 begonnen wurde und das in der Überlieferung gelegentlich auch »Rüsthaus« hieß; es diente eigentlich als Waffenlager.

50 *märkschen Sand:* Die Mark Brandenburg, deren Kurfürsten seit dem 15. Jh. aus dem Hause Hohenzollern stammten, galt wegen ihrer Bodenbeschaffenheit als »Sandbüchse des Heiligen Römischen Reiches«.

53 *auferzieht:* wohl zur Füllung des Metrums gewählt, da schon Ende des 18. Jh.s als selten notiert und Ersetzung durch ›aufziehen‹ empfohlen.

57 *Sterngucker:* möglicherweise Anspielung auf Leipziger Astronomen, die 1807, als Preußen von Napoleon niedergeworfen und Sachsen zum Königreich gemacht war, einer Sterngruppe den Namen »stellae Napoleonis« gaben.

59–63 *Schade ... aufprobieren:* Zum Kranzmotiv und seiner möglichen Beziehung auf Goethes »Tasso« vgl. Mommsen, S. 167–175.

63 *florne:* Als ›Flor‹ bezeichnete man einen dünnen Seiden- oder Wollstoff, der auch eine wichtige Rolle in der Mode spielte; das Wort ist heute noch metaphorisch oder in Zusammensetzungen gebräuchlich (›Trauerflor‹).

67 *Mein Vater!:* Im Wunschdenken, das sich hier preisgibt, ist der Kurfürst als Pflegevater Natalies (V. 65: *Meine Braut!*) bereits Homburgs Schwiegervater.

75 *Gefild:* ›Gefilde‹ war bereits um 1800 nur noch ein Ausdruck des hohen Stils, den die Bibelsprache konserviert hatte; sprachgeschichtlich ist das Wort eine Ableitung von ›Feld‹; es wird heute nur noch poet. oder in Redewendungen gebraucht.

Zweiter Auftritt

Daß Kleist für die stumme Szene des Prinzen einen besonderen Auftritt vorsieht, zeigt, welchen Wert er allgemein auf die pantomimischen Teile seiner Dramen legt.

Dritter Auftritt

79 *Still! die Zikade!:* Zur Zeichensetzung vgl. Anm. zu V. 42; aus dem Vergleich des Pagen mit einer Grille folgt Hohenzollerns weitere Wortwahl, so *Zirpen* (V. 80) und *Weizenfeld* (V. 85).

Vierter Auftritt

vor 87 *hinter dem Prinzen stellt:* Die biblisch belegbare Verbindung der Präposition mit dem Dat. nach ›stellen‹ wurde schon von Grammatikern des 18. Jh.s gerügt; Tieck setzte in seiner Kleist-Ausgabe (1821) hier den Akk. ein.
unverwandt: ohne sich abzuwenden; hervorgegangen aus ›verwenden‹ in der bis ins 19. Jh. gebräuchlichen Bedeutung ›abwenden‹; heute nur noch selten gebraucht.

87 *Arthur:* vgl. *Prinz Friedrich Arthur von Homburg* im Personenverzeichnis. – Das Wort fällt völlig aus dem Metrum heraus. Kleist verfährt im allgemeinen mit dem Blankvers sehr frei (vgl. bes. V. 333, 882, 1056, 1173).

89 *Fabel:* hier: erfundene Geschichte.

93 *zu Nacht:* präpositionale Verbindung in Zeitangaben, die sich in Wendungen erhielt wie ›zu Nacht essen‹.

95 f. *Die Reuterei ... voraus:* von Kleist oft verwendetes Stilmittel, bei dem der relative Anschluß (*Die Reuterei, die*) durch das vorgezogene Prädikat (*ist*) unterbrochen wird.

96 *Auf .. schon:* schon eine Stunde.

98 *Die Mamelucken:* Name der herrschenden Klasse Ägyptens, die zu Kleists Lebenszeit immer wieder ins Tagesgespräch kam. Berühmt war ihre Reiterei, die 1798 von Napoleon besiegt wurde; Schillers Gedicht »Der Kampf mit dem Drachen«, das aus demselben Jahr stammt, enthält die sprichwörtlich gewordenen Verse: »Mut zeiget auch der Mameluck, / Gehorsam ist des Christen Schmuck.« – Hohenzollern sucht den Prinzen zu verblüffen.

100 *der märkschen Reuter Oberst:* d. h. hier der Oberbefehlshaber der brandenburgischen Reiterei; vgl. Anm. zu V. 1498.

102 *Heinz:* umgspr. Kurzform von ›Heinrich‹.

106 *Prinzessin:* Wie das Wort ›Prinz‹ synonym mit dem Wort ›Fürst‹ sein konnte, so steht hier »Prinzessin« statt ›Kurfürstin‹.

111 *Heinrich:* s. Anm. zu V. 102.

116 *umgewandelt:* verkürztes ›umhergewandelt‹; das Verb ›wandeln‹ war bereits um 1800 auf poet. Stil festgelegt.

121 f. *von Wohlgeruch ... Perserbraut:* Diesen Vergleich gebrauchte Kleist schon im »Käthchen von Heilbronn« (II,1: »wie die mit Ölen gesalbte Braut eines Perserkönigs«). Er geht auf das biblische Buch Esther zurück, in dem die Sitten im Harem des Königs Ahasver beschrieben werden (Esther 2,12).

124 *Was ist die Glocke:* vgl. Anm. zu V. 13; dazu auch V. 126: *Glock zehn.*

jetzo: im 18. Jh. noch verbreitete Form des aus mhd. ie ›immer‹ und zuo ›zu‹ entstandenen Adverb ›jetzt‹.

Halb auf Zwölf: Um den Verlauf der Zeit (›auf Zwölf zu‹) deutlich zu machen, empfahl sich diese Form noch länger neben der präpositionslosen (›halb zwölf‹).

129 *Hackelwitz:* vgl. Anm. zu V. 10.

132 *gleichviel:* gleichgültig, einerlei; heute nur noch als Adverb gebraucht, bei Kleist auch als Adjektiv; das Wort kommt sehr häufig im Text vor.

136 *Parole:* von frz. parole ›Wort‹; in der militär. Fachsprache verengt zur Bedeutung von ›Losung‹; hier im Zusammenhang des Textes die Unterrichtung über den Schlachtplan (I,5: Paroleszene). – Tieck hatte in der Erstausgabe (1821) an die deutsche Aussprache des Wor-

tes gedacht und deshalb das ›e‹ der Endung gestrichen, um im Versmaß zu bleiben. Kleist war jedoch neben der deutschen sicher die französische Lautform mit stummer Endung geläufig.

144 f. *Der ganze ... Menschen, die:* Das Gen.-Attribut (*Der Menschen*) ist hier von seinem Bezugswort (*Reigen*) getrennt, weil sich daran ein Relativsatz anschließt (*Menschen, die*), welcher in der Einbettung weniger zur Geltung käme.

145 *Busen:* Neben der heutigen umgspr. Bedeutung (›weibl. Brust‹) erhält sich in Zitaten und in poet. Sprache noch der hier gemeinte Sinn von ›Gefühl, Inneres‹ (vgl. z. B. V. 985, 1024).

149 f. *Ramin ... Bork ... Winterfeld:* Diesen Hofdamen der Kurfürstin gab Kleist Familiennamen aus seiner adligen Verwandtschaft.

158 *Zeus:* Vatergott und blitzeschleudernder Herrscher des Olymp; galt den Griechen auch als weisester der Götter, aus dessen Haupt die Göttin Athene entsprang, Inbegriff von gedanklicher Klarheit und Besonnenheit.

161 f. *schlägt ... Den Schmuck darum:* ›schlagen‹ bezeichnet auch heute noch in allgemeinerem Sinn Bewegungen (vgl. ›ein Buch einschlagen‹); zusammen mit der Präposition (*darum*) ergibt sich hier die Bedeutung von ›umwinden‹.

166 *Preußen:* vgl. V. 201; damit ist das Herzogtum Preußen (geogr. Ostpreußen) gemeint, das 1618 in den Besitz des Kurfürsten Johann Sigismund von Brandenburg überging. 1701 machte sich Friedrich III., um die Königswürde zu erlangen, zum »König in Preußen« (als Friedrich I.), wonach die Bezeichnung politisch auf sein ganzes Herrschaftsgebiet angewandt wurde.

169 *schelmschen:* ›schelmisch‹ und ›Schelm‹ (vgl. V. 195) hatten neben ihrer urspr. Bedeutung (›ehrlos‹; ›Verbrecher‹) Ende des 18. Jh.s bereits die heutige (›schalkhaft‹; ›Spaßvogel‹) entwickelt.

172–174 *Hoch ... wollte:* Zu einem möglichen Bezug der Schilderung auf Goethes »Egmont« vgl. Mommsen, S. 164–167.

172 *Genius des Ruhms:* Als ›genius‹ wurde frührömisch die Zeugungskraft des Mannes bezeichnet, woraus die Be-

Der Genius des Ruhmes. Gemälde von Annibale Carracci (1560 bis 1609). Gemäldegalerie Dresden. Foto: Deutsche Fotothek, Dresden

deutung von ›Genie‹ (›schöpferischer Geist‹) abzuleiten ist; das Wort benannte daneben einen Schutzgeist in verschiedenstem Sinn (genius loci ›Schutzgeist eines Ortes‹), was in der bildenden Kunst zu Allegorien in Form männlicher und weiblicher Flügelgestalten führte; es ist möglich, daß Kleist ein solches Bild aus der Zeit um 1600 vorschwebte, denn er besuchte häufig den Saal des Dresdner Museums, in dem »Der Genius des Ruhmes« von Annibale Carracci (1560–1609) hing (nach Silz, S. 93 f.).

178 *Duft:* um 1800 noch möglicher, aber seltener Gebrauch im Sinne von ›Dunst‹; ebenso in V. 389.
über Täler schwebt: Der Akk. des Substantivs (statt Dat. ›Tälern‹) verschiebt den Sinn des Verbs vom Ruhe- zum Bewegungsaspekt.

184 *Der Teuren einen:* Die Bezeichnung geschätzter Personen als ›Teure‹ ist heute ausgestorben; der vorangestellte Gen. (Pl.) weist die ganze Wendung als ›hohen Stil‹ aus.

196 *Schäferstunde:* Stelldichein; frz. heure du berger nachgebildet. Die Vorstellung stammt aus der antiken Hirtendichtung, in der Ruhe und Einfachheit des Landlebens als Ideal für Liebende gepriesen wurden; die Renaissance knüpfte daran an und entwickelte in Spiel- und Literaturformen eine Tradition, die bis ins 19. Jh. reichte.
traun: von mhd. entriuwen ›in Treue‹; heute verschwundener, beteuernder Ausruf, der schon um 1800 im Hochdeutschen als veraltet galt.

197 *Bein:* Knochen.

209 *in unser Lager eingetroffen:* Wie öfter (vgl. V. 178) weckt Kleist mit dem ungewöhnlichen Akk. (statt dem Dat. ›unserem Lager‹) im Verb ein Bewegungsmoment.

213 *Ramin:* Der Begleitoffizier, den der Prinz für Natalie bestimmt hatte, trägt denselben Namen wie die früher erwähnte Hofdame (V. 149 u. ö.).

Fünfter Auftritt

vor 219 *Kollett:* Von lat. collum ›Hals‹ ist frz. collette ›Kragen, Halskrause‹ abzuleiten, womit im Militär eine Reiterweste bezeichnet wurde.

219–228 *Was ist ... besetzt:* Zu den vermuteten Quellen Kleists gehört das »Theatrum Europäum« von Merian

(Bd. 11, Frankfurt a. M. 1682, S. 19), wo beschrieben ist, wie die Verfolgung der Schweden vor dem Brücken-Engpaß am Rhin zum Stehen kam: »Wie der Feind nun sah, daß er ohne Fechten den Fehrbellinpaß nicht würde erreichen können, stellte er sich eine Stunde von dort bei dem Dorfe Hackelberg in Bataille, pflanzte das Geschütz und erwartete der Brandenburgischen in guter Positur.«

221 *Vortrab:* veralteter militär. Begriff für Reiterabteilungen, die wegen ihrer Beweglichkeit der Hauptarmee vorausgesandt wurden.

224 *Posten:* hier wahrscheinlich als ›Vorposten‹ zu lesen, den die haltenden Schweden den Verfolgern entgegenschicken, um ihren Aufmarsch zur Schlacht abzuschirmen.

225 *Hackelberge:* vgl. Anm. zu V. 10 sowie die Schlachtskizze Kap. III,3.

227 *sagt ... an:* ›ansagen‹ hatte um 1800 nur noch in poet. Sprache den hier benutzten Sinn von ›mitteilen‹ (vgl. auch V. 799).

229 *der Marschall:* vgl. *Feldmarschall Dörfling* im Personenverzeichnis.

nach 230 *Schreibtafeln:* Notizbücher aus Pergament, das tafelförmig zurechtgeschnitten und nicht eingerollt ist.

233 *Elisa:* vgl. *Die Kurfürstin* im Personenverzeichnis.

235 *Kalkhuhns:* Historisch sind aus dem Personenkreis um den Kurfürsten zwei Brüder dieses Namens belegt, von denen einer, Johann Friedrich K. (Calcum), ab 1627 Erzieher des jungen Kurfürsten war und der andere in diplomatischen Diensten stand.

236 *Havelberg:* westlich von Fehrbellin an der Havel gelegen; nach der Vertreibung aus Rathenow, das weiter südlich an der Havel liegt, hatten die Schweden die Verteidigungslinie entlang dieses Flusses aufgeben müssen (vgl. geogr. Skizze, Kap. III,2).

vor 248 *fixiert:* starrt an.

248 *Plan der Schlacht:* von Kleist erfunden, wobei vielleicht seine Beobachtung der Schlacht bei Aspern (21./22. 5. 1809) eine Rolle spielte (vgl. Kleists Brief an Friedrich von Pfuel vom 25. 5. 1809). Östlich von Wien, bei Aspern und dem von Kleist erwähnten Enzersdorf, schlug der österreichische Erzherzog Karl die Napoleo-

nischen Truppen, als sie über die Donau setzten. – Vgl. auch die Schlachtskizze, Kap. III,3.

249 *die Durchlaucht:* Substantiv, abgeleitet aus dem Adjektiv ›durchlaucht‹, das aus mhd. durchlûht ›glänzend‹ hervorging und zur Übersetzung des lat. Fürstentitels ›perillustris‹ im 15. Jh. aufkam; später für alle Fürsten als Anrede- und Nennungsformel gebraucht.

251 *Brückenkopf:* militär. Begriff für die Sicherung und Befestigung eines Flußübergangs.

256 *Grund:* Talsohle; vgl. Schlachtskizze, Kap. III,3.

vor 266 *Heiduck:* vgl. *Heiducken* im Personenverzeichnis.

vor 273 *stellt sich:* meldet sich zur Stelle.

274 *ruhmvoll:* Aus dem historischen Umstand, daß *bei Rathenow* Derfflinger siegte und daß der Prinz später ermahnt wird (V. 349 f.), folgert man die Beziehung des Worts auf *Die Führung* [...] *vertraut*, also den Sinn, daß es Ruhm bedeutet, die Reiterei zu führen.
Rathenow: vgl. Anm. zu V. 2 und die Karte, Kap. III,2.

275 *vertraut:* Um 1800 überwog noch der Gebrauch des einfachen Verbs gegenüber dem präpositional verstärkten ›anvertrauen‹, das sich dann durchsetzte.

276 *Dem Obrist ... unbeschadet:* Um 1800 wurde die Präposition noch ebenso häufig mit dem Dat. wie mit dem Gen. verbunden und auf Personen bezogen; heute ist die Verbindung mit dem Gen. normiert und der Bezug auf Sachen und Abstrakta eingeschränkt.

283 *außer dem Kanonenschusse:* Als Ortsangabe ist die Präposition heute nur noch in stehenden Wendungen (›außer Haus‹) erhalten, war jedoch um 1800 neben ›außerhalb‹ geläufig; die taktische Anweisung lautet hier, sich aus der Reichweite der Kanonen herauszuhalten.

298 *erprüfe:* Um 1800 war ›erprüfen‹ eine Neubildung, die den Ablauf der benannten Tätigkeit hervorhob; nach seltenem Gebrauch verschwand das Wort wieder.

299 *Schnupftuch:* heute durch ›Taschentuch‹ ersetzt; bei der Zusammensetzung des Substantivs hatte ›schnupfen‹ dieselbe Bedeutung wie ›sich schneuzen‹.

302 *Als bis:* Dem Sinn nach enthält die vorausgehende Feststellung eine komparative Zeitangabe (V. 301: *Vom Platz nicht, [...], [früher] weichen* –), so daß Kleist

mit der Vergleichskonjunktion *als* fortfährt, die später in dieser Verbindung durchweg entfiel.

309 *Trift:* alte Substantivbildung zu ›treiben‹; vom Viehtrieb der Landwirtschaft zur Bedeutung ›Weide‹ entwickelt, die in der Vorstellung von den trockenlegenden *Gräben* (V. 310) anklingt.

313 *Fanfare:* von frz. fanfare ›Trompetensignal‹; vgl. auch V. 469: *Laß Fanfare blasen!*, und V. 480 f.; im Deutschen wurde das Wort später zur Bezeichnung einer ventillosen Trompete verwendet.

vor 314 *komplimentieren:* vom frz. transitiven Verb ›complimenter‹, das ein konventionelles Verhaltensmoment umschreibt, welches vom Gruß über das Kompliment bis zur Huldigung reichen kann; hier handelt es sich um ein Element des höfischen Zeremoniells.

316 *Vetters:* vgl. Anm. zu V. 1; die Beziehungen zwischen dem Kurfürstenpaar und dem Prinzen sind V. 1010–16 näher ausgeführt.

319 *vermißt:* vermißt habe; in gehobenem Stil kann das Hilfsverb entfallen (s. auch V. 520, 580).

325 *Mißverstand:* Irrtum, Mißverständnis; von letzterem verdrängt.

329 *Suite:* vgl. *Suite* im Personenverzeichnis.

330 *das merkt:* Für die Bedeutung ›im Gedächtnis behalten‹ hatte sich um 1800 noch nicht die reflexive Form allein durchgesetzt.

332 *Eh:* Um 1800 wurde ›ehe‹ noch im gleichen Sinn wie ›eher‹ gebraucht.

vor 343 *mit Bedeutung:* bedeutsam, beziehungsvoll.

345 *ergraut:* zeigt den Beginn des Vorgangs an, der Morgendämmerung.

347 *pünktlich:* genau, ordnungsgemäß; keine Zeitangabe.

349 f. *Du hast ... verscherzt:* Der Prinz von Homburg war brandenburgischer Kommandeur unter den Reichstruppen, die 1674 am Oberrhein ins Elsaß vorstießen (vgl. *Friedrich Wilhelm, Kurfürst von Brandenburg* im Personenverzeichnis); entgegen Kleists Darstellung zeichnete er sich dabei aus, doch verlief der Feldzug für die Deutschen erfolglos; nach einer Niederlage noch rechts des Rheins (bei Sinzheim, 16. 6. 1674) konnten sie zwar bei Straßburg ins Elsaß vordringen, wichen aber nach einer

unentschiedenen Schlacht bei Türkheim (5. 1. 1675) vor den Franzosen wieder zurück.

350 *regier dich wohl:* ›sich regieren‹ war um 1800 noch gebräuchlich in der Bedeutung von ›sich beherrschen‹.

Sechster Auftritt

355–365 *Nun denn ... festgebunden!:* Die Beschäftigung der Romantiker mit der Renaissance (vgl. das Kapitel »Ehrengedächtnis unsers ehrwürdigen Ahnherrn Albrecht Dürers« in Wackenroder/Tiecks »Herzensergießungen eines kunstliebenden Klosterbruders«) hatte deren Aufmerksamkeit auf Abbildungen der ursprünglich römischen Schicksalsgöttin Fortuna gelenkt. Dargestellt war sie meist mit einem Füllhorn voller Gaben, aber flüchtig auf der rollenden Kugel; ihr Schleier symbolisierte Ungewißheit über ihre Absichten. – Kleists Bildvorstellungen übernehmen bis in Einzelzüge die emblematische Tradition: Zur Fortuna mit dem Segel vgl. Aby Warburg, »Francesco Sassettis letztwillige Verfügung«, in: A. W., »Gesammelte Schriften«, Bd. 1: »Die Erneuerung der heidnischen Antike«, Leipzig 1932, bes. S. 146 ff.; zur angeketteten Fortuna vgl. Arthur Henkel / Albrecht Schöne, »Emblemata«, Stuttgart 1967, Sp. 1809 (»Rad der Fortuna angekettet, mit zwei Füllhörnern«).

356 *Du, der:* Der Dat. Fem. Sing. *der* bezieht sich auf die noch unausgesprochene Vorstellung der Glücksgöttin Fortuna (V. 358: *Glück*), nicht auf *Ungeheures.*

362 *Ich hasche:* Nach der Eröffnung des Satzes durch ein Zeitadverb (V. 361: *Heut*) müßte auch hier Inversion stehen, doch setzt Kleist nach den syntaktischen Einschüben wie zu einem korrekten Aussagesatz mit dem Subjekt neu an. (Vgl. eine ähnliche Brechung V. 175 f.)

362 f. *stürze ... um:* um 1800 noch häufig für das Umdrehen von Gefäßen, so daß ihre Öffnung nach unten zeigt.

Zweiter Akt. Erster Auftritt

368 *Ouf:* (frz.) Ausruf der Erleichterung, welcher in der vorhergehenden deutschen Literatur auch »uff« (bei Lessing »uph«) geschrieben wurde.

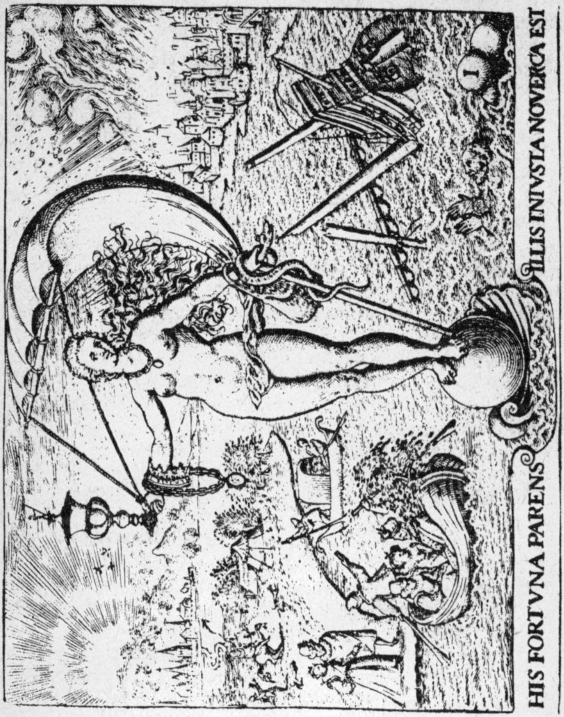

Fortuna-Darstellung aus »Emblemata nobilitatis, Stamm- und Wappenbuch von Theodor de Bry«, Frankfurt am Main, 1593

368–370 *Daß die ... tut!:* prädikatslose Ausrufesätze; V. 369 f. ein Dankeswunsch für die Helfer: Zum Dank für euren Dienst wünsche ich jedem einen edlen Sohn, der euch, wenn ihr altert, ebenso hilft.

372 *hebt ... sich an:* Um 1800 war die reflexive Form des Verbs noch geläufig, während heute lediglich noch die intransitive für ›anheben‹ im Sinn von ›beginnen‹ existiert.

Strauß: von mhd. strūz ›Kampf, Zwist‹; im 18. Jh. nur noch in Redensarten und poet. verwendet.

380 *scheute ... sich:* Der reflexive Gebrauch ist heute dem intransitiven gewichen; vgl. auch Anm. zu V. 372.

383 *Odem:* Nebenform von ›Atem‹, die durch Luthers Bibelübersetzung verbreitet wurde und poet. erhalten blieb.

389 *Duft:* vgl. Anm. zu V. 178.

vor 391 *vorwärts:* Wenn die Bewegung auf den Sprecher zu führt (*kommt!*), dann lautet die Richtungsangabe heute normsprachlich ›nach vorn‹.

391 *Exzellenz:* von lat. excellentia ›Erhabenheit, hervorragende Persönlichkeit‹; früher angewandt auf Inhaber hoher Staatsämter, heute noch auf Botschafter und Gesandte.

392 *Bin ... Gedanke:* z. T. wörtlich übernommen aus August Wilhelm Schlegels Übersetzung von Shakespeares »Heinrich IV.« (1799), wo Falstaff sagt: »Haltet ihr mich für eine Schwalbe, einen Pfeil oder eine Kanonenkugel? Habe ich bei meinem kümmerlichen und alten Fortkommen die Schnelligkeit des Gedankens?« (T. 2, IV,3.)

393 *mich ... sprengt:* ›sprengen‹ ist ein Faktitivum zu ›springen‹ und bedeutet ›springen machen‹; um 1800 konnte es noch transitiv gebraucht werden, während es heute im Sinn von ›galoppieren‹ nur noch intransitiv verwendet wird.

394 f. *Hackelhöhn ... Hackelgrund:* vgl. Anm. zu V. 10 und V. 256.

395 *Hintertrab:* um 1800 noch in Gebrauch, dann von ›Nachtrab‹ verdrängt; heute ›Nachhut‹.

399 *Dir ... etwas zu vertraun:* Mit diesem transitiven Gebrauch von ›vertrauen‹ konkurrierte in der Umgangs-

sprache schon des 18. Jh.s ›anvertrauen‹, so daß ersteres allmählich auf die intransitive Funktion beschränkt wurde; vgl. auch Anm. zu V. 275.

Zweiter Auftritt

408–412 *Ich ... hinzuwerfen:* Episode möglicherweise aus der Erinnerung an »Die Piccolomini« von Schiller übernommen, wo Max Piccolomini erklärt: »In der Kirche war ich« (III,3, V. 1463). – Zu weiteren möglichen Parallelen vgl. Anm. zu V. 525–548.

410 f. *Man läutete ... Zur Andacht eben ein:* Gegenüber dem heutigen transitiven Gebrauch (›läutete die Andacht ein‹) konnte um 1800 das Verb noch absolut stehen, wobei der Zweck des Einläutens mit einem präpositionalen Ausdruck bezeichnet wurde (›zur Kirche‹, ›zur Andacht‹).

411 *trieb michs an:* Wo heute das einfache Verb üblich ist, stand um 1800 ›antreiben‹ zur Umschreibung einer seelischen Ursache.

412 *Altar:* Die Versbetonung, die hier auf die erste Silbe fällt, nutzt den germanischen Prosa-Akzent, mit dem das Wort noch im 19. Jh. gebraucht wurde.

418 *Parol':* vgl. Anm. zu V. 136.

423 *Fußvolk:* deutet auf Kleists freies Schalten mit dem Stoff, da Fußtruppen an der historischen Schlacht nicht teilnahmen.

437 *Linken:* Die schwache Flexion des Adjektivs (statt: ›Linkem‹) wird in bezug auf V. 435 (*rechten*) beibehalten.

439 *Wirkt ... los:* möglicherweise hergeleitet aus ›Feuerwerker‹ im Sinn von ›Artillerist‹.

440 *Schanzen:* Befestigungen.

441 *Kirchsturmspitze:* Das in der Wortbildung häufige Fugen-s zwischen verbundenen Substantiven ist in diesem Fall ungewöhnlich und wurde von Tieck für seine Ausgabe gestrichen; die Zeile beschreibt vergleichend die Höhe der *Schanzen* (V. 440).

442 *Des Dorfs:* d. h. Hackelbergs; vgl. Schlachtskizze Kap. III,3.

444 *Hülfe:* von der Luther-Bibel durchgesetzte Form, die

im 19. Jh. zugunsten von ›Hilfe‹ zurücktritt, aber erst im 20. Jh. ihre Geltung verliert; der Vokal entstammt dem Ablautverhältnis von ›helfen‹, das ahd. in der 1. Pers. Pl. Prät. ›hulfum‹ lautete (vgl. auch V. 979, 1733, 1852).

449 *Schwedenboten:* Meldereiter der Schweden, welche die Befehle und Nachrichten für die folgenden Truppenbewegungen überbringen.

454 *bedecken:* decken; militär. Fachausdruck für einen Begleitschutz (Substantiv: Bedeckung).

vor 457 *Musketenfeuer:* Feuer stärkerer Gewehre, deren Name aus einer romanischen Waffenbezeichnung, frz. mousquet, span. mosqueta, herstammt und die anfänglich mit einer in den Hahn geschraubten Lunte gezündet wurden; die mit der Muskete bewaffneten Soldaten hießen seit etwa 1600 ›Musketiere(r)‹.

462 *Grabmal:* hier in der weiteren Bedeutung des Zeichens für ein Grab.

469 *Fanfare:* vgl. Anm. zu V. 313.

472 *Order:* aus frz. ordre ›Befehl‹; über die militär. Fachsprache ins Deutsche gedrungen.

473 *Parole:* vgl. Anm. zu V. 136.

475 *vom Herzen:* Bei der Suche nach Mustern für Kleist in der Literaturgeschichte hat man diese Stelle mit Schillers »Kampf mit dem Drachen« (V. 161 f.) verglichen: »Und ich beschließe rasch die Tat, / Nur von dem Herzen nehm ich Rat.« (Vgl. auch die Anm. zu V. 1106 und V. 1550.) – Situation und Begriff sind aber typisch für das spontane Handeln vieler Personen in Kleists Werk.

477 *Laß dir bedeuten:* Nach dem Sprachgebrauch um 1800 wird ›bedeuten‹ mit dem Dat. im Sinne von ›andeuten, anzeigen, verkünden‹ verwendet.

478 *Kömmst:* Um 1800 war in der 2. und 3. Pers. Sing. Präs. der Umlaut noch geläufig; vgl. heute z. B. noch ›trägst‹ (vgl. auch V. 509, 787).

479 *dahersprengst:* vgl. Anm. zu V. 393.

480 *dem:* Die Kopistenhandschrift (vgl. Anm. zur Widmung) hatte *den*, wofür Tieck in seiner Ausgabe den Dat. einsetzte.

487 *die Zehn märkischen Gebote:* Was dieser Begriff mit seiner Beziehung zu den Zehn Geboten des Alten Testaments besagt, bleibt trotz möglicher Parallelstellen (V.

774, 781) hier unklar; er könnte einerseits die Forderung nach absolutem Gehorsam gegenüber dem unmittelbaren Vorgesetzten ausdrücken, andererseits die Auffassung, es sei märkische Tradition, unter Umständen situationsgerecht und Befehlen zuwider zu handeln.

in 489 *auf ihn einschreitend:* auf ihn losgehend.

490 *Ordonnanzen:* von frz. ordonnance ›Anordnung, Befehl‹; Soldaten, die Kommandeuren persönlich zur Verfügung stehen, um deren Anordnungen auszuführen oder Befehle zu überbringen.

vor 495 *beilegend:* schlichtend.

496 *Auf deine Kappe nimms:* Die Redensart geht auf die weitere Bedeutung von ›Kappe‹ (›Umhang, Mantel‹) zurück, die heute noch in ›Narrenkappe‹ oder dem halb aus dem Englischen entlehnten ›Regencape‹ fortwirkt; gemeint waren urspr. die Prügel, die zunächst den Mantel treffen.

Dritter Auftritt

501 *Keinen Schlechtern:* niemand Geringeres.

504 *diese Reise:* von Fehrbellin nach Havelberg; vgl. V. 235–237 und die Karte Kap. III,2.

507 *Wenn nicht für immer:* Die Einschränkung berührt den für die weitere Entwicklung wichtigen Ausgang der Schlacht.

Vierter Auftritt

511 *Mutter:* Auf die Rolle des Kurfürstenpaars als Pflegeeltern der verwaisten Natalie verweisen im folgenden besonders V. 591–599.

Sie bleicht: Um 1800 war das intransitive ›bleichen‹ noch im Sinne von ›bleich werden‹ geläufig; später wurde es durch ›erbleichen‹ verdrängt.

Fünfter Auftritt

Rittmeister von Mörner . . . geführt: weicht in Kleists Darstellung von der historischen Wirklichkeit ab; in einem Brief an seine Frau berichtet der Landgraf Friedrich von Homburg nach der Schlacht (am 19. 6. 1675): »[. . .] auff unser seiten, wurdt mir der ehrliche Obrist *Mörner* an der seiten knall und falle todt geschossen [...].«

Herold: Ausrufer, Verkünder; Bezeichnung eines fürstlichen Boten und Ordnungsbeamten im Mittelalter bei Turnieren, Paraden und Kriegsaufmärschen.

vor 525 *tritt ... vor ihr:* Schon in der Kopistenhandschrift ist das *ihr* mit Bleistift in ein *sie* verbessert; zu den Abweichungen Kleists beim Gebrauch präpositionaler Wendungen vgl. die Anm. zu V. 30, zur Szenenanweisung vor I,4 sowie zu V. 178, 209, 276, 480.

525–548 *Der Prinz ... Fahnen zu:* Situation und Bericht erinnern an die Schilderung von Max Piccolominis Tod durch einen schwedischen Hauptmann in Schillers »Wallensteins Tod« (IV,10); vgl. auch Anm. zu V. 408–412.

530 *Feldredoute:* von frz. redoute ›kleinere Verschanzung‹; hier für die Schlacht im Feld errichtet, wogegen es als dauernde Verteidigungsstellungen Festungsredouten gab.

535 *Reuterkorps:* von frz. corps ›Körper, Körperschaft‹; hier die mehrere Regimenter umfassende brandenburgische Reiterei, mit der das *Truchßsche Korps* (V. 539) an Stärke gleichgesetzt wird, das die Mitte des Angriffs bildete.

557 *Pauken und Standarten:* bezeichnende Gegenstände der Reiterei (während es für die Fußtruppen ›Fahnen‹ heißt).

560 f. *Würgen:* Töten; überliefert aus der Luther-Bibel (z. B. Offb. 5,12: »Das Lamm, das erwürget ist«).
so wäre keiner, Der: so gäbe es keinen der Feinde mehr, der.

Sechster Auftritt

579 *Welt von Feinden:* Brandenburg befand sich immer noch im Kriegszustand mit Frankreich.

580 *erworben:* hier ohne das Bedeutungselement der Absicht.

582 *Ein Engel:* als ein Engel; verbreiteter Stilzug der Dichtersprache in Klassik und Romantik, bei dem die Vergleichspartikel wegfiel und somit das Vergleichsobjekt absolut gesetzt wurde.

583 *verwaiste Stufen:* statt ›verwaisten‹; vgl. Anm. zur Regieanweisung vor V. 525.

585 *die Marken:* Teilgebiete der Mark Brandenburg waren z. B. die Altmark, die Neumark und die Uckermark.

587 *Vetter:* vgl. Anm. zu V. 1.

589 *Wetterschlag:* im Hinblick auf V. 590 wie ›Wetterstrahl‹ oder ›Blitzschlag‹ zu verstehen.

591–596 *Mir ... soll:* Natalie gibt hier eine unhistorische Darstellung, die jedoch verschlüsselte Bezüge auf Kleists Gegenwart besitzt. – Dortrecht (V. 593) war ein niederländischer Stützpunkt im Befreiungskrieg gegen die Spanier, die Moritz von Oranien aber 1600 besiegt hatte (V. 594 f.). Er war kinderlos 1625 gestorben, und 50 Jahre später, zur Zeit des Großen Kurfürsten, war Wilhelm III. von Oranien Statthalter der Niederlande und hatte sich Frankreichs zu erwehren (vgl. *Prinzessin Natalie* im Personenverzeichnis). Doch ging Kleist auf den Befreiungskrieg und *Spaniens Tyrannenheere* (V. 594) wohl darum zurück, weil nach der Niederlage Preußens gegen Napoleon von der Zensur keine negative Erwähnung Frankreichs geduldet wurde, er gleichzeitig aber auch zu einem preußischen Befreiungskampf mahnen konnte (vgl. Anm. zu V. 1759 und die Gegenüberstellung der »Hispanier« und »Niederländer« im sog. Variant des »Zerbrochnen Krugs«, V. 1962 ff.). – Als Schlüsselfigur wird Natalie gedeutet bei Eduard von Bülow, »Über Heinrich von Kleists Leben«, in: »Monatsblätter zur ›Allgemeinen Zeitung‹«, Augsburg, November 1846, S. 512–530. Demnach ist mit ihr die Schwester des preußischen Königs gemeint, die mit dem Erbprinzen Wilhelm von Oranien verheiratet war und nach der Napoleonischen Besetzung der Niederlande (1795) am Hof in Berlin lebte.

597–608 *Und ... Natalie!:* Die Zuneigung zwischen dem Prinzen und Natalie findet in zwei miteinander verflochtenen Bilderreihen Ausdruck: Der Prinz bietet als neue *Stütze* (V. 597) seine *Brust* (V. 602), und *ihr* (V. 606), die *einsam blühend* (V. 603) einem Baum verglichen wird, darf die umschlingende Rebe *ins innre Mark* (V. 606), ja *In ihres Herzens Kern* (V. 608) wachsen. – Das Rebenbild entfaltet sich, ausgehend von V. 598, in V. 602 (*Schlingt Eure Zweige*) und gipfelt in V. 604 mit der Metapher *Glocken* für die Rebdolden, die ihren Duft mit dem der Baumblüten mischen. (Vgl. dazu auch Peter Demetz: The Elm and the Vine. Notes toward the History of a Marriage Topos. In: Publications of the Modern Language Association of America 73, 1958, S. 530 f.) Nach Mommsen wird an dieser Stelle auf den Daphne-Mythos angespielt: »[...] bei ihrer Verwandlung in den Lorbeerbaum werden die Arme Daphnes zu Zweigen, die das Liebeswerben des Gottes erwidern, wonach Apollo Zweige und Laub des Lorbeers zu seinem und der Dichter Siegeszeichen macht« (S. 163).

599 *ward:* schon im 18. Jh. seltener gewordenes Prät. von ›werden‹, das dann poet. Stilwert annahm.

vor 600 *schlägt:* vgl. Anm. zu V. 161 f.

604 *holden:* statt ›holdem‹; vgl. Anm. zu V. 583 und zur Regieanweisung vor V. 525.

Siebenter Auftritt

616 *Mutter:* vgl. Anm. zu V. 511 sowie V. 591–596.

Achter Auftritt

621 *stürzt mich ... nieder:* Um 1800 war der transitive Gebrauch von ›niederstürzen‹ noch geläufig.

639–677 *O laßt ... von ihm:* Der Pferdewechsel fand tatsächlich zwischen dem Kurfürsten und seinem Leibjäger Uhle statt. Das weiße Pferd im Wappen der geadelten Brüder Froben und der Tod des Stallmeisters Emanuel von Froben an der Seite des Kurfürsten in der Schlacht von Fehrbellin waren der Anlaß zur Entstehung der historischen Legende von Frobens Opfertod. Aufgezeichnet hatte sie als erster Friedrich der Große in seinen »Mémoires pour servir à l'histoire de la Maison de Brandebourg« (1751), doch war sie in deren zweiter Ausgabe (1762) nicht mehr enthalten. Die Legende lebte aber in verschiedenen Geschichtswerken weiter. Kleists Hauptquelle, Krauses Lesebuch »Mein Vaterland unter den hohenzollerischen Regenten« (vgl. Kap. II,1), gab die Begebenheit nur in einer Anmerkung wieder, weil sich in der Geschichtsforschung ihre Unglaubwürdigkeit herausstellte. – Kleist schmückte in Graf Sparrens Bericht die Fußnote Krauses noch beträchtlich aus.

644 *wie ... stets geschah:* geläufiger Verzicht auf das Subjekt (›es‹), da ›geschehen‹ in dieser Verbindung nur mit dem 3. Sing. Neutr. des Personalpronomens benützt werden kann.

646 *Troß:* das schwere Gepäck einer Truppe und seine Begleitmannschaft.

648 *Kartätschen:* dünnwandige Sprenggranaten, die mit Kugeln, Ketten und Nägeln gefüllt waren; Anfang des 17. Jh.s aus ital. cartaccia ›grobes Papier‹, das zunächst als Hülse diente.

659 *funfzig:* um 1800 noch verbreitete Form ohne Umlaut, der erst später von ›fünf‹ übertragen wurde.

664 *entsitzt:* in der Schriftsprache um 1800 ungebräuchlich, aber schon mhd. belegt für die Bedeutung ›absitzen, einen Sitz verlassen‹.

Fuchs: Pferd mit rotbraunem Fell.

671 *Dem Fuchs ... sitzt er auf:* mit dem Dat. des Substantivs parallel zu V. 664 formuliert; ›aufsitzen‹ mit Dat.-Objekt hat heute nur noch übertragenen Sinn (vgl. ›einem Irrtum aufsitzen‹).

674 *Feldredoute:* Vgl. Anm. zu V. 530.

678 *Wenn ich zehn Leben hätte:* 1809, also in der Entstehungszeit des »Prinz«, erschienen die Memoiren der Schwester Friedrichs des Großen, der Markgräfin Wilhelmine von Bayreuth, welche zum Ärger des preußischen Adels an die Auflehnung ihres Bruders gegen seinen Vater, den Soldatenkönig, erinnerte. Nach ihrer Darstellung soll der Vertraute des jungen Kronprinzen, Leutnant Katte, als er an Friedrichs Gefängnis in Küstrin vorbei zur Hinrichtung geführt wurde, in den Ruf ausgebrochen sein: »Hätte ich tausend Leben, mein gütiger Fürst, ich opferte sie Ihnen auf.« Ein Flugblatt aus dem Jahr des Vorfalls selbst (1730) überliefert die Worte: »[...] wenn ich zehn Leben hätte so wollte ich sie gerne darum geben [...]« (nach Richard Samuel: Heinrich von Kleist: Prinz Friedrich von Homburg. Berlin 1964. S. 186 f.).

689 *Graf Horn:* vgl. V. 917; unhistorische Figur, deren Name jedoch einem schwedischen General aus dem Dreißigjährigen Krieg entlehnt sein könnte.

694 *Leicht, daß:* Leicht könnte geschehen, daß.

701 *so:* umgspr. für ›ohnehin, sowieso‹.
703 *Des:* Statt ›dessen‹ erhielt sich in poet. Sprache bei relativem Gebrauch der Gen. des Artikels.
713 *Cäsar Divus:* göttlicher Cäsar; nach seinem Tod wurde Cäsar als ein Gott verehrt, wie später alle römischen Kaiser.
713 f. *O Cäsar ... Stern!:* Vergil führt in einem seiner 41–37 v. Chr. entstandenen Hirtengedichte (Ekloge 9,47) den »Stern Cäsars« an, einen Kometen, der als Zeichen für Cäsars Vergöttlichung galt. – Außer der Vergil-Kenntnis verwertete Kleist in den beiden Versen wahrscheinlich noch seine »Wallenstein«-Lektüre. In Schillers »Piccolomini« fragt nämlich Buttler: »Wer unter diesen reicht an unsern Friedland? / Nichts ist so hoch, wornach der Starke nicht / Befugnis hat, die Leiter anzusetzen.« (IV,4, V. 2027–29.)
vor 715 *Lustgarten:* vom Großen Kurfürsten angelegter Park, der den Namen behielt, als er später zu einem Paradeplatz umgewandelt wurde; das Wort bezog seinen Sinn aus dem Gegensatz zum Nutzgarten, in dem Obst und Gemüse, aber keine Zierpflanzen wuchsen.
man sieht die Leiche ... vorübertragen: bis heute belegbare Konstruktion, bei der das erste Akk.-Objekt unausgesprochen (latent) bleibt; z. B. ›man sieht (Diener) die Leiche ... vorübertragen‹.
Katafalk: Sockel für die Aufbahrung bei Trauerfeiern.

Neunter Auftritt

vor 715 *Depeschen:* Eilbriefe (von frz. dépêche).
718 *Damit:* mit der Reiterei; bezogen auf V. 715.
724–728 *Das ... sehn:* vgl. V. 378–383.
727 f. *Man hat ... ihn verbinden sehn:* vgl. 2. Anm. zu den Bühnenanweisungen vor V. 715.
730 *Und ... Gott:* Merian (vgl. Anm. zu V. 219–228) berichtet vom Dankgottesdienst: »Der Kurfürst aber tat für seine Person eine kleine Kavalkade nach Berlin [...] dankte folgenden Donnerstag frühe in öffentlicher Gemeinde mit heißen Zähren Gott für so herrlichen verliehenen Sieg und begab sich darauf wieder zur Armee zurück« (S. 22).
Altar: vgl. Anm. zu V. 412.

737 *Kriegsrecht:* um 1800 noch verbreitet für ›Kriegsgericht‹; von Kleist oft so gebraucht.

Zehnter Auftritt

vor 739 *so wie:* sowie, sobald.

739 *Was machtet Ihr?:* auf V. 724–728 bezogen; wird V. 743 und 751 wiederaufgenommen.

741 *Siegstrophäen:* ›Trophäe‹ von griech. tropaion ›Siegeszeichen‹; auch ›Beuteteil‹.

vor 755 *entwickelt:* um 1800 noch vereinzelt in dieser wörtlichen Bedeutung (›entrollt‹) gebraucht.

756 *Gustav Adolf:* schwedischer König und protestantischer Gegenspieler Wallensteins im Dreißigjährigen Krieg; gefallen in der Schlacht bei Lützen (1632).

757 *Per aspera ad astra:* Durchs Rauhe zu den Sternen; lat. Sprichwort, wahrscheinlich einer Zeile aus Senecas Drama »Hercules furens« (V,437) nachgebildet: »Non est ad astra mollis e terris via« (»Der Weg von der Erde zu den Sternen ist nicht sanft«).

nach 762 *Kuriere:* von frz. courrier ›Eilbote‹; Boten zur raschen Beförderung spezieller Post, so heute noch im diplomatischen Dienst.
erbricht ... sie: Zur Öffnung der Briefe mußte ihr Wachssiegel zerbrochen werden; vgl. V. 1331.

776 *wieder los:* umgspr. Ellipse; zur Ergänzung vgl. V. 792.

vor 777 *kehrt sich:* heute in diesem Zusammenhang nicht mehr reflexiv; hier gleichzeitig noch die Bedeutung von ›sich wenden, sich drehen‹ ausgedrückt (vgl. ›Kehrtwendung‹).

777–779 *Mein ... sitzen:* Das Bild geht wohl auf Kleists Geschichtsstudien für »Die Hermannsschlacht« zurück. Nach dem römischen Geschichtsschreiber Livius ließ Lucius Junius *Brutus*, Gründer und erster Konsul der römischen Republik, seine beiden Söhne hinrichten, weil sie an einer Verschwörung beteiligt waren, die dem tarquinischen Königtum wieder zur Macht verhelfen sollte. – Die ›sella curulis‹ (›tragbarer Stuhl‹) war in Rom der Amtssessel der höheren (*kurulschen*) Beamten wie Konsuln, Prätoren u. a. – Vor Augen hatte Kleist, *mit Kreid auf Leinewand verzeichnet*, einen Porträtentwurf von

Johann Wolfgang von Goethe. Kreidezeichnung von Friedrich Bury (1763–1823). Foto: Nationale Forschungs- und Gedenkstätten, Weimar

Friedrich Bury, auf dem Goethe in einer Toga die erhöhte, richterlich-römische Pose einnimmt (vgl. Mommsen, S. 175–178).

781 *Kriegsartikel:* die schriftlich niedergelegten Soldatenpflichten; vgl. auch Anm. zu V. 487.

784 *von altem Schrot und Korn:* Sprichwort aus dem Münzwesen des 17. Jh.s, wo man dem Geld immer weniger Edelmetall zusetzte. Als ›Schrot‹ wurde das Bruttogewicht, als ›Korn‹ der Feingehalt einer Münze bezeichnet. – Vgl. noch Anm. zu V. 787.

787 *Wie die Antike:* nimmt das Bild von V. 777–779 wieder auf, dem die alte deutsche Art (V. 784) gegenübergestellt wird, *Edelmut und Liebe* (V. 785) walten zu lassen. – An den politischen Gremien der Antike rügte Adam Müller in seinen von Kleist besuchten Dresdner Vorlesungen die Begriffs- oder Prinzipienstarrheit, weil dort die Mitgliedschaft vom faktischen Lebensalter abhing und so aus der gesellschaftlichen Generationsmischung künstlich ein Konflikt herauspräpariert wurde, obwohl doch die ideellen Eigenschaften von Jugendlichkeit oder Ältlichkeit keine Altersfrage darstellen: »Die antiken Verfassungen haften [...] noch an dem Begriffe der beiden Alter, indem sie wirklich alte Leute in einen Regierungskörper zusammenwerfen, und demnach die beiden Principe wirklich und leibhaftig einander gegenüber stellen« (Die Elemente der Staatskunst. Berlin 1809. S. 135). – Der ausgesprochene Gegensatz verweist mit der Anspielung auf Goethe (s. Anm. zu V. 777–779) auch auf den literarhistorischen Generationenstreit zwischen der Goethesch-antikischen Klassizität und der deutschen Romantik.

788 *bedauren:* heute noch in Dialekten gebrauchter Infinitiv; von den zwei unbetonten Endsilben ist hier die vorletzte statt der letzten verkürzt (wie in der 1. Pers. Sing. Präs. ›bedaure‹).

Dritter Akt. Erster Auftritt

791 *Heinrich:* vgl. V. 111.

792 *des Arrestes:* eine der vielen Gen.-Verbindungen, die heute im Akk. stehen.

793 *Gott ... Höh!:* der sprichwörtlich gewordenen Weihnachtsbotschaft aus Luk. 2,14 »Ehre sei Gott in der Höhe« nachgebildet.

802 *Allerdings:* Anzeichen der Erinnerung; vgl. V. 813: *Das hört ich!*

806 *Battrieen:* Artillerie-Einheiten, die jeweils aus mehreren Geschützen bestehen.

807 *Tedeum:* aus frühkirchlicher Zeit stammender Teil des Gottesdienstes, der mit den Worten beginnt: »Te deum laudamus« (»Dich, Gott, loben wir«).

809 *Trophäenartig:* vgl. Anm. zu V. 741.

810 *ausdrücklichem:* Zu diesem Dat. anstelle des Gen. vgl. Anm. zur Regieanweisung vor V. 525; auch hier hatten die späteren Herausgeber grammatisch korrigiert.

811 *Namen:* schwacher Gen., wohl zur Vermeidung eines dreifachen Gen.-s am Ende der Zeile.

814 *sieht:* sieht aus; in dieser Form häufig in der Luther-Bibel sowie um 1800 noch umgspr. geläufig.

822 *Gefehlt:* Unrecht getan; in diesem Sinn, auch durch die Bibelsprache gestützt, um 1800 noch weit verbreitet.

823 *Festung:* Haft in einer Festung.

828 *Des:* dessen; vgl. Anm. zu V. 703.

vor 842 *bedeutend:* wurde ab 1800 allmählich durch die Neubildung ›bedeutsam‹ ersetzt.

842 *dem Kriegsrecht:* vor dem Kriegsgericht; zum präpositionslosen Dat. vgl. Anm. zu V. 1059.

846 *vor der Schranke des Gerichts:* Die Redensart geht auf die Ein- und Abteilung von Amtsräumen zurück.

853 *Von Richtern:* zu beziehen auf *Tisch* (V. 852).

den Eulen gleich: Seit der Antike schon gilt die Eule, der Uhu oder der Kauz als Totenvogel, der an Grabstätten haust und dessen Schrei Unglück oder Tod verkündet; in der romantischen Malerei von Kleists Zeitgenossen findet sich diese Vorstellung bildlich gestaltet: vgl. Caspar David Friedrich, »Eule am Grab« (um 1836/37).

865 *rührt dich nicht:* berührt dich nicht; vgl. ›ungerührt‹.

868 *mein Gefühl:* bezeichnendes Motiv Kleists, das die Psychologie vieler seiner Figuren beherrscht; vgl. z. B. »Die Familie Schroffenstein« (III,2, V. 1617 f.): »Nun über jedwedes Geständnis geht / Mein innerstes Gefühl doch.«

Landschaft mit Grab, Sarg und Eule (um 1836/37). Bleistiftzeichnung von Caspar David Friedrich (1774–1840). Die Abbildung dieser Zeichnung und ein Vergleich mit V. 852–854 sollen keineswegs eine Abhängigkeit Kleists von Friedrich suggerieren, die ja auch – ebenso wie bei dem Bild S. 56 – aus chronologischen Gründen nicht möglich ist. Es sei nur hingewiesen auf eine genaue Übereinstimmung in Motiven und Bildvorstellungen, die einerseits auf einen Epochenzusammenhang deutet, andererseits auf eine Affinität des bildenden und schreibenden Künstlers, wie Kleist ja nicht zufällig ein Prosastück über Caspar David Friedrichs Gemälde »Der Mönch am Meer« (1809/10) verfaßt hat.

870 *auf den Tod erkennen:* das Todesurteil fällen; jurist. Fachausdruck.

874 *Auf eines Tuches Wink:* Durch Senken eines Tuchs wurde dem Erschießungskommando der Befehl zum Feuern gegeben.

875 f. *Eh ... Staub:* weiterer Anklang an Schlegels Shakespeare-Übersetzung von »Heinrich IV.« (vgl. Anm. zu V. 392). Hier Bezug auf den 1. Teil (I,3) mit den Zeilen: »Ja, alle diese Adern will ich leeren, / Mein Herzblut tropfenweis' in Staub verschütten.«

876 *sprützt:* seltene, heute verschwundene Schreibform entgegen der herrschenden Aussprache.

877 *dich:* Um 1800 schwankte die Flexion eines Objekts nach ›versichern‹ noch zwischen Dat. und Akk. (vgl. z. B. V. 887).

888 *die Schrift:* das Protokoll über die Ermittlungen und Verhandlungen des Kriegsgerichts.

899 *Um eines Fehls:* Zu ergänzen ist ›willen‹; ›Fehl‹ für ›Fehler, Verfehlung‹ wird schon um 1800 nur noch poet. gebraucht.

900 *Demanten:* vgl. Anm. zu V. 45; Metapher für den Sieg, als dessen *Geber* (V. 901) sich der Prinz sieht.

902 *Dei von Algier:* türk. Dei, Dai ›Onkel‹; Titel der islamischen Militärdiktatoren, die zwischen 1600 und 1830 Nordafrika beherrschten und von dort aus Seeräuberei betrieben, welche die europäischen Seemächte vergeblich zu unterbinden versuchten; vgl. auch Anm. zu V. 1412.

903 *Cherubinen:* hebr. Cherub ›Engel‹, Pl.: Cherubim; Kleist fügt noch den deutschen Pl. an.

904 *Sardanapel:* der assyrische König Assurbanipal, griech. Sardanapal (669–663 v. Chr.), der als orientalisch grausamer Wüstling galt.

905 *Altrömische Tyrannenreihe:* die Willkürherrscher aus der römischen Kaiserzeit wie Caligula (37–41) oder Nero (54–68).

907 *Auf Gottes rechter Seit:* Der Dat. ist möglicherweise ein Schreibfehler; nach biblischer Tradition (Ps. 110,1; Matth. 22,44; Mark. 16,20) sitzt Christus zur Rechten Gottes, auf der Seite, die beim Jüngsten Gericht auch die Sündlosen einnehmen (Matth. 25,33).

917–919 *Graf ... Oranien:* Als zeitgeschichtliche Anspielung hat Meyer-Benfey diese erfundene Episode verstanden, indem er hinwies auf »die Heirat Napoleons mit Marie Luise, der Tochter des Kaisers Franz I., wodurch das überwundene Österreich den Frieden [...] besiegeln mußte. Die Vermählung fand am 11. März 1810 statt, war also, als Kleist den Schluß seines Dramas schrieb, wohl noch nicht erfolgt, wurde aber als nahe bevorstehend erwartet« (Bd. 2, S. 587, Anm. 34).

936 *König Karl:* Karl XI. Gustav von Schweden, geb. 1655, heiratete 1680 und regierte bis 1690.

939 *wenig Stunden:* die Zeitangabe wird wie ein Sammelbegriff behandelt, so daß *wenig* unflektiert bleibt.

Zweiter Auftritt

949 *Die Fessel:* das Ehrenwort, vgl. V. 947; zu derartig beibehaltenen Vergleichen Kleists s. Anm. zu V. 79.

950 *Tante:* Zur Beziehung zwischen der Kurfürstin und dem Prinzen vgl. V. 1010–16.

Fünfter Auftritt

967 *hieher:* ›hie‹ war eine oberdt. verbreitete Form, die in der Bibelübersetzung erhalten blieb.

968 *Euren alten:* Der Pl. weist auf die mehrfachen Verfehlungen des Prinzen, vgl. V. 349–351.

971–979 *O meine ... nichts!:* Der Text des Prinzen in der »Todesfurchtszene« scheint von Shakespeares »Maß für Maß« (III,1) beeinflußt zu sein: »Ja! Aber sterben! Gehn, wer weiß, wohin, / Daliegen, kalt, eng eingesperrt und faulen: / Dies lebenswarme, fühlende Bewegen / Verschrumpft zum Kloß [...] / Das schwerste, jammervollste irdsche Leben, / Das Alter, Armut, Schmerz, Gefangenschaft / Dem Menschen auflegt – ist ein Paradies / Gen das, was wir vom Tode fürchten! [...] / O Liebste, laß mich leben!« – Vgl. dazu Hellmann, S. 288–296.

975–977 *dem Troßknecht ... flehen:* den Troßknecht anflehen; um 1800 noch belegbare Dat.-Verbindung des Verbs.

976 *deiner Pferde pflegt:* vgl. Anm. zu V. 33 und V. 792.

982 *Sah ich ... öffnen:* vgl. die 2. Anm. zu den Bühnenanweisungen vor V. 715.

987 f. *Bestellt ... niedergehn:* traditionelles Motiv von Hinrichtungsszenen; so bei Kleist am Beginn des »Erdbeben in Chili«: »Man vermietete in den Straßen, durch welche der Hinrichtungszug gehen sollte, die Fenster«; bei Schiller in den »Piccolomini« (II,7, V. 1125 f.): »Sie hatten schon in Wien / Die Fenster, die Balkons vorausgemietet«.

988 *öde:* wohl im damals schon veralteten Sinne von ›nichtswürdig, sinnlos‹.

989 *der:* derjenige, welcher.

991 *duftend:* Die Bedeutung ›wohlriechend‹ wird durch den Bezug auf das Subjekt (*der* V. 989) in einen Ausdruck für Verwesungsgeruch verkehrt; Tieck ersetzte das Wort deshalb in seiner 2. Ausgabe (1826) durch »leblos«. Der Beleg »moorduftige« aus dem »Käthchen von Heilbronn« (Schluß von I,1) deutet mit seiner Assoziation von Verwesung aber auf eine Stilkonsequenz Kleists.

992 *Gestein:* obdt. für ›Stein‹; heute nur noch kollektiv für ›Steine, Steinart(en)‹.

vor 993 *an einen Tisch:* Zum Akk. statt des Dat. vgl. Anm. zu V. 178 und 209.

995 *O ... schön!:* Der Vers klingt an eine Zeile des Marquis Posa in Schillers »Don Carlos« an: »Königin! – O Gott, das Leben ist doch schön.« (IV,21, V. 4395.)

997 *schwarzen Schatten:* Element der antik-griechischen Vorstellungen vom Jenseits, wo die Seelen der Verstorbenen ein wesenloses Schattendasein in der Unterwelt führen.

1001 *Kassation:* von spätlat. cassare ›für ungültig erklären‹; jurist. Begriff für die Aufhebung eines Urteils durch eine höhere Instanz, das Annullieren einer Urkunde oder die unwiderrufliche Entlassung aus dem Militär.

1004 *nichts:* Die Substantivierung der Negationspartikel verleiht ihr Objektcharakter, so daß sie zusammen mit der Verneinung des abhängigen Objektsatzes syntaktisch eine Doppelfunktion erhält.

1007 *ehr:* eher; aus metrischen Gründen verkürzt.

1008 *Fußfall:* Sichniederwerfen zu Füßen eines Herrschers, um Ehrerbietung zu zeigen oder eine Bitte vorzutragen.

1011 *Hedwig:* unhistorische Figur; Homburgs Mutter war Margarethe Elisabeth von Leiningen-Westernburg; Hedwig Sophie hieß eine Schwester des Großen Kurfürsten, die Landgräfin von Hessen Kassel.

1015 *erzeugt:* um 1800 noch im Sinne von ›hervorgebracht, geboren‹.

1021 *alles, was ich flehte:* all mein Flehen; vgl. Anm. zu V. 1090.

1023 *Nataliens:* Gen. abhängig von *Begehr ich* (V. 1024); vgl. Anm. zu V. 33 und 792.

1026 *auf Heiden:* wahrscheinlich alter Dat. Sing. der schwachen Flexion, weil das Wort kaum im Pl. gebraucht wird; der Artikel entfiel wohl aus metrischen Gründen. – Vgl. »auf der Heiden« in Goethes »Heideröslein«.

1030 *meine Güter ... am Rhein:* Mit einem Brief vom 12. 1. 1802 hatte Kleist seiner Schwester Ulrike den Versuch angekündigt, sich auf die Bewirtschaftung eines Guts zurückzuziehen: »[...] ich bin nun einmal so verliebt in den Gedanken, ein Feld zu bauen [...]. Mir ist es allerdings Ernst gewesen [...], mich in der Schweiz anzukaufen, und ich habe mich bereits häufig nach Gütern umgesehen [...]. Auf meiner Reise durch dieses Land habe ich fleißig die Landleute durch Fragen gelockt, mir Nützliches und Gescheutes zu antworten. Auch habe ich einige landwirtschaftliche Lehrbücher gelesen [...]. Ich habe also unter sehr vielen beurteilten Landgütern endlich am Thuner See eines gefunden, das mir selbst wohl gefällt [...].« Die Preisung des Rheintals teilt Kleist mit der deutschen Romantik: »[...] der schönste Landstrich von Deutschland [...] sind die Ufer des Rheins von Mainz bis Koblenz [...]. Das ist eine Gegend wie ein Dichtertraum, und die üppigste Phantasie kann nichts Schöneres erdenken, als dieses Tal [...].« (Brief an Karoline von Schlieben, 18. 7. 1801.)

1031–36 *Da ... stirbt:* Das Motiv des absoluten Lebenswillens hat vor Kleist schon eine lange literarische Tradition. Die Verbindung mit dem Rückzug ins einfache Leben findet sich bereits in Homers »Odyssee« (11,488 bis 491), wo Achilleus seinem Ruhm im Totenreich jede irdische Armseligkeit vorzieht: »Preise mir jetzt nicht tröstend den Tod, ruhmvoller Odysseus. / Lieber möcht ich fürwahr dem unbegüterten Meier, / Der nur kümmerlich lebt, als Tagelöhner das Feld baun, / Als die ganze

Schar vermoderter Toten beherrschen.« Vermutlich erinnerte sich Kleist an diese Stelle (aus der 1781 entstandenen Übersetzung von Johann Heinrich Voß), da er in V. 996 f. den Gang in die Unterwelt als Bild benutzte. – Das Motiv der Weltentsagung im Landleben enthalten auch Schillers »Piccolomini«, wo Max über Wallenstein sagt: »Auf seine Güter wird er sich zurückziehn / [...] Kann bauen, pflanzen [...]« (III,4, V. 1661 f.).

1044 *was erschwing ich:* ›erschwingen‹ bedeutete in gehobenem Stil ›sich zu etwas emporschwingen‹; in der Umgangssprache bezog es sich, wie heute, auf materielle Dinge im Sinne von ›mit Mühe etwas aufbringen‹.

1045 *Geh ... ins Stift der Jungfraun:* der Zeile Shakespeares nachgebildet, wo Hamlet zu Ophelia sagt: »Get thee to a nunnery« (III,1); in der Schlegel/Tieckschen Übersetzung »Geh in ein Kloster«.

1046 *Base Thurn:* Die erfundene Figur einer Kusine trägt den Namen einer heute noch bekannten Adelsfamilie (Thurn und Taxis).

1056 *nichts finstrer:* um nichts finstrer; Kleist setzt die Präposition erst vor den zweiten Komparativ (*breiter*).

1059 *dem Oheim:* Statt ›beim‹ oder ›zum‹; bei Kleist steht oft der Dat. ohne Präposition; vgl. z. B. V. 1169 f.

1065 *der Köcher:* Die Metapher wird in V. 1069 (*Pfeile*) von Natalie aufgenommen.

1078 *Erfolg:* um 1800 noch neutral in der Bedeutung von ›Ausgang, Ergebnis‹.

Vierter Akt. Erster Auftritt

vor 1079 *mit Lichtern besetzten Tisch:* In engerem Sinn waren ›Lichter‹ meist Kerzen; ›besetzen‹ mit Akk. war noch in Fällen üblich, wo später ›aufstellen‹ verwendet wurde; vgl. auch V. 1324 und 1455.

in 1080 *erheben:* heute transitiv mit wörtlicher Bedeutung nur noch in stehenden Wendungen (z. B. ›die Hände erheben‹).

1081 *Zu deiner Füße Staub:* nach Kürze strebende Vermischung der Redensarten ›zu deinen Füßen‹ und ›im Staub deiner Füße‹.

1084 *begehrt sein:* vgl. Anm. zu V. 34.

1086 *Weib:* nicht in abschätziger Bedeutung, sondern gerade im Hinblick auf die Verheiratung der damals angemessene Ausdruck.

1090 *Dies fleh ich:* In gehobenem Stil konnte die Präposition (›um‹) entfallen und nur der Akk. stehen; vgl. Anm. zu V. 1021.

1095 *dieser ... Augen:* Natalie geht, das Vergehen Homburgs mit seinen Zügen personifizierend, auf den Menschen über. – Kleist verwendet hier, wie an anderen Stellen (s. V. 1–10), den Satzbruch (Anakoluth) als stilistisches Mittel, beginnt mit dem Nom. (*dieser*) und fährt im Akk. fort (*Den* V. 1098).

1099 *um die Mutter:* der Mutter zuliebe; in diesem Sinn noch in Redensarten geläufig (›um Geld‹, ›um nichts‹); bei der Beziehung auf V. 1101 würde der Vorstellung Natalies (V. 1095–1101) das Bild vom ›Kind der Treue‹ zugrunde liegen.

1102 *des Treffens:* des Kampfes; mit dem Begriff wurden auch die Schlachtreihen bezeichnet, wie sie aufeinandertrafen.

1106 *Lindwurm:* Drache; man schloß auch aus dieser Zeile auf die Benutzung von Schillers »Kampf mit dem Drachen«, wo beide Benennungen vorkommen; vgl. noch Anm. zu V. 475 und 1550.

1114 *geschmelzt:* Das transitive ›schmelzen‹ wurde noch im 19. Jh. schwach flektiert; allmählich setzten sich starke Formen durch.

1121 *in dem Lager:* bei den Truppen; vgl. Schillers Titel »Wallensteins Lager«.

1122 *Was sorgst du:* Ohne Reflexivpronomen ist das Verb besonders in der Luther-Bibel belegt.

1132 *eine feste Burg:* formelhaft seit Luthers Choral »Ein feste Burg ist unser Gott«.

Ohm: Oheim; Abkürzung in poet. Stil.

1134 *unberufnen Sieg:* den Homburg ›unberufen‹, d. h. ohne Auftrag dazu errang.

1137 *Zinnen:* Ausbau des Bildes von V. 1132.

1139 *dieser Bindung:* Zum Gen. vgl. Anm. zu V. 33; gemeint ist das Bindemittel (*Blut* V. 1140), das den Staatsbau zusammenhalten soll.

öd: vgl. Anm. zu V. 988.

1140 *Onkels Herbst:* die Zeit der Verwertung seiner Errungenschaften.
1144 *Satzung:* in der Bedeutung ›Gesetz‹ vom Bibeldeutsch her erhalten.
1149 *Röhren:* Gewehrläufe.
1151 *Ihm ... schweigt:* In Verbindung mit *nur* hat *als* hier ausschließende Bedeutung (es schweigt ihm jeder Wunsch außer dem, zu leben).
1154 *Daß ... nicht:* vgl. Anm. zu V. 44.
1170 *Dem Wurm:* vor dem Wurm; vgl. Anm. zu V. 1059. Natalie bezieht sich auf das Klischee der weiblichen Ängstlichkeit auch vor kleinsten Tieren.
1173 *Leun:* ›Leu‹ war ein poet. Ausdruck für ›Löwe‹, der auf die mhd. Form ›löuwe‹ zurückging.
1186 *Kassier ich:* vgl. Anm. zu V. 1001.
vor V. 1191 *siegelt:* vgl. die 2. Anm. zur Bühnenanweisung vor V. 763 sowie V. 133.
1195 *Stadthaus:* Synonym für ›Rathaus‹; dort ist der Prinz in Haft.
1203 *meiner spotten:* Gen.-Objekt schon um 1800 nur noch in gehobenem Stil; daneben bereits das Präpositionalobjekt (mit ›über‹).
1205 *glaube Rettung:* Der präpositionale Gebrauch (›glauben an‹) war um 1800 noch auf die Umgangssprache beschränkt.

Zweiter Auftritt

1215 *Supplik:* von frz. supplique ›Bittschrift an Höhergestellte‹.
1218 *ihrer Züg unsichre Bildung:* Fehler in Grammatik und Rechtschreibung, worin der in Kottwitz verkörperte General Blücher bekanntermaßen schwach war.
1223 *sich:* einander.
1224 *zugefertigt:* zugeschickt; Fachbegriff der Kanzleisprache um 1800.
vor 1231 *vergnügt:* hatte noch eine weitere Bedeutung; hier etwa ›angenehm berührt‹.
1238 *uns ... werdet Ihr verbinden:* werdet Ihr zu Dank verpflichten; heute noch in Höflichkeitsfloskeln, so z. B. ›wir sind Ihnen (sehr) verbunden‹.
1240 f. *Bomsdorf ... Götz ... Anhalt-Pleß:* Die Namen

sind historisch und erscheinen in einer Korpsliste bei Merian (vgl. Anm. zu V. 219–228), woraus man auf Kleists Benutzung dieser Quelle schließt. Es handelt sich um Oberst Wolf Dietrich Bomstorf, ferner den Generalleutnant Götz (vgl. V. 219–228) und den Fürsten Johann Georg von Anhalt-Dessau (das oberschlesische Pleß gehörte seit 1765 zu Anhalt).

1242 *wie ... Ihr sorgt:* vgl. Anm. zu V. 1122; aber hier auch gekürztes ›besorgen‹ möglich, das wie ›befürchten‹ gebraucht werden konnte.

1245 *Arnstein:* kein Ort der Mark Brandenburg.
kantoniert: militär. von frz. cantonner ›einquartieren, unterbringen‹.

1250 *fällt ... das Blatt nur leicht:* Natalie knüpft an die Redensart von V. 1233 an.

1257 *Subskription:* Unterschriftensammlung (von lat. subscribere ›unterschreiben‹).

1261 *Dem weigerte ... sich:* Hier glaubte man den Einfluß des frz. se refuser à festzustellen; vgl. jedoch über den Dat. ohne Präposition die Anm. zu V. 1059.

1263 *übeln Namen:* z. B. Revolte, Verschwörung.

1267 *die Stallung:* der Stallraum.

1271 *dem Blatt:* für das Blatt; vgl. Anm. zu V. 1059.

1274 *Portefeuille:* Brieftasche (aus frz. porter ›tragen‹ und frz. feuille ›Blatt‹); im Deutschen heute noch Bezeichnung für den Geschäftsbereich eines Ministers.

1278 *wartet Eurer:* vgl. Anm. zu V. 33; Gen. heute durch Präpositionalobjekt ersetzt.

Dritter Auftritt

1286 *Derwisch:* mohammedanischer Bettelmönch (von frz. derviche über türk. dervis und pers. darwes ›Bettler‹); literarisches Muster zu dieser Figur könnte der Derwisch aus »Nathan der Weise« von Lessing sein.

1287 *Spannen:* Längenmaß; bei gespreizter Hand die Strecke zwischen der Spitze des Daumens und der Spitze des kleinen Fingers.

Vierter Auftritt

vor 1297 *Läufer:* Diener, welcher vor dem Wagen oder Pferd seines Herrn herlief, den Weg freihielt und bei Nacht beleuchtete.

vor 1301 *führt sie vor:* d. h. in den Vordergrund der Bühne, denn im folgenden Dialog spielen Mimik und Gestik eine wichtige Rolle.

1310 *rechnet:* rechnete; aus metrischen Gründen gekürzt.

1319 *O Bork:* Natalie möchte ihre Freude mit einer Vertrauten teilen; vgl. die Rolle dieser Hofdame in V. 150, 290, 510, 704.

nach 1323 *setzt ... hin:* ›setzen‹ für Tätigkeiten, die heute mit ›stellen‹ bezeichnet werden; vgl. Anm. zur Bühnenanweisung vor V. 1079.

1327 *Sitzt:* setzt euch; durch die grammatikalische Ungebundenheit des Imperativs ermöglichte Tauschform zwischen ›sitzen‹ und ›sich setzen‹, die auch sonst noch öfter Mischformen bilden.

1331 *Petschaft:* Handstempel zum Siegeln; das eingravierte Wappen zeichnete sich in dem als Briefverschluß dienenden Wachs ab; (als ›Schaft‹ mißverstandenes mhd. petschat, das von tschech. pečet ›Siegel‹ ausging).

1355 *bedingt:* zur Bedingung gemacht; nur dieser Sinn war mit der schwachen Form des Part. Perf. verknüpft, während die starke (›bedungen‹) für die anderen Bedeutungen verwendet wurde.

1358 *du:* auf den Kurfürsten bezogen.

vor 1359 *an den Tisch:* vgl. Anm. zu V. 209.

in 1360 *sinnt:* denkt nach; um 1800 geläufig, heute noch in Redensarten erhalten, aber sonst als veraltet oder gesucht empfunden.

1365 *dir Versenktem:* in die Erde Gesenktem; seltene Wendung, die um 1800 nur noch an die Bibelsprache anschließen konnte.

1366 *Aus Karabinern:* Bei militärischen Bestattungen werden zu Ehren des Toten Gewehrsalven über seinem Grab abgefeuert; der Karabiner war ein kurzläufiges Gewehr mit geringer Schußweite, urspr. eine Waffe der Kavallerie; von frz. carabine ›Karabiner‹ aus frz. carabin ›mit Gewehr bewaffneter Reiter‹.

1367 *Versöhnt:* Der Tod ist Sühne für den militärischen Ungehorsam.
1371 *dich:* um 1800 noch häufiger Gebrauch von ›versichern‹ mit Akk., gegen den schon damals Grammatiker Widerspruch erhoben (vgl. V. 877 mit Anm., V. 1616).
1372 *Erhaben:* In der Textgrundlage zum »Prinz von Homburg« (Kopistenhandschrift) ist dieses Wort als einziges unterstrichen.
1373 *mitleidsvoll:* Tieck änderte in seiner Ausgabe zu »mitleidlos«, weil er offenbar den Zwiespalt des Kurfürsten nicht einzusehen vermochte (vgl. aber V. 1456, 1469, 1733).
1377 *am zwölften:* unhistorisches Datum, von dem aus jedoch die Zeitstruktur des Stückes ermittelt werden kann; die Schlacht bei Fehrbellin fand am 28. Juni 1675 statt (nach dem Gregorianischen Kalender; vgl. die Anm. zu *Friedrich Wilhelm* im Personenverzeichnis).
1381 *ein Unwürdger:* vgl. Anm. zu V. 582.
1386 *gleich:* konzessiv im Sinne von ›wenngleich, wenn auch‹.

Fünfter Akt. Erster Auftritt

vor 1395 *Nebenkabinett:* In der Schloßarchitektur des Barock umgeben den Saal als Repräsentationsraum kleine Nebenzimmer (frz. cabinets) zu privater Verwendung.
1403 *Rathaus:* vgl. Anm. zu V. 1195 sowie V. 1426.

Zweiter Auftritt

1412 *Dei von Tunis:* machte von sich reden, als er 1807 in Kämpfe mit dem Dei von Algier geriet (vgl. Anm. zu V. 902).
1414 *seidne Schnur:* das Mittel, sich selbst hinzurichten; die von der türkischen Herrschaft überkommene Militärorganisation der Janitscharen war auf Wahl und mögliche Absetzung ihrer Führer ausgerichtet, wobei brutale Machtkämpfe stattfanden (vgl. auch Anm. zu V. 902). – Manche Kommentare legen die *seidne Schnur* nur als Zeichen des orientalischen Herrschers aus, der ungehorsame Diener vor ihrer Festnahme zum Selbstmord auffordert. So gesehen, wäre nicht der Kurfürst, sondern Kottwitz hier betroffen.

1415 *verrammt:* um 1800 noch gebräuchlich neben ›verrammelt‹, wodurch es heute verdrängt ist.
Palisaden: oben zugespitzte Pfähle als Hindernis und Befestigung; über frz. palissade von lat. palus ›Pfahl‹.

1416 *Haubitzen:* Geschütze mit kurzem Rohr, bei denen die Treibladung verschieden stark sein kann; im Hussitenkrieg (1419–36) aufgekommenes Wort aus tschech. houfnice ›Steinschleuder‹.

1417 *Priegnitz:* auch ›Vormark‹, Landschaft im Nordwesten der Mark Brandenburg, an Mecklenburg grenzend; könnte nochmals auf Blücher hindeuten, der dort geboren und als General gegenüber Friedrich Wilhelm III. oft widerspenstig war (vgl. auch *Obrist Kottwitz* im Personenverz.).

1422 *Schwadronen:* Reiterkompanien, die das Regiment bilden.

1426 *Stadthaus:* vgl. Anm. zu V. 1195 und 1403.

Dritter Auftritt

1431 f. *ein Vorfall ... Gewicht:* Von seinem Beziehungswort (Vorfall) ist das Genitivattribut (von besonderem Gewicht) durch das vorgezogene Verb (Führt) getrennt.

1433 *unbeordert:* nicht abkommandiert.

1434 *an hundert:* ›an‹ mit Zahlenangaben bedeutet ›etwa, ungefähr‹.

1445 f. *auf Den Spruch:* typische Kasus-Schwankung, die manchmal stilistisch gerechtfertigt wird (s. Anm. zu V. 178).

1449–51: *Die ... Haus:* Kleist greift persönliche Erinnerungen und Beziehungen auf; nach dem Gut Retzow in Mecklenburg nennt sich ein Zweig seiner Familie; Drost, d. h. Landrat, wurde 1801 in Mecklenburg sein Freund Ludwig von Brockes (niederdt. drost, hochdt. truchseß, im Mittelalter ein Verwaltungsbeamter am Hof)
Die Dame Retzow: Die Frau von Retzow; das Wort ›Dame‹ bezieht sich auf den Adel als gesellschaftlichen Rang der Frau.

1455 *Mit ... gesetzt:* Angeblich hat Karl XII. von Schweden die Aufforderung, einen Aufenthalt in der Türkei

abzubrechen, mit dem Bescheid beantwortet, er werde seinen Stiefel zum Regieren heimschicken.
gesetzt: gestellt (vgl. Anm. zu den Bühnenanweisungen vor V. 1079 und vor V. 1324).
1457 *überall:* um 1800 auch ›in jedem Fall, überhaupt‹.
1462 *ein heillos fressend Feuer:* vgl. Anm. zu V. 582.
1466 *zuletzt:* letzten Endes.
1467 *Zeitung:* um 1800 noch möglich in der Bedeutung ›Nachricht, Kunde‹, aber fraglich, ob vom Journalisten Kleist hier so gebraucht.
1473 *jedwedem:* vgl. Anm. zu V. 1170.

Vierter Auftritt

1477 *Schweizer:* Türhüter; so verbreitet seit dem 16. Jh., seit besonders Leibwachen (wie z. B. die päpstliche) aus Schweizern bestanden.
1478 *Jäger:* Gemeint ist ›Leibjäger‹, d. h. der vertrauteste Diener, dessen Bezeichnung von der Aufgabe herstammt, dem Herrn bei der Jagd ständig zur Verfügung zu stehen.
1479 *Prittwitz:* bekannter märkischer Adelsname; vgl. auch *Pagen* im Personenverzeichnis.
1481 f. *Und ... haben!:* vgl. zu dieser Stelle den Aufsatz von Hohendahl.

Fünfter Auftritt

in 1497 *augenblicklichen:* als Zeiterstreckung (›einen Augenblick lang‹) gemeint, wogegen es Grammatiker um 1800 schon auf die punktuelle Bedeutung festlegen wollten; vgl. auch Bühnenanweisung vor V. 1856.
1498 *Obrist Homburg:* hier im Sinne von ›Feldoberster‹, einer älteren Bezeichnung für den späteren ›General der Kavallerie‹ (vgl. V. 1516: *General*); vgl. auch Anm. zu V. 100.
1506 f. *Wie? ... ausgemittelt:* vgl. V. 1395–97.
ausgemittelt: ermittelt; um 1800 fast nur im Oberdeutschen, heute nicht mehr gebraucht.
1515 *peinlich:* d. h. ›auf Leib und Leben‹; aus der jurist. Fachsprache des Mittelalters, wo zum ›peinlichen Gericht‹ die ›peinliche‹ (schmerzhafte) Befragung auf der Folter gehörte.

1518 *ihm verwendet:* für ihn verwendet; vgl. Anm. zu V. 1059.
1522 *empfangen:* vielleicht in der Bedeutung ›angenommen‹ und dann ›unterschrieben‹ (*vollendet*); manche Kommentare vermuten den Sinn von ›konzipiert‹, das mediz. ›empfangen‹, hier ›entworfen‹ bedeutet.
nach 1523 *durchsieht:* In dieser Bedeutung wird das Verb heute getrennt (›sieht ... durch‹); um 1800 wurde noch nicht scharf zwischen der trennbaren und der untrennbaren Form eines Verbs unterschieden, das mit einer Präposition zusammengesetzt war.
1533 *Sukkurs:* Unterstützung, Hilfe; heute ausgestorbener militär. Fachbegriff (über spätlat. succursus von lat. succurrere ›zu Hilfe eilen‹).
1535 *faßten Posten:* Konj. Prät., wie die Konjunktive im Kontext (V. 1534 und 1536) zeigen; Wendung aus der Militärsprache, die viele Redensarten mit ›Posten‹ hervorbrachte (über ital. posto von lat. positus ›festgesetzt‹).
1548 *erringen wollen:* syntaktische Abhängigkeit der Zeile durch den Infinitiv ohne ›zu‹ gelockert; die Präposition entfiel vielleicht aus metrischen Gründen, ist jedoch z. B. auch entbehrlich, wenn der Infinitivsatz dem Hauptsatz vorausgeht.
1550 *Drachen:* Dieses Stichwort zusammen mit dem Thema des Ungehorsams veranlaßte zum Vergleich mit Schillers Ballade »Der Kampf mit dem Drachen«; vgl. Anm. zu V. 1106 und 475.
1556 *fürder:* in Zukunft, weiterhin; schon um 1800 poet. Stil (urspr. Komparativ zu ›fort‹, heute noch erhalten in engl. further).
1567 *von der Bank fällt:* Wortspiel Kleists mit dem Begriff ›Bankert‹ ›uneheliches Kind‹; aus dem mhd. banchart stammend, bezeichnet das Wort ein nicht im Ehebett (›auf der Bank‹) gezeugtes Kind.
1575–87 *Was ... kann!:* läßt sich inhaltlich und manchmal wörtlich mit den Zeilen von Max in den »Piccolomini« (I,4, V. 451–462) vergleichen.
1576 *sich schlägt:* geschlagen wird; diese Reflexivkonstruktion anstelle des Passivs findet sich häufiger bei Kleist (vgl. Weißenfels, S. 282).

1582 f. *Der ärmste ... Die schlechte:* Die Feststellungen haben, wie die Interpunktion zeigt, den Charakter von Ausrufen, etwa: ›Das ist der ärmste‹, ›Welch eine schlechte‹.
in den Sternen fremd: kann verschieden interpretiert werden: a) als Mangel an hohen Idealen, die dem *toten Werkzeug* (V. 1580 f.) überlegen sind; b) als Verkennen des wahren, ›in den Sternen‹ stehenden *Laufs der Dinge* (V. 1586), der sich nicht immer nach Gesetz und Buchstabe richtet; c) als Entfremdung von der Wirklichkeit durch fixe Vorstellungen.
1584 *um eines Falles:* vgl. Anm. zu V. 899.
1589 *Sold:* Lohn; von lat. solidus ›Münze‹. Vgl. V. 1595.
1595 *dem:* für den; vgl. Anm. zu V. 1059.
1596 *Gesetzt:* vorausgesetzt, angenommen.
unberufnen: vgl. Anm. zu V. 1134.
1597 *Brächst ... Stab:* Die Redewendung geht auf einen Brauch beim mittelalterlichen Gerichtsverfahren zurück, wo beim Todesurteil ein als Zeichen der Gerichtsbarkeit dienender Stab in Stücke gebrochen wurde; zum Dat. ohne Präposition (›über‹) vgl. Anm. zu V. 1059.
1599 *wo irgend:* Da ›irgendwo‹ als Adverb um 1800 noch getrennt geschrieben wurde, war man auch in der Stellung der Einzelwörter freier, die sich hier wohl nach dem Metrum richtet.
1600 *wie ein Schäfer:* nimmt den Gedanken des Zufalls auf (V. 1566 f.), der dem herumziehenden Schäfer gute und schlechte Weiden beschert. – Manche Kommentare knüpfen noch direkter an die Vorstellung vom Zufallskind an und verweisen auf das Motiv des ausgesetzten und durch Hirten aufgefundenen Findelkinds.
1601 *Schelm:* Schurke; vgl. auch Anm. zu V. 169.
1602 *munter:* vgl. Anm. zu V. 3.
1608 *dein gehörte:* auf Dialekte beschränkter Gebrauch des Possessivpronomens statt des Dat. des Personalpronomens (›mir‹).
1617 *sei:* Die grammatikalische Abhängigkeit von Nebensätzen wurde früher viel öfter durch den Konjunktiv angezeigt.
spitzfündge: um 1800 noch übliche Schreibweise.
1625 *keck:* um 1800 u. a. geläufiger Begriff des gesell-

schaftlichen Umgangs, wobei die Bedeutung ›bedenkenlos, verwegen‹ hervortrat.

1626 f. *Die ... Frevels, Den:* Das Gen.-Attribut mit dem Relativsatz (*des Frevels, den*) ist von seinem Beziehungswort (*Veranlassung*) wieder typisch für Kleist getrennt; vgl. z. B. V. 852 f. oder 144 f.

1629 *Fabel:* Von den Bedeutungen, die das Wort um 1800 hatte, ist hier ›phantastische Erfindung, Märchen‹ gemeint (vgl. Anm. zu V. 89).

1635 *Plantanen:* Platanen, eine Gattung von Laubbäumen, mit denen häufig Parks und Alleen angelegt wurden (von griech. platanos zu platys ›breit‹, nach den Blättern oder der weiten Verzweigung); Kleist leitete seine Schreibung aus der falschen Verbindung mit frz. plantage her.

1639 *schlugst du:* vgl. Anm. zu V. 161 f.

1656 *ohngefähr:* ungefähr; oberdt. Form, die aus der Dehnung der Vorsilbe entspringt, im Schriftdeutschen aber ausgemerzt wurde.

1674 *zu Nacht:* vgl. Anm. zu V. 93.

entnommen: weggenommen; eine Bedeutung, die umgspr. im Oberdeutschen, aber auch allgemein im Kanzleideutsch geläufig war.

1675 *Dichten:* um 1800 noch mit breiter Bedeutung; hier mit dem Sinn ›sich etwas zusammenphantasieren‹.

1680 *frommer:* war nicht auf den religiösen Sinn festgelegt (vgl. z. B. ›frommes Pferd‹); hier wohl in der Bedeutung ›pflichtbewußt‹.

1685 *Prinzeß:* dt. Schreibung der frz. Wortform (princesse).

1696 *verlöscht:* schwaches Part. Perf. statt des starken (›verloschen‹), eine Schwankung zwischen den Flexionen, die um 1800 häufig war.

1697 *das Geschütz ... in den Reihen:* die in Schlachtordnung befindlichen Kanonen; vgl. Anm. zu V. 459.

1700 *treffend:* betreffend; wohl aus metrischen Gründen gekürzt.

1705 *als:* Auch heute noch schwankt umgspr. der Gebrauch der Vergleichspartikel oft zwischen ›wie‹ und ›als‹.

1706 *wenn ... anders:* sofern; um 1800 noch gebräuchlich, heute ausgestorben.

1707 *Schlußgebäu:* Schlußfolgerung im Denkgebäude;

neben ›Gebäude‹ fand sich ›Gebäu‹ in der Umgangssprache und der Luther-Bibel, eine Sammelbezeichnung, die aus ›Bau‹ und der Vorsilbe ›ge-‹ entstand (wie noch andere, z. B. ›Mauer‹ und ›Gemäuer‹, ›Berge‹ und ›Gebirge‹ usw.).

1714 *Blödsinniger:* Mensch von schwachem Verstand, nicht ›Geisteskranker‹.

1718 *Mithin:* folglich, demnach; um 1800 in Umgangs- und Kanzleisprache üblich, heute selten.

1720 *Die delphsche Weisheit:* Die Vieldeutigkeit des antiken Orakels, das eine Priesterin in der Apollo-Kultstätte des griechischen Gebirgsorts Delphi verkündete, wurde in der späteren Geschichte sprichwörtlich. – Zur Satzform vgl. Anm. zu V. 1582 f.

1722 *ein Gewicht:* vgl. Anm. zu V. 582.

Sechster Auftritt

1723 *augenblicks:* augenblicklich; auch heute noch in Gebrauch.

1730 *eröffnen:* um 1800 häufig statt ›öffnen‹ gebraucht.

Siebenter Auftritt

1734 *zu Gunsten Eurer:* Mit dem Gen. eines Pronomens (hier »Ihr«) wirkte die Wendung schon um 1800 veraltet und gesucht; heute steht entweder ein Präpositionalobjekt (›von Euch‹) oder das Possessivpronomen (›zu Euren Gunsten‹).

1738 *Kriegsrechts:* vgl. Anm. zu V. 737.

1741 *mir:* für mich; vgl. Anm. zu V. 1059.

1745 *erkannt:* zuerkannt; neben der Bedeutung ›zuteilen‹ hatte ›zuerkennen‹ in der Juristensprache den Sinn von ›auferlegen‹ (einer Strafe).

1758 *Errungen ... morgen:* auf *Triumph* (V. 1755) zu beziehen; *morgen* bezeichnet den Tag der angesetzten Hinrichtung.

1759 *Der Fremdling:* verschlüsselte Anspielung auf Napoleon und die französische Besetzung Preußens in der Entstehungszeit des Stücks.

1762 *Fluren:* ›die Flur‹ ist ein Sammelbegriff für Nutzland

(Feld, Wald, Wiese), der sich poet. und in der Amtssprache erhielt (›Flurbereinigung‹); von mhd. vluor ›Bodenfläche, Saatfeld‹ usw.

1766 *mir:* für mich; vgl. Anm. zu V. 1059.

1774 *des zum Zeichen:* zum Zeichen dafür (daß der Kurfürst seinen Groll aufgibt); zu ›des‹ als Demonstrativpronomen vgl. V. 828 mit Anm.

1780 *Gustav Karl:* vgl. Anm. zu V. 936; zur zeitgeschichtlichen Auslegung von V. 1779 f. vgl. Anm. zu V. 917 bis 919.

1783 *Kettenkugeln:* jeweils zwei mit einer Kette verbundene Kanonenkugeln oder Kugelhälften, die zusammengekettet waren; sie wurden gegen aufmarschierte Truppen eingesetzt, so etwa in »Wallensteins Tod« (III,19, V. 2201): »Mit Kettenkugeln will ich sie empfangen.«

1787 *Mißglück:* seltenes und fast nur literarisch verwendetes Substantiv zum Verb ›mißglücken‹.

1791 *halb:* halber; wohl aus metrischen Gründen gekürzt.

1793 *Gefild:* vgl. Anm. zu V. 1793.

nach 1793 *erhebt:* vgl. Anm. zu V. 1080.

1795 *dir:* auf dich; vgl. Anm. zu V. 1059.

1796 *Seraphin:* Engel des Alten Testaments, die anbetend Gott umschweben; korrekt lautet der hebr. Pl. ›Seraphim‹ (vgl. auch Anm. zu V. 903).

1798 f. *Geh ... trotzt:* kann wieder zeitgeschichtlich als Aufruf zum Kampf gegen Napoleon verstanden werden, der *Den Weltkreis* (V. 1799) beherrschte; im Stil der Verse 1795–99 feierte Kleist die Königin Luise (vgl. Anm. zur Widmung) als Idol der vaterländischen Hoffnung: »O du, die aus dem Kampf empörter Zeit, / Die *einzge* Siegerin, hervorgegangen: / Was für ein Wort, dein würdig, sag ich dir? / So zieht ein Cherub, mit gespreizten Flügeln, / zur Nachtzeit durch die Luft, und, auf den Rücken / Geworfen, staunen ihn, von Glanz geblendet, / Der Welt betroffene Geschlechter an« (aus der 2. Fassung). – Den Vorgang zwischen Prinz und Kurfürst hat man mit Posas Feststellung gegenüber König Philipp in Schillers »Don Carlos« verglichen: »Dann Sire, wenn Sie zum glücklichsten der Welt / Ihr eignes Königreich gemacht – dann ist / Es Ihre Pflicht, die Welt zu unterwerfen.« (III,10, V. 3250–52 – nach Richard Samuel: Heinrich von Kleist: Prinz Friedrich von Homburg. Berlin 1964. S. 201.)

Neunter Auftritt

1812 *zur Stund:* jetzt; poet. auch heute noch möglich.
1820 *zwei der schönsten Siege:* vgl. V. 350.
1821 *gekränkt:* beeinträchtigt; um 1800 war ›kränken‹ noch geläufig in der Bedeutung ›Nachteil zufügen, einen Wert antasten‹.
1822 *Die Schule ... durchgegangen:* Auf diesen Vers stützen sich besonders die Interpretationen, welche im Kurfürsten einen vorausschauenden Erzieher sehen, der dem Prinzen eine Lebenslehre erteilt. Zur Syntax vgl. Anm. zu V. 11–17.
1827 *er:* der Prinz von Homburg.
1827 f. *Daß ... nicht:* ohne daß; vgl. Anm. zu V. 44.

Zehnter Auftritt

vor 1830 *aufgeführt:* heraufgeführt; um 1800 in diesem Sinn noch verbreitet.
Totenmarsches: um 1800 öfter verwendetes Synonym zu ›Trauermarsch‹.
1830 Klopstocks Ode »An Fanny« (Beginn: »Wenn einst ich tot bin«) enthält die Stelle »Dann, o Unsterblichkeit, / gehörst Du ganz uns« (Str. 10, V. 1 f.). – Nach einem zeitgenössischen Bericht hatte Kleist die Oden Klopstocks am Tag seines Todes bei sich; vgl. auch die Anm. zu *Barde* in der Widmung.
1832 *Mir:* nimmt das *mir* von V. 1831 wieder auf; die mögliche Auslegung, daß damit der Ich-Bezug unterstrichen wird, machen sich Interpretationen zunutze, die als Mittelpunkt des Stücks die Individualität des Prinzen und den Gewinn von Selbstwert annehmen. – Allerdings hieß es in der Textgrundlage (Schreiberkopie) »Mit«, was die ersten Ausgaben übernahmen; die spätere philologische Korrektur richtete sich u. a. nach Stileigentümlichkeiten Kleists (so z. B. »Amphitryon«, V. 998 f.).
1834 *Äther ...:* Himmel, Himmelsluft; aus griech. aither ›obere Luft‹, in der die Sterne schweben und die Götter wohnen.

Schlußszene der Inszenierung von Peter Stein in der Schaubühne am Halleschen Ufer, Berlin, 1972. Foto: Helga Kneidl, Hamburg

1839 *Nebel:* vgl. Anm. zu V. 582.

nach 1839 *aufgeschlagen:* aufgestellt (vgl. heute noch ›Betten, Zelte, Buden aufschlagen‹).

1840 *Nachtviole:* in der Tradition irrtümlich als viola ›Veilchen‹ bezeichnete Pflanze (Kreuzblütergattung), die purpurviolette, veilchenduftende Blüten hat. – In der katholisierenden Romantik, die auf der Verehrung von Novalis (Friedrich von Hardenberg) gründete, erhielten die Blumennamen symbolische Bedeutung: vgl. den Almanach »Dichter-Garten. Erster Gang. Violen«, hrsg. von Rostorf [d. i. Karl Gottlieb Andreas von Hardenberg], Würzburg 1807.

1841 *Levkojn:* Levkojen wurden wegen ihres veilchenähnlichen Geruchs ebenfalls oft zu den ›Violen‹ gerechnet, gehören aber derselben Gattung wie die ›Nachtviolen‹ an, von denen sie häufig nicht unterschieden werden; violette, weiße und gelbe, wohlriechende Blüten; von den weißen leitet sich ihr Name her: griech. leukos ›weiß‹ und ion ›Veilchen‹.

Nelken: Besonders die Gartennelken verbreiten in feuchter (Nacht-)Luft einen starken Duft (s. Nelkenöl).

1845 *zu Hause:* Bei Deutungen im Zusammenhang mit der deutschen Romantik wird diese Stelle gern auf ein vielzitiertes Wort von Novalis bezogen: »Wo gehn wir denn hin? – Immer nach Hause.« (aus »Heinrich von Ofterdingen«, 2. Teil); im Kontext dieser Stelle finden sich weitere Begriffe und Motive, die auf den Prinzen bezogen werden können: »Nachtwandler«, »Die Welt wird Traum, der Traum wird Welt«, »geflügelte Schiffe«, »Garten«. Vgl. auch die Anm. zu V. 1840.

Eilfter Auftritt

Eilfter: elfter; Mitte des 19. Jh.s noch verwendet, bis die kürzere Form sich durchsetzte; aus ahd. ein-lif; ebenso ahd. zwe-lif zu nhd. ›zwölf‹.

vor 1846 *mit einem Tuch:* vgl. Anm. zu V. 874.

1847 *gefällig:* höfliche Aufforderung, kein Ausdruck des Unwillens wie heute ›gefälligst‹.

in 1852 *faßt ihn auf:* um 1800 noch in der Bedeutung ›ergreift ihn und hebt ihn auf‹.

Der Wanderer über dem Nebelmeer (um 1818). Gemälde von Caspar David Friedrich (1774–1840). Vgl. V. 1839

vor 1856 *Augenblickliches:* vgl. Anm. zur Bühnenanweisung in V. 1497.

1858 *In Staub ... Brandenburgs!:* In der Schlußzeile ist die Anspielung auf Brandenburg-Preußens Situation nach der Niederlage gegen Napoleon nochmals unüberhörbar. *In Staub:* So immer (Ausnahme V. 1589: *in den Staub*) entgegen heutigem Sprachgebrauch (vgl. V. 546, 634, 676, 876, 1387).

II. Zur Entstehungsgeschichte

1. Die historische Legende als Quelle

Richard Samuel (geb. 1900):

»Die Homburg-Legende ist ohne Zweifel in Kleists Jugendzeit populär gewesen, nachdem sie von Friedrich dem Großen 1751 geschaffen worden war. Sie wurde in verschiedensten populären Darstellungen, in Kalendern und Lesebüchern wiederholt und auch bildlich dargestellt. Die erste bildliche Darstellung fand sich im 2. Bande der Deutschen Monatsschrift (1790), der der Verherrlichung des Großen Kurfürsten gewidmet war und in dessen Maiheft ein Kupferstich Daniel Chodowieckis erschien, der nach den Worten des Herausgebers den ›Sieger bei Fehrbellin‹ darstellt, ›nach der Schlacht, wie er dem Prinzen von Homburg, der durch die unzeitige Hitze beinahe das ganze Glück Brandenburgs aufs Spiel gesetzt hätte, verzeiht‹.«

Heinrich von Kleist: Prinz Friedrich von Homburg. Ein Schauspiel. Nach der Heidelberger Handschrift hrsg. von Richard Samuel unter Mitw. von Dorothea Coverlid. Berlin: Schmidt, 1964. S. 207. [Zit. als: Samuel.]

Friedrich der Große (1712–86) schreibt in seinen »Mémoires pour servir à l'histoire de la Maison de Brandebourg« (Berlin 1751):

»Das brandenburgische Heer bestand aus 5600 Reitern. Es hatte kein Fußvolk, führte aber zwölf Kanonen mit sich. Die Schweden ihrerseits waren 10 Infanterieregimenter und 800 Dragoner stark. Trotz dem Unterschied der Zahl und der Waffengattungen bedachte sich der Kurfürst nicht, auf den Feind loszugehen, um ihn zu schlagen.
Am 28. Juni marschiert er gegen die Schweden. 1600 Reiter, den Vortrab, vertraut er dem Landgrafen von Homburg* an, mit dem Befehl, sich auf keinen Kampf einzulassen,

* Landgraf Friedrich II. von Hessen-Homburg.

Reiterdenkmal des Großen Kurfürsten von Andreas Schlüter (1664 bis 1714). Standort früher Lange Brücke im Zentrum Berlins, heute im Ehrenhof des Schlosses Charlottenburg

sondern nur zu rekognoszieren*. Der Landgraf geht vor. Nachdem er einen Wald durchritten, sieht er die schwedischen Truppen zwischen den Dörfern Hakenberg und Tarmow lagern, einen Sumpf im Rücken, die Fehrbelliner Brücke zu ihrer Rechten und eine kahle Ebene vor sich. Er wirft ihre Feldwachen zurück, verfolgt sie und schlägt sie bis auf die Hauptmacht ihres Korps zurück. Gleichzeitig verlassen die Truppen das Lager und stellen sich in Schlachtordnung auf. Der Landgraf von Homburg in seiner überschäumenden Kühnheit läßt sich vom Kampfeseifer fortreißen und verwickelt sich in einen Kampf, der einen verhängnisvollen Ausgang genommen hätte, wäre nicht der Kurfürst auf die Meldung von der gefährlichen Lage des Landgrafen schleunigst zur Hilfe herbeigeeilt. [...]

Es entspricht nur der Würde der Geschichte, wenn auch die schöne Tat hier berichtet wird, die ein Stallmeister des Kurfürsten während der Schlacht vollbrachte. Der Kurfürst ritt einen Schimmel. Sein Stallmeister Froben merkte, daß die Schweden mehr nach diesem Pferd schossen, das durch seine Farbe in die Augen stach, als nach den anderen. Daher bat er seinen Herrn, es mit dem seinen zu vertauschen. Als Grund gab er an, das Roß des Kurfürsten scheue. Kaum hatte der treue Diener den Schimmel ein paar Augenblicke geritten, als er selber tödlich getroffen ward. So rettete er durch seinen Tod dem Kurfürsten das Leben.

Da Friedrich Wilhelm keine Infanterie zur Hand hatte, konnte er weder die Fehrbelliner Brücke nehmen noch den Feind auf seiner Flucht verfolgen. Er ließ es sich genug sein, auf dem Schlachtfeld, wo er so hohen Ruhm erworben hatte, sein Lager aufzuschlagen. Dem Landgrafen von Homburg verzieh er, daß er so leichtherzig das Schicksal des ganzen Staates aufs Spiel gesetzt hatte. Er sprach zu ihm: ›Wenn ich Euch nach der Strenge der Kriegsgesetze richtete, hättet Ihr das Leben verwirkt. Aber verhüte Gott, daß ich den Glanz eines solchen Glückstages beflecke, in-

* Die Darstellung des Königs beruht auf Irrtum. Der Kurfürst plante eine Entscheidungsschlacht. Was von einer Verstimmung Friedrich Wilhelms gegen den Landgrafen von Hessen wegen seines raschen Vordringens am Morgen bei Linum weiter unten erzählt wird, ist ebenso historische Legende wie der Opfertod des Stallmeisters Froben.

dem ich das Blut eines Fürsten vergieße, der ein Hauptwerkzeug meines Sieges war!‹«

Die Werke Friedrichs des Großen. Hrsg. von Gustav Berthold Volz, dt. von Friedrich von Oppeln-Bronikowski, Willy Rath und Carl Werner von Jordans. Bd. 1: Denkwürdigkeiten zur Geschichte des Hauses Brandenburg. Berlin: Hobbing, 1913. S. 75 f.

Richard Samuel:

»Von 1790 bis 1793 sind jedes Jahr Darstellungen der Homburg-Legende erschienen, die dem jungen Kleist nicht entgangen sein mögen [...]. Es ist wohl kaum daran zu zweifeln, daß das Bild von Kretschmar, der 1800 ein Preisausschreiben der königlichen Akademie gewann, wie immer formalistisch es war – es ist eine schwache Nachahmung von Velasquez' ›Übergabe von Breda‹ – Kleists Aufmerksamkeit erregte, zumal es in verschiedenen Zeitschriften des Jahres 1800 ausführlich und lobend besprochen wurde. Es stellt den Prinzen als einen blondgelockten Jüngling dar. Der Bericht Krauses, der 1803 erschien [...], ist der einzige, von dem wir wissen, daß Kleist ihn in der Hand gehabt hat, da er sich das Buch Anfang 1809 aus der Dresdener Bibliothek entlieh.«

Samuel. S. 207.

Der Eintrag im Entleihbuch der Dresdner Bibliothek hält fest, daß Kleist vom 9. Januar bis zum 1. März 1809 Krauses drei Bände über die Geschichte der Hohenzollerischen Regenten ausgeliehen hatte (vgl. Helmut Sembdner, Hrsg.: Heinrich von Kleists Lebensspuren. Dokumente und Berichte der Zeitgenossen. 2., veränd. und erw. Aufl. Bremen: Schünemann, 1964. S. 307).

Karl Heinrich Krause (1771–1841) in »Mein Vaterland unter den hohenzollerischen Regenten. Ein Lesebuch für Freunde der Geschichte auf's neue bearbeitet von K. H. Krause, Feldprediger des königlich-preußischen Infanterieregiments von Strachwitz. Zweiter Theil« (Halle 1803):

»Der Kriegsrath, den der Kurfürst zusammenkommen ließ, rieth um so mehr, das Fußvolk erst abzuwarten, da die Reiterei durch schnelle und beschwerliche Märsche ermüdet wäre, und der Feind, dessen linker Flügel durch einen Morast und dessen Rücken durch den Rhinfluß gedeckt sei, eine zu vortheilhafte Stellung habe. Der Kurfürst bestand aber auf einer Schlacht, weil der Feind auf der Flucht und in Furcht sei, und weil demselben sein erfahrner General Wrangel fehle. Die Tapferkeit seiner Truppen und das Glück krönte seinen Rath. Der 18te Junius war es, an dem die Brandenburger ihren Kriegsruhm auf's neue erhöhten. Der Prinz von Hessenhomburg wurde mit Tages Anbruch vorausgeschickt, den Feind zu beobachten und aufzuhalten, jedoch ohne ihn anzugreifen. Er stieß auf die schwedischen Vorposten; aus jugendlicher Hitze und aus Begierde, sich auszuzeichnen, griff er sie an, und trieb sie siegreich vor sich her bis zur Hauptarmee. Aber jetzt rückte diese aus, und der Kurfürst wurde zum Treffen genöthigt, ehe er es wünschte. Zum Glück hatte er schon vorher auf einem Sandhügel eine Batterie errichtet, von der er ununterbrochen und mit dem besten Erfolge auf den Feind los feuerte. Jetzt stellte er sich an die Spitze seines linken Flügels, und drängte die feindliche Reiterei an das Fußvolk zurück. Ein schrecklicher Kugelregen empfing die brandenburgischen Reiter; aber das Beispiel ihres großen Anführers gab ihnen Muth. Der Kurfürst setzte sich selbst den größten Gefahren aus, und blieb auch da, als sein treuer Stallmeister *Froben*, der ihn nicht aus den Augen verließ, an seiner Seite durch eine Kugel zerschmettert wurde, ein Muster des Muths für seine tapfern Soldaten.* Er schlug den linken Flügel des Feindes in die Flucht, der rechte folgte bald darauf, und der Sieg war entschieden. [...] Er ließ auf dem Schlachtfelde sein Lager aufschlagen, lobte und belohnte öffentlich die Tapferkeit seiner braven Soldaten, ernannte den Oberstlieutenant Hennings, der sich vorzüglich ausgezeichnet hatte, auf der Stelle zum Obersten, erhob ihn in den Adel-

* Nicht hinlänglich begründet und von einem Augenzeugen widersprochen ist folgende von den meisten Geschichtsschreibern aufgenommene Erzählung. Der Kurfürst habe in der Schlacht einen Schimmel geritten, auf welchen die Schweden alle ihre Kanonenschüsse gerichtet hätten. Froben habe dies bemerkt, aber seinen Herrn vergebens gebeten, sein ausgezeichnetes Pferd mit einem andern zu vertauschen; nur erst bei dem Vorgeben, daß das Pferd scheu sei, habe es der Kurfürst mit dem Pferde seines treuen Dieners vertauscht. Kaum habe Froben den Schimmel bestiegen, als er durch eine Kanonenkugel niedergestreckt sei.

Die Schlacht bei Fehrbellin. Gobelin aus dem Schloß Charlottenburg, Berlin. Foto: Verwaltung der Staatlichen Schlösser und Gärten, Berlin

stand und nannte ihn *Hennings von Treffenfeld*. Der Prinz Friedrich von Hessenhomburg stand, im Bewußtsein seines Dienstfehlers, in einiger Entfernung, und wagte es nicht, seinen Blick zu dem streng gerechten Fürsten aufzuschlagen. Der Kurfürst winkte ihm liebreich, heranzutreten. ›Wollte ich‹, redete er ihn an, ›nach der Strenge der Kriegsgesetze mit Ihnen verfahren, so hätten Sie den Tod verdient. Aber Gott bewahre mich, daß ich meine Hände mit dem Blute eines Mannes beflecke, der ein vorzügliches Werkzeug meines Sieges war.‹ Mit diesen Worten und einer väterlichen Ermahnung, künftig vorsichtiger zu sein, umarmte er ihn und versicherte ihn seiner ganzen Achtung und Freundschaft.«

Samuel. S. 217–219.

Richard Samuel:

»Die ›Homburg‹-Legende wurde ein Jahr nach dem Erscheinen von Krauses Buch Gegenstand wissenschaftlicher Diskussion und zwar durch den preußischen Hofhistoriographen Jean Pierre Erman (1735–1814). Dieser hielt am 25. Januar 1804 vor der Akademie einen öffentlichen Vortrag, der unter dem Titel ›Fréderic II à la jambe d'Argent, Landgrave de Hesse-Homburg‹ bei J. F. Starke, Berlin veröffentlicht wurde. Darin bezeichnet Erman die Insubordination Homburgs sowie den Opfertod Frobens (den Krause schon in eine Anmerkung verwiesen hatte) als Legende (›une tradition populaire‹), und geht dabei ausdrücklich von Kretschmars Bild als historisch unhaltbar aus. Aufschlußreich ist, daß er die Schrift der Amélie Marie Anne, Prinzessin von Homburg widmete, die vierzehn Tage vor dem Vortrag, am 12. Januar 1804, den Prinzen Wilhelm von Preußen geheiratet hatte.«

Samuel. S. 207 f.

2. *Selbstzeugnisse Kleists aus der Entstehungszeit des Schauspiels*

Nach der totalen preußischen Niederlage (1806), die man in patriotischen Kreisen auch der hinhaltenden Diplomatie des Königs zuschrieb, residierte Friedrich Wilhelm III. in

Friedrich Wilhelm der Große, Kurfürst von Brandenburg, und der Prinz von Hessen-Homburg nach der Schlacht von Fehrbellin. Stich von Johann Joseph Freidhoff (1768–1818) nach einem Gemälde (1802) von Johann Karl Heinrich Kretschmar (1769–1847). Foto: Verwaltung der Staatlichen Schlösser und Gärten, Berlin

Königsberg und kehrte mit dem Hof erst im Dezember 1809 nach Berlin zurück. Kleist ergriff für das öffentliche Verlangen nach der Rückkehr des Königs Partei, doch untersagte die Zensur die Publikation seiner politischen Suggestion:

AN DEN KÖNIG VON PREUSSEN

zur Feier seines Einzugs in Berlin im Frühjahr 1809
(wenn sie stattgehabt hätte)

Was blickst du doch zu Boden schweigend nieder,
Durch ein Portal siegprangend eingeführt?
Du wendest dich, begrüßt vom Schall der Lieder,
Und deine schöne Brust, sie scheint gerührt.
Blick auf, o Herr! Du kehrst als Sieger wieder,
Wie hoch auch jener Cäsar triumphiert:
Ihm ist die Schar der Götter zugefallen,
Jedoch den Menschen hast du wohlgefallen.

Du hast ihn treu, den Kampf, als Held getragen,
Dem du, um nichtgen Ruhms, dich nicht geweiht!
Du hättest noch, in den Entscheidungstagen,
Der höchsten Friedensopfer keins gescheut.
Die schönste Tugend, laß michs kühn dir sagen,
Hat mit dem Glück des Krieges dich entzweit:
Du brauchtest Wahrheit weniger zu lieben,
Und Sieger wärst du auf dem Schlachtfeld blieben.

Laß denn zerknickt die Saat, von Waffenstürmen,
Die Hütten laß ein Raub der Flammen sein;
Du hast die Brust geboten, sie zu schirmen:
Dem Lethe[1] wollen wir die Asche weihn.
Und müßt auch selbst noch, auf der Hauptstadt Türmen,
Der Kampf sich, für das heilge Recht, erneun:
Sie sind gebaut, o Herr, wie hell sie blinken,
Für bessre Güter, in den Staub zu sinken!

Kleist: Sämtliche Werke und Briefe. Hrsg. von Helmut Sembdner. 2 Bde. 4., rev. Aufl. München: Hanser, 1965. Bd. 1. S. 32 f. [Zit. als: SW I/II.]

1 In der griechischen Mythologie ein Fluß der Unterwelt, aus dem die Seelen das Vergessen ihres Erdenlebens tranken.

Erzherzog Karl von Österreich (1771–1847), der Bruder von Kaiser Franz I., förderte als Kriegsminister die Vorbereitungen zum Kampf gegen Napoleon, aber wartete als Armeeführer mit dem Vormarsch im Frühjahr 1809 zu lange ab.

AN DEN ERZHERZOG KARL

Als der Krieg im März 1809 auszubrechen zögerte

Schauerlich ins Rad des Weltgeschickes
Greifst du am Entscheidungstage ein,
Und dein Volk lauscht, angsterfüllten Blickes,
Welch ein Los ihm wird gefallen sein.

Aber leicht, o Herr, gleich deinem Leben
Wage du das heilge Vaterland!
Sein Panier wirf, wenn die Scharen beben,
In der Feinde dichtsten Lanzenstand.

Nicht der Sieg ists, den der Deutsche fodert,
Hülflos, wie er schon am Abgrund steht;
Wenn der Kampf nur, fackelgleich, entlodert,
Wert der Leiche, die zu Grabe geht

Mag er dann in finstre Nacht auch sinken,
Von dem Gipfel, halb bereits erklimmt;
Herr! Die Träne wird noch Dank dir blinken,
Wenn dein Schwert dafür nur Rache nimmt.

SW I,29 f.

Vermutlich Anfang Mai 1809, als Napoleon die Österreicher aus Bayern gedrängt hatte und die Truppen von Erzherzog Karl nach Böhmen zurückgewichen waren, entstand der »Katechismus der Deutschen, abgefaßt nach dem Spanischen, zum Gebrauch für Kinder und Alte«. Vorlage für Kleist war der »Bürger-Katechismus und kurzer Inbegriff der Pflichten eines Spaniers, nebst praktischer Kenntnis seiner Freiheit und Beschreibung seines Feindes. Von großem Nutzen bei den gegenwärtigen Angelegenheiten. Gedruckt zu Sevillia und für die Schulen der Provinzen verteilt«; darin wird für den nationalen spanischen Befreiungskampf zugunsten des von Napoleon vertriebenen Ferdinand VII. von Spanien agitiert. Kleist überträgt die Darstellung auf die österreichische Situation und stellt am Schluß die Risikofrage:

»Sechzehntes Kapitel

Schluß

F r a g e. Aber sage mir, mein Sohn, wenn es dem hochherzigen Kaiser von Österreich, der für die Freiheit Deutschlands die Waffen ergriff, nicht gelänge, das Vaterland zu befreien: würde er nicht den Fluch der Welt auf sich laden, den Kampf überhaupt unternommen zu haben?

A n t w o r t. Nein, mein Vater.

F r a g e. Warum nicht?

A n t w o r t. Weil Gott der oberste Herr der Heerscharen ist, und nicht der Kaiser, und es weder in seiner, noch in seines Bruders, des Erzherzog Karls Macht steht, die Schlachten so, wie sie es wohl wünschen mögen, zu gewinnen. [. . .]«

SW II,360.

Nach Napoleons Besetzung von Wien (13. Mai 1809) hielt donauabwärts die aus Böhmen angerückte Armee Erzherzog Karls gegen die vordringenden Franzosen den zum Einmarsch nach Böhmen, Mähren und Ungarn wichtigen Knotenpunkt bei Aspern. Die französische Niederlage erregte Aufsehen und Hoffnung in ganz Europa. Den österreichischen Sieg begünstigte die Zerstörung einer Donaubrücke, die den Rückzugs- und Verstärkungsweg für die napoleonischen Truppen bildete.

AN DEN ERZHERZOG KARL

Nach der Schlacht bei Aspern, den 21. und 22. Mai 1809

Hättest du Türenne[2] besiegt,
Der, an dem Zügel der Einsicht,
Leicht, den ehernen Wagen des Kriegs,

2 Vgl. die Anm. im Personenverzeichnis zu Friedrich Wilhelm, Kurfürst von Brandenburg.

Wie ein Madchen ruhige Rosse, lenkte;
Oder jenen Gustav der Schweden[3],
Der, an dem Tage der Schlacht,
Seraphische Streiter zu Hülfe rief;
Oder den Suwarow, oder den Soltikow,[4]
Die, bei der Drommete Klang,
Alle Dämme der Streitlust niedertraten,
Und mit Bächen von Blut,
Die granitene Bahn des Siegs sich sprengten:
Siehe, die Jungfraun rief' ich herbei des Landes,
Daß sie zum Kranz den Lorbeer flöchten,
Dir die Scheitel, o Herr, zu krönen!

Aber wen ruf ich (o Herz, was klopfst du?),
Und wo blüht, an welchem Busen der Mutter
So erlesen, wie sie aus Eden kam,
Und wo duftet, auf welchem Gipfel,
Unverwelklich, wie er Alciden[5] kränzet,
Jungfrau und Lorbeer, dich, o Karl, zu krönen,
Überwinder des Unüberwindlichen!

SW I,30 f.

Kleist, der mit seinem Freund, dem späteren Historiker Friedrich Christoph Dahlmann, von Dresden nach Wien unterwegs war, besichtigte das Schlachtfeld von Aspern (vgl. Kleists Brief vom 25. 5. 1809, SW II,826).
Im folgenden patriotischen Aufruf Kleists, der unveröffentlicht blieb, klingen zu Beginn szenische und motivische Elemente des »Prinz von Homburg« an:

»WAS GILT ES IN DIESEM KRIEGE?

Gilt es, was es gegolten hat sonst in den Kriegen, die geführt worden sind, auf dem Gebiete der unermeßlichen Welt? Gilt es den Ruhm eines jungen und unternehmenden Fürsten, der, in dem Duft einer lieblichen Sommernacht,

3 Gustav Adolf (1594–1632) ging nach dem Dreißigjährigen Krieg als Glaubensheld in die protestantische Geschichtslegende ein.
4 russische Feldherrn, die u. a. am Siebenjährigen Krieg teilnahmen und für ihre unnachsichtigen Truppeneinsätze bekannt waren.
5 *Alcide:* Beiname von Herakles als Enkel des Alkeus.

von Lorbeern geträumt hat? Oder Genugtuung für die Empfindlichkeit einer Favorite[6], deren Reize, vom Beherrscher des Reichs anerkannt, an fremden Höfen in Zweifel gezogen worden sind? Gilt es einen Feldzug, der, jenem spanischen Erbfolgestreit gleich, wie ein Schachspiel geführt wird; bei welchem kein Herz wärmer schlägt, keine Leidenschaft das Gefühl schwellt, kein Muskel vom Giftpfeil der Beleidigung getroffen, emporzuckt? Gilt es, ins Feld zu rücken, von beiden Seiten, wenn der Lenz kommt, sich zu treffen mit flatternden Fahnen, und zu schlagen und entweder zu siegen, oder wieder in die Winterquartiere einzurücken? Gilt es, eine Provinz abzutreten, einen Anspruch auszufechten, oder eine Schuldforderung geltend zu machen, oder gilt es sonst irgend etwas, das nach dem Wert des Geldes auszumessen ist, heut besessen, morgen aufgegeben, und übermorgen wieder erworben werden kann?

Eine Gemeinschaft gilt es, deren Wurzeln tausendästig, einer Eiche gleich, in den Boden der Zeit eingreifen; deren Wipfel, Tugend und Sittlichkeit überschattend, an den silbernen Saum der Wolken rührt; deren Dasein durch das Dritteil eines Erdalters geheiligt worden ist. Eine Gemeinschaft, die unbekannt mit dem Geist der Herrschsucht und der Eroberung, des Daseins und der Duldung so würdig ist, wie irgend eine; die ihren Ruhm nicht einmal denken kann, sie müßte denn den Ruhm zugleich und das Heil aller übrigen denken, die den Erdkreis bewohnen; deren ausgelassenster und ungeheuerster Gedanke noch, von Dichtern und Weisen, auf Flügeln der Einbildung erschwungen, Unterwerfung unter eine Weltregierung ist, die, in freier Wahl, von der Gesamtheit aller Brüdernationen, gesetzt wäre. Eine Gemeinschaft gilt es, deren Wahrhaftigkeit und Offenherzigkeit gegen Freund und Feind gleich unerschütterlich geübt, bei dem Witz der Nachbarn zum Sprichwort geworden ist; die, über jeden Zweifel erhoben, dem Besitzer jenes echten Ringes[7] gleich, diejenige ist, die die anderen am meisten lieben; deren Unschuld, selbst in dem Augenblick noch, da der Fremdling sie belächelt oder wohl gar ver-

6 Friedrichs des Großen Spott über die Mätresse von Ludwig XV., die Marquise de Pompadour, soll einer der Anlässe zur Teilnahme Frankreichs am Siebenjährigen Krieg gewesen sein.
7 In der Ringparabel aus Lessings »Nathan der Weise« III,7.

spottet, sein Gefühl geheimnisvoll erweckt: dergestalt, daß derjenige der zu ihr gehört, nur seinen Namen zu nennen braucht, um auch in den entferntesten Teilen der Welt noch, Glauben zu finden. Eine Gemeinschaft, die, weit entfernt, in ihrem Busen auch nur eine Regung von Übermut zu tragen, vielmehr, einem schönen Gemüt gleich, bis auf den heutigen Tag, an ihre eigne Herrlichkeit nicht geglaubt hat; die herumgeflattert ist, unermüdlich, einer Biene gleich, alles, was sie Vortreffliches fand, in sich aufzunehmen, gleich, als ob nichts, von Ursprung herein Schönes, in ihr selber wäre; in deren Schoß gleichwohl (wenn es zu sagen erlaubt ist!) die Götter das Urbild der Menschheit reiner, als in irgend einer anderen, aufbewahrt hatten. Eine Gemeinschaft, die dem Menschengeschlecht nichts, in dem Wechsel der Dienstleistungen, schuldig geblieben ist; die den Völkern, ihren Brüdern und Nachbarn, für jede Kunst des Friedens, welche sie von ihnen erhielt, eine andere zurückgab; eine Gemeinschaft, die, an dem Obelisken der Zeiten, stets unter den Wackersten und Rüstigsten tätig gewesen ist: ja, die den Grundstein desselben gelegt hat, und vielleicht den Schlußblock darauf zu setzen, bestimmt war. Eine Gemeinschaft gilt es, die den Leibniz und Gutenberg geboren hat; in welcher ein Guericke den Luftkreis wog, Tschirnhausen den Glanz der Sonne lenkte und Kepler der Gestirne Bahn verzeichnete; eine Gemeinschaft, die große Namen, wie der Lenz Blumen aufzuweisen hat; die den Hutten und Sickingen, Luther und Melanchthon, Joseph und Friedrich[8] auferzog; in welcher Dürer und Cranach, die Verherrlicher der Tempel, gelebt, und Klopstock den Triumph des Erlösers gesungen hat. Eine Gemeinschaft mithin gilt es, die dem ganzen Menschengeschlecht angehört; die die Wilden der Südsee noch, wenn sie sie kennten, zu beschützen herbeiströmen würden; eine Gemeinschaft, deren Dasein keine deutsche Brust überleben, und die nur mit Blut, vor dem die Sonne verdunkelt, zu Grabe gebracht werden soll.«

SW II,377–379.

8 Joseph II. von Österreich und Friedrich der Große als Musterbilder aufgeklärter Fürsten.

Nach der österreichischen Niederlage bei Wagram (5./6. 7. 1809) stellte Kleist grundsätzliche politische Überlegungen zur Weiterführung des anti-napoleonischen Kampfs an und schloß mit dem Vorschlag eines Aufrufs aus der Perspektive des österreichischen Kaisers. Der Forschung, die Kleists politisches Denken von den preußischen Reformern (Freiherr vom Stein, Scharnhorst, Gneisenau) beeinflußt sieht, gilt diese Schrift als besonders bedeutsam, weil sie »Kleists politische Ideenwelt in knappster Formulierung enthält und gleichzeitig einen Übergang von der vielfach negativ-agitatorischen ›Hermannsschlacht‹ zur konstruktiven Staatsidee des ›Prinz Friedrich von Homburg‹ darstellt« (Richard Samuel: Zu Kleists Aufsatz »Über die Rettung von Österreich«. In: Gratulatio. Festschrift für Christian Wegner. Hamburg: Wegner, 1963. S. 188).

»ÜBER DIE RETTUNG VON ÖSTERREICH

Einleitung

1.

Jede große und umfassende Gefahr gibt, wenn ihr wohl begegnet wird, dem Staat, für den Augenblick, ein demokratisches Ansehn. Die Flamme, die eine Stadt bedroht, um sich greifen zu lassen, ohne ihr zu wehren, aus Furcht, der Zusammenlauf der Menschen, den eine nachdrückliche Rettung herbeizöge, könnte der Polizei über den Kopf wachsen: dieser Gedanke wäre Wahnsinn, und kann in die Seele eines Despoten kommen, aber keines redlichen und tugendhaften Regenten.

2.

Wir hinken, seit dieser unselige Krieg dauert, beständig, mit unsern Maßregeln, hinter der Zeit daher. Mit den Anstrengungen, die wir heute machen, würden wir vor drei Monaten, und mit denen, die wir nach drei Monaten machen werden (falls überhaupt dann noch welche gemacht werden), heute gesiegt haben. Das Äußerste, darüber ist jedermann einverstanden, muß geschehn, wenn die Zeit gerettet werden soll: aber darunter versteht man das mindeste, in der Tat, was unter solchen Umständen geschehen kann.

3.

Preußen, und manche andere norddeutsche Länder, in welchen die Franzosen ihre Raubgier, ihren Hohn, ihre Arglist und Abscheulichkeit, nach dem hergebrachten System, völlig zu entfalten Gelegenheit hatten, begreifen schon besser, wie man ihnen begegnen muß. Denn mehrere einsichtsvolle Landgüterbesitzer daselbst, die durch ihre Kriegsforderungen zugrunde gerichtet worden sind, haben berechnet, daß, wenn sie ihre Dörfer angesteckt, und ihr Vieh hinweggetrieben hätten, ihr Verlust geringer gewesen wäre, als jetzt.

4.

Ich will, in diesen kurzen Sätzen, ohne alle Deduktion der Gründe, angeben, wie der österreichische Staat, so wie die Sachen stehn, noch zu retten sei. Vielleicht wage ich, als ein unruhiger Kopf, angesehen und eingesteckt zu werden; aber wenn die nächste Schlacht, bei Komorn oder Pest, oder wo es sei, geliefert und verloren sein wird, werde ich die eine und unteilbare Republik in Böhmen proklamieren können, ohne angefochten zu werden.

Von der Quelle der Nationalkraft

5.

Zuvörderst muß die Regierung von Österreich sich überzeugen, daß der Krieg, den sie führt, weder für den Glanz noch für die Unabhängigkeit, noch selbst für das Dasein ihres Thrones geführt werde, welches, so wie die Sache liegt, lauter niedere und untergeordnete Zwecke sind, sondern für Gott, Freiheit, Gesetz und Sittlichkeit, für die Besserung einer höchst gesunkenen und entarteten Generation, kurz für Güter, die über jede Schätzung erhaben sind, und die um jeden Preis, gleichviel welchen, gegen den Feind, der sie angreift, verteidigt werden müssen.

6.

Sobald dieser Grundsatz aufgestellt ist, kommt es gar nicht mehr darauf an, ob die Nation auch von dem guten Willen beseelt sei, die Maßregeln der Regierung mit der gleichen Selbstlosigkeit zu unterstützen; sondern die Regierung hat, in der Voraussetzung derselben, ihre bestimmten Forderungen an das Volk zu machen, mit den Kräften desselben, auf jede denkbare Weise, willkürlich zu schalten, und um ihre Anordnungen von ihm zu erreichen, dem Geist derselben den schuldigen Respekt zu verschaffen.

Von den Maßregeln in Hinsicht auf Deutschland

7.

Man hat durch Proklamationen ohne Ende versucht, Deutschland auf die Beine zu bringen, und seine Völker, im Bunde mit Österreich, gegen den gemeinschaftlichen Feind zu bewaffnen. Gleichwohl hat man dadurch nichts bewirkt, als die einzelnen Landstriche, die sich erhoben haben, ins Verderben zu stürzen; ein Umstand, der zwar, insofern er die Gärung unterhält, an und für sich kein Übel ist, der aber doch den ganzen Umfang der Aufgabe, die man sich gesetzt hat, keinesweges löst. Es gibt ein einziges Wort, welches imstande ist, im deutschen Reich, besonders im Norden desselben, eine allgemeine, große und gewaltige Nationalerhebung zu bewirken – und dies Wort ist das folgende.

Proklamation

8.

Wir, Franz der Erste, Kaiser von Österreich, kraft Unseres Willens und mit der Hülfe Gottes, Wiederhersteller und provisorischer Regent der Deutschen, haben beschlossen und beschließen, was folgt:

1 Von dem Tage dieses Beschlusses an soll das deutsche Reich wieder vorhanden sein.
2 Alle Deutsche vom 16. bis 60. Jahr, sollen zu den Waffen greifen, um die Franzosen aus dem Lande zu jagen.
3 Wer, mit den Waffen in der Hand, gegen das Vaterland fechtend, ergriffen wird, soll vor ein Kriegsgericht gestellt, und mit dem Tode bestraft werden.
4 Nach Beendigung des Kriegs sollen die Stände zusammenberufen, und, auf einem allgemeinen Reichstage, dem Reiche die Verfassung gegeben werden, die ihm am zweckmäßigsten ist.

Gegeben etc. (L. S.) Franz.«

SW II,380–382.

Von den drei Fassungen eines Herrscherlobs überreichte Kleist zum Geburtstag der Königin die dritte in der gedrängten Form eines Sonetts. Die zweite und längste Fassung, die hier wiedergegeben ist, entfaltet den höfischen Huldigungsstil am deutlichsten.

AN DIE KÖNIGIN LUISE VON PREUSSEN

zur Feier ihres Geburtstags den 10. März 1810

[2. Fassung]

Du, die das Unglück mit der Grazie Schritten,
Auf jungen Schultern, herrlich jüngsthin trug:
Wie wunderbar ist meine Brust verwirrt,
In diesem Augenblick, da ich auf Knieen,
Um dich zu segnen, vor dir niedersinke.
Ich soll dir ungetrübte Tag' erflehn:
Dir, die der hohen Himmelssonne gleich,
In voller Pracht nur strahlt und Herrlichkeit,
Wenn sie durch finstre Wetterwolken bricht.
O du, die aus dem Kampf empörter Zeit,
Die *einzge* Siegerin, hervorgegangen:
Was für ein Wort, dein würdig, sag ich dir?
So zieht ein Cherub, mit gespreizten Flügeln,
Zur Nachtzeit durch die Luft, und, auf den Rücken
Geworfen, staunen ihn, von Glanz geblendet,
Der Welt betroffene Geschlechter an.
Wir alle mögen, Hoh' und Niedere,
Von den Ruinen unsers Glücks umgeben,
Gebeugt von Schmerz, die Himmlischen verklagen,
Doch du Erhabene, du darfst es nicht!
Denn eine Glorie, in jenen Nächten,
Umglänzte deine Stirn, von der die Welt
Am lichten Tag der Freude nichts geahnt:
Wir sahn dich Anmut endlos niederregnen,
Daß du so groß als schön warst, war uns fremd!
Viel Blumen blühen in dem Schoß der Deinen
Noch deinem Gurt zum Strauß, und du bists wert,
Doch eine schönre Palm erringst du nicht!
Und würde dir, durch einen Schluß der Zeiten,
Die Krone auch der Welt: die goldenste,

Königin Luise von Preußen im Reitkleid. Gemälde von Wilhelm Ternite (1786–1871). Luises Ruf der kriegerischen Königin, der sich zu ihren Lebzeiten auch in französischen Karikaturen niederschlug, bewahrt diese postume Abbildung als Chefin eines Dragonerregiments. Mit demselben Rang stattete Kleist seine Dramenfigur der Prinzessin Natalie aus. Foto: Verwaltung der Staatlichen Schlösser und Gärten, Berlin

Die dich zur Königin der Erde macht,
Hat still die Tugend schon dir aufgedrückt.
Sei Teure, lange noch des Landes Stolz,
Durch frohe Jahre, wie, durch frohe Jahre
Du seine Lust und sein Entzücken warst!

SW I,34 f.

Über die Aufnahme des Gedichts bei Hof schreibt Kleist an seine Schwester Ulrike (Berlin, 19. 3. 1810):

»Ich habe der Königin, an ihrem Geburtstag, ein Gedicht überreicht, das sie, vor den Augen des ganzen Hofes, zu Tränen gerührt hat; ich kann ihrer Gnade, und ihres guten Willens, etwas für mich zu tun, gewiß sein. Jetzt wird ein Stück von mir, das aus der Brandenburgischen Geschichte genommen ist, auf dem Privattheater des Prinzen Radziwil gegeben, und soll nachher auf die Nationalbühne kommen, und, wenn es gedruckt ist, der Königin übergeben werden. Was sich aus allem diesen machen läßt, weiß ich noch nicht; ich glaube es ist eine Hofcharge [...].«

SW II,833.

Für eine Aufführung des »Prinz von Homburg« bei dem Kunstmäzenaten Fürst von Radziwill gibt es keinen Anhaltspunkt. Die Bitte um eine Anstellung am Hof richtet Kleist nach dem Tod von Königin Luise an den Bruder des Königs, Prinz Wilhelm von Preußen, dem er seinen finanziellen Ruin nach dem Verlust der »Berliner Abendblätter« als Einkommensquelle meldet. Kleist verspricht in diesem Brief, sich der Gnade einer »Anstellung im Königl. Zivildienst« würdig zu erweisen »durch Lieferung eines tüchtigen Werks« (vgl. Brief vom 20. 5. 1811, SW II,862–867) – womit der »Prinz von Homburg« gemeint sein könnte, von dem am 3. September 1811 durch Marie von Kleist an den Prinzen Wilhelm und seine Gattin das Widmungsexemplar gesandt wurde.

Kleist an Georg Andreas Reimer[9]:

»Wollen Sie ein Drama von mir drucken, ein *vaterländisches* (mit mancherlei Beziehungen) namens *der Prinz von Homburg*, das ich jetzt eben anfange, abzuschreiben?
– Lassen Sie ein paar Worte hierüber wissen

Ihrem Freund
[Berlin,] den 21. Juni 1811 H. v. Kleist.«

SW II,871.

Ende Juli 1811, einen Monat nach seinem Angebot, drängt Kleist zweimal brieflich auf die Entscheidung seines Verlegers und teilt ihm dabei über den »Prinz von Homburg« die Absicht mit, »ihn der Prinzess. Wilhelm zu dedizieren« (SW II,871 f.).

Kleist an Friedrich de la Motte Fouqué (Berlin, 15. 8. 1811):

»Mein liebster Fouqué,

Zum Dank für das liebe, freundliche Geschenk das Sie mir mit Ihren Schauspielen[10] und Ihre Frau Gemahlin mit ihren kleinen Romanen[11] gemacht haben, übersende ich Ihnen diesen soeben fertig gewordenen zweiten Band meiner Erzählungen. Möge er Ihnen nur halb so viel Vergnügen machen, als mir die vortrefflichen Erzählungen Ihrer Frau Gemahlin, in welchen die Welt der Weiber und Männer wunderbar gepaart ist, gemacht haben. Auch Ihren vaterländischen Schauspielen bin ich einen Tag der herzlichsten Freude schuldig; besonders ist eine Vergiftungsszene im Waldemar mit wahrhaft großem und freien dramatischen Geiste gedichtet und gehört zu dem Musterhaftesten in unserer deutschen Literatur. Wenn es Ihnen recht ist, so machen wir einen Vertrag, uns alles, was wir in den Druck geben, freundschaftlich mitzuteilen; es soll an gutem Willen nicht fehlen, mein Geschenk dem Ihrigen, so viel es in meinen

9 Verleger des »Käthchen« (1810), der »Erzählungen« (1810/11) sowie der von Tieck herausgegebenen »Hinterlassenen« und »Gesammelten Schriften« (1821 und 1826).

10 Vaterländische Schauspiele. Berlin 1811 (»Waldemar der Pilger«, »Markgraf von Brandenburg«, »Der Ritter und die Bauern«).

11 Fouqués zweite Frau, Caroline von Rochow, veröffentlichte 1811 einen Band »Kleine Erzählungen«.

Kräften steht, gleich zu machen. Vielleicht kann ich Ihnen in kurzem gleichfalls ein vaterländisches Schauspiel, betitelt: der Prinz von Homburg vorlegen, worin ich auf diesem, ein wenig dürren, aber eben deshalb fast, möcht ich sagen, reizenden Felde, mit Ihnen in die Schranken trete. [...]«

SW II,876.

3. Geistesgeschichtliche Einflüsse
Adam Müller. Gotthilf Heinrich Schubert

Im Gesellschaftsleben Dresdens, wo Adam Müller während Kleists französischer Gefangenschaft (Januar bis Juli 1807) den »Amphitryon« veröffentlicht hatte, fand der Dichter einen ihn anspornenden und fördernden Freundeskreis, der sich erst bei Kriegsausbruch im Frühjahr 1809 auflöste. »Jeronimo und Josephe« (»Das Erdbeben in Chili«) wurde gedruckt, die »Penthesilea« begonnen, eine Privataufführung des »Zerbrochnen Krugs« geplant, und im Haus des österreichischen Diplomaten Baron von Buol krönte man Kleist zu seinem 30. Geburtstag mit dem Lorbeer!

Adam Müller

Für Adam Müller (1779–1829), der sich als Sohn eines kleinen Rentmeisters nach einem Göttinger Studium im Adelsdienst durchbringen und als Publizist empordienen mußte, waren Kleists Verbindungen zu Hof und Regierung in Preußen von besonderem Interesse. Politisch lavierte er, am ständischen Parlamentarismus Englands orientiert und in romantischer Reaktion gegen die Französische Revolution zum Katholizismus übergetreten, zwischen der noch privilegierten deutschen Feudalaristokratie und dem zentralistisch-reformerischen Monarchismus, der in Preußen mit bürgerlicher Unterstützung gegen die adligen Separatrechte (wie Steuerfreiheit oder Besitz von Leibeigenen) vorzugehen begann. Kleist nutzt seinen Kontakt zum preußischen Finanzminister, dem er in Königsberg als Beamter unterstellt gewesen war, um sich von Dresden aus mit der »Hermannsschlacht« als vaterländischer Dichter zu empfehlen – »[...] so will ich lauter Werke schreiben, die in

die Mitte der Zeit hineinfallen« – und für Adam Müller die Stellensuche in Preußen vorzubereiten, indem er auf dessen »Kursus politisch-ökonomischer Vorlesungen« vor dem »ganzen diplomatischen Korps« in Dresden hinweist: »Ich nehme mir die Freiheit, Ew. Exzellenz die zehnte Vorlesung [...] als eine Probe, auf eine wie weltumfassende Art er seinen Gegenstand behandelt, mitzuteilen.« (Brief Kleists aus Dresden vom 1. 1. 1809 an Karl Freiherr von Stein zum Altenstein, SW II,820.)
Adam Müller suchte im Mai 1809 Göschen als Verleger zu gewinnen und betonte dabei seine politische Konzilianz: »Diese Vorlesungen huldigen keiner politischen Parthey und keiner Macht, aber sie beleidigen auch keine: alle Stände, jedes Glied des Staatsorganismus erhält sein Recht.« (Jakob Baxa, Hrsg.: Adam Müllers Lebenszeugnisse. Bd. 1. München: Schöningh, 1966. S. 474.)
Kleists dauernde Wertschätzung der Abhandlungen bezeugt noch ein aus Berlin an Friedrich de la Motte Fouqué gerichteter Brief vom 25. April 1811:

»Müllers Buch, das ich damals, als Sie hier waren, besaß, mußte mir unseliger Weise bald darauf Marwitz aus Friedersdorf abborgen. Er nahm es, um es zu studieren, nach seinem Gute mit, und hat es noch bis diese Stunde nicht zurückgeschickt. Inzwischen habe ich schon Anstalten gemacht, es wieder zu erhalten; und ich hoffe es Ihnen, behufs Ihrer freundschaftlichen Absicht, durch Frh. v. Luck zuschicken zu können. Erinnern Sie das Volk daran, daß es da ist; das Buch ist eins von denen, welche die Störrigkeit der Zeit die sie einengt nur langsam wie eine Wurzel den Felsen, sprengen können; nicht par explosion.«

SW II,861.

Adam H. Müller, Herzogl. S. Weimarischer Hofrath: Die Elemente der Staatskunst. Oeffentliche Vorlesungen, vor Sr. Durchlaucht dem Prinzen Bernhard von Sachsen-Weimar und einer Versammlung von Staatsmännern und Diplomaten, im Winter von 1808 auf 1809, zu Dresden. 3 Tle. Berlin: Sander, 1809 [zit. als: Müller]:

Philosophisch eröffnet Müller seine Vorlesungen (»Erster Theil«) mit der Unterscheidung zwischen einer »Idee des

Staates« und dem »Begriffe des Staates«, wie ihn die rationalistische Aufklärung aus menschlichen Grundrechten abgeleitet und zur revolutionierenden Zielvorstellung entwickelt hatte. Der blutige Verlauf der Französischen Revolution gilt ihm als »Taumel des Götzendienstes«, in dem eine Gesellschaft nur »vom Begriffe der Freiheit befangen« war, nicht aber deren Idee lebendig verwirklichte (S. 32). Deshalb faßt er zusammen:

»In dem steifen Verharren auf dem Buchstaben gewisser Begriffe und Grundsätze liegt das Geheimniß der Treue und der Festigkeit nicht; wie sich ja überhaupt der erhabene Sinn weder des menschlichen, noch des politischen Lebens nicht in Worten und Buchstaben abfassen läßt. Nur in der Bewegung kann sich die Ruhe und die Treue zeigen; nur in der Beweglichkeit die Festigkeit des Herzens: denn ein Herz ist auf andre Weise ruhig, als ein Stein. Wie ruhig ist die Natur in aller ihrer ewigen Bewegung!«

Müller. T. 1. S. 33 f.

Aus dem Vergleich des gesellschaftlichen Zusammenlebens mit der aus Widersprüchen lebenden und sich wandelnden Natureinheit ergibt sich die irrationalistische *Staatslehre*:

»Uns kommt es auf die *Idee* des Staates an, d. h. wie es nun hinlänglich klar seyn wird: wir wollen das *Seyn* des Staates und das *Werden* desselben zugleich betrachten; die Fragen: was *ist* der Staat? und: wie *wird* der Staat? zugleich beantworten [...] der Staat ist nicht eine bloße Manufactur, Meierei, Assecuranz, Anstalt, oder mercantilische Societät; er ist die innige Verbindung der gesammten physischen und geistigen Bedürfnisse, des gesammten physischen und geistigen Reichthums, des gesammten inneren und äußeren Lebens einer Nation, zu einem großen energischen, unendlich bewegten und lebendigen Ganzen.«

Müller. T. 1. S. 50 f.

Im Abrücken vom absolutistischen Staat entwickelt Adam Müller als Norm für das Verhältnis zwischen den politischen Gewalten die *Idee des Rechts*:

»Noch heutiges Tages spricht man in den uneingeschränktesten Monarchieen von einer Unterworfenheit des Suveräns unter das Gesetz; man setzt einen Streit zwischen dem Gesetze und dem Repräsentanten des Gesetzes voraus. Das Gesetz, wie es da im Buchstaben ausgedrückt ist, kann wegen seiner Starrheit und Leblosigkeit nicht regieren; deshalb ist ein lebendiger Ausüber des Gesetzes, ein wirklicher, persönlicher *Suverän*, nöthig. Dieser nun soll, wegen seiner Veränderlichkeit und seiner menschlichen Gebrechlichkeit, nicht anders regieren, als mit beständiger Rücksicht auf das Gesetz. Also weder der Suverän *soll*, noch das Gesetz *kann* allein regieren; demnach regiert wirklich ein Drittes, Höheres, welches aus dem Conflict des Gesetzes mit dem Suverän in jedem Augenblicke hervorgeht, und von dem Suverän das Leben, von dem Gesetze aber die Eigenschaft der Dauer erhält; und dieses ist *die Idee des Rechtes.*

Deshalb irrt man sich, wenn man voraussetzt, zu irgend einer Zeit, die man nicht einmal historisch anzugeben im Stande ist, sey das Recht wirklich und leibhaftig, in eigener hoher Person, an den Tag gekommen; es sey eine absolute bindende und zwingende Gewalt erschienen, die vorher nicht da gewesen sey. Von *der* Zeit an, heißt es, mache der Staat eine Zwangsanstalt aus, und diese zwingende Gewalt sey das eigentliche Kennzeichen desselben. Aber der Buchstabe des Gesetzes allein *kann*, und der Suverän allein *soll* nicht zwingen. Die Idee des Rechtes allein darf zwingen [...].«

Müller. T. 1. S. 72–74.

Organische Bedingungen eines Staatsgefüges zeigen sich im natürlichen Gegensatz zwischen *Jugend und Alter*:

»Die Jugend eines Landes liebt aus sehr natürlichen Gründen das Ungemessene; sie liebt unbeschränkte Laufbahnen für den Ehrgeitz und für das Streben nach Reichthum; die Schranken des Gesetzes und der Gewohnheit sind ihr lästig, und so ist sie geneigt, dieselben zu durchbrechen; das Alter hingegen muß diese Schranken mehr und mehr verehren, je mehr es an physischen Kräften abnimmt, für seine Nachkommenschaft zu sorgen hat, und derselben seinen Erwerb zu erhalten strebt. Dergestalt hat innerhalb des Staates sowohl das Streben nach Erweiterung, als das

andre, nach Erhaltung und Feststellung, seinen Wortführer. [...]
Ein junger Staatsmann oder Feldherr, der sich ausschließend für die Jugendparthei erklärt, und jene Schranken, welche die Vorzeit errichtet hat und welche die Parthei der Alten in Schutz nimmt, durchbricht oder umwirft; der die Gewalt des Augenblicks, dieses Erbtheil der Jugend, nun allein in sein Interesse zieht; der so agirt, als gäbe es nur diese Eine Seite der Welt –: dem steht ein gefahrvoller, schrecklicher Augenblick bevor, wo er die unvermeidliche Schwelle in das andre Alter, in die andre Seite der Welt, betritt.«

Müller. T. 1. S. 128–130.

Seinen überparteilichen Standpunkt empfiehlt Adam Müller gerade der Rechtsprechung, die nicht positiv oder negativ zu entscheiden, sondern meist eine Dialektik von *Recht und Gegenrecht* zu vermitteln habe:

»In den wenigsten Fällen aber stehen Recht und Unrecht vor dem Richter, in den meisten Fällen Recht und Gegenrecht; in den wenigsten Fällen liegt dem Richter die Frage vor: Soll die Eine Parthei *oder* die andre bestehen? In den meisten Fällen ergeht an ihn die viel erhabnere Frage: wie soll diese Parthei *und* jene mit ihr streitende bestehen? – [...] jede von den beiden Partheien hat einen doppelten Charakter und ein doppeltes Interesse: 1. ein besondres, individuelles Interesse; 2. ein allgemeines, ein Interesse am Ganzen. [...]
Dies nun auf irgend einen vorliegenden Streit angewendet, giebt folgende, durchaus genügende, Instruction für den Richter, welche zugleich alle einzelnen Fälle umfaßt: 1. *Du sollst das beiden Partheien gemeinschaftliche Interesse am Ganzen durch Verständigung vermitteln;* und 2. *du sollst zwischen dem besonderen Interesse beider streitenden Partheien entscheiden.* – Jeder Richterspruch soll nicht bloß *Decision*, sondern auch *Vergleich* seyn; das Ganze, oder die allgemeine Rechts-Idee, und das Einzelne, oder das besondre Recht, sollen in dem Urtheile mit einander versöhnt werden.«

Müller. T. 1. S. 170–172.

Eine stoffliche Anregung zum »Prinz von Homburg« verdankte Kleist vielleicht der Behandlung Friedrichs des Großen durch Adam Müller, der an dieser Stelle (»Zweiter Theil«, 17. Vorlesung vom 24. Januar 1809) die Empfehlung des damaligen preußischen Königs, Friedrich Wilhelms III., aufgreift, zur patriotischen Neu-Orientierung nach der Niederlage des friderizianischen Staats einmal auch anderen Heroen aus der Hohenzollernschen Ahnenreihe künstlerische Aufmerksamkeit zu schenken:

»Wenn übrigens irgend etwas den richtigen Sinn des jetztregierenden Königs von Preussen beweis't, so war es die innere Abneigung, die er vor der unbedingten Adoration seines Großoheims, dessen Genie er persönlich verehrt, bei vielen Gelegenheiten gezeigt hat. Die bekannte, und dem großen Haufen der Kunstfreunde und gebildeten Dilettanten unsrer Zeit unverständlich gewesene, Cabinetsordre an die Akademie der Künste, worin der König seinen Wunsch äußerte, viel lieber Gegenstände aus der älteren vaterländischen Geschichte, als aus der Griechischen und Römischen Mythologie behandelt zu sehen, ferner sein beständiger Drang, neben dem Ruhme Friedrichs des Zweiten, auch den viel nationaleren des großen Kurfürsten Friedrich Wilhelms, und älterer Helden des Brandenburgischen Hauses, geltend zu machen –: alle diese Umstände beweisen, wie richtig der König fühlte, daß Friedrich der Zweite, mit seinen Thaten, seinem Ruhm und seiner Größe, dennoch eine Art von Scheidewand bildete zwischen den eigentlichen Ahnherren der Preussischen Monarchie und ihren Enkeln.«

Müller. T. 2. S. 173 f.

Gotthilf Heinrich Schubert

Einen starken Einfluß übten die Lehren von Gotthilf Heinrich Schubert (1780–1860) auf Kleists dichterische Phantasie aus.

Schubert hielt im Winter 1807/08 vor einem privaten Publikum naturphilosophische Vorlesungen. Teile von ihnen wurden in der von Kleist herausgegebenen Zeitschrift »Phöbus« (April- und Maiheft 1808) veröffentlicht. Gesammelt erschienen sie als »Ansichten von der Nachtseite der Naturwissenschaft« 1808 in Dresden. Elemente der dort vertretenen Traum- und Suggestionslehre sind ersichtlich im »Käthchen von Heilbronn« verarbeitet, das Kleist im gleichen Jahr entwarf. Noch in Dresden beschäftigte er sich aber auch mit dem Stoff des »Prinz von Homburg«.

D. G. H. Schubert: Ansichten von der Nachtseite der Naturwissenschaft. Dresden: Arnoldische Buchhandlung, 1808 [zit. als: Schubert]:

Ausgangspunkt für die romantische Naturphilosophie ist keine dem Menschen entgegengesetzte, als Objekt verfügbare Natur, sondern der dem Naturganzen einbezogene Mensch, von dem Schubert annimmt, »daß die innigste Harmonie seines Wesens mit der ganzen äußern Natur, der ursprüngliche Zustand desselben war« (S. 23). Vom kosmischen All bis zur menschlichen Seelenregung hofften die Romantiker wieder einen Sinnzusammenhang herstellen zu können, um den sich die isolierend-analytische Naturwissenschaft der Aufklärung nicht mehr kümmerte. In der Naturgeschichte, welche den Menschen einschließt, wurde dabei eine organische Entwicklung angenommen, die in jeder Phase die Zeichen ihrer Herkunft und ihrer Zukunft zu erkennen gab. Gerade was naturwissenschaftlich noch nicht erklärt, auf der Nachtseite geblieben, ja oft als Aberglaube abgetan war, schien den rationalistisch verdrängten universalen Zusammenhang zu bezeugen und sich als geheimes Bindeglied zwischen Naturbereichen oder Existenzsphären zu erweisen. Kräfte dieser Art, die zu Beginn des 19. Jahrhunderts noch von Spekulationen umwittert waren, bildeten die Elektrizität und der Magnetismus, dessen Fähigkeit zur Selbstbewegung ihn als Mittelstück zwischen anorganischer und organischer Welt erscheinen ließ. Schubert zeichnet deshalb einen »Weg, welchen das Leben, überall dasselbe, von den Lebensbewegungen des Magnets bis zu denen des Thieres, nimmt. Ich werde die innre Uebereinstimmung des organischen Lebens mit den kosmischen Momenten der anorganischen Natur [...] entwicklen, zugleich mit der Bestätigung, daß jene große Verwandlung, durch welche dasselbe Leben, das sich vorhin als Wechselwirkung des Anorganischen gezeigt, nun als Organisches auftritt, durch das Hinzukommen des

jetzigen Luftkreißes bewirkt ist. Dieses gleichzeitige Hervorgehen der organischen Welt und der Atmosphäre, zeigt sich auch im Großen, in der Geschichte des Erdkörpers. [...]
Von jenen Spuren, welche die Pflanzen und Thierwelt der späteren Perioden schon in der Urzeit vorausverkünden, treten die des Pflanzenreichs zuerst auf, und schon der Schörl[12], welcher in einigen Gegenden im Granit sehr häufig ist, scheint in seiner Gestalt, innren Textur und Farbe auf die künftige Vegetation hinzudeuten.«

Schubert. S. 206 f.

Wie in der Erdgeschichte bestimmte Formen und Farben der mineralischen Welt auf die Pflanzenwelt vorausweisen, so kündigt sich in der menschlichen Lebensgeschichte nach romantischer Ansicht wiederum eine höherentwickelte Welt an. Ehe sich Schubert Einzelerscheinungen dieser Beziehung zuwendet, gibt er eine allgemeine Vorstellung von ihr in der »Zwölften Vorlesung. Ueber die in einem jetzigen Daseyn schlummernden Kräfte eines künftigen«:

»[Es] wird, wenn wir die Bildungsgeschichte des menschlichen Gemüths, wenn wir seine Entwicklung von der Wiege bis zum Grabe betrachten, mitten in dem Gang des irdischen Strebens, ein andres höheres erkannt, welches mit jenem fast in Widerspruch zu stehen scheint, oder welches wenigstens in dem Gedräng des Lebens, selten oder nie aufzublühen vermag. Die hohe Welt der Poesie und des Künstlerideals, noch mehr die Welt der Religion, vermag in dem irdischen Daseyn nie ganz einheimisch zu werden, und pflegt der Vermischung mit den Elementen desselben zu widerstreben. [...]
Es wird uns nicht an Beyspielen, aus allen Theilen der Naturwissenschaft mangeln, welche vielleicht eben über diese dunkle und tief liegende Eigenschaft unsres Gemüths, einiges Licht verbreiten können. Mit Recht ist dieselbe das Beginnen eines höheren überirdischen Daseyns, und der Mensch ein zweylebendes Wesen, welches auf dem höchsten Gipfel der irdischen Natur, zugleich die ersten Anlagen der überirdischen in sich vereinte, genannt worden.«

Schubert. S. 308 f.

12 Turmalin, ein Halbedelstein.

Obgleich »höchstes und seeligstes Eigenthum des Menschen, scheint« die geistige Welt »auf der Erde nicht völlig einheimisch zu seyn«:

»Wir sehen das tiefe Streben nach religiöser Vollendung, und nach der Nähe des göttlichen Ideals, welches dem Gemüth beständig vorschwebt, meist vergeblich mit der Zeit und Außenwelt ringen [...]. Dieses Sehnen aber ist es eben, welches, wenn es uns nur einmal mit seinen warmen Strahlen anblickte, die Banden löst, die uns an der Erde gehalten [...]. Die Psyche, von der Kälte der langen Nacht erstarrt, schlief noch ihren tiefen Schlummer unter den welken Blumen, bis der erste Frühlingsstrahl sie berührte, und die gebundnen Schwingen sich lösten, und die Befreyte frölich zurückkehrte in die alte Heymath.«

Schubert. S. 320 f.

Zur Nachtseite der Naturwissenschaft rechneten am Ende des 18. Jahrhunderts besonders Traumpsychologie und Hypnosepraktik, die häufig in pseudomagischen Formen ausgeübt und zu Scharlatanerie und Betrug genutzt wurden. Franz Anton Mesmer (1733–1815) übertrug zur Erklärung der entsprechenden Erscheinungen die Befunde des Magnetismus auf organisches Verhalten und begründete damit die Lehre vom sogenannten tierischen Magnetismus (›Mesmerismus‹). Schubert baute dessen Ergebnisse in sein Natursystem ein, wo der Übergang von der organischen zur geistigen Welt zu erörtern war. Die folgenden Auszüge entstammen der »Dreyzehnten Vorlesung. Von dem thierischen Magnetismus und einigen ihm verwandten Erscheinungen«:

»Der Zustand des eigentlichen Somnambulismus selber, tritt Anfangs mit jenen Zeichen ein, die dem gewöhnlichen Schlaf, besonders nach einer Anstrengung vorausgehen. Die Glieder sinken ermattet, die Augenlieder können nicht mehr offen gehalten werden. Endlich schließen sich die Augen, gemeiniglich mit einem tiefen Odemholen. Der Gefühl- und bewußtlose Zustand, welcher jetzt zuerst eintritt, ist dem gewöhnlichen Schlaf sehr ähnlich. Er dauert zuweilen nur Minuten, zuweilen Stunden. Während desselben fragt man die Kranken eben so vergeblich als natürlich Schlafende. Wenn aber nach einer mehr oder minder langen

Dauer dieses Zwischenzustandes abermals ein tieferes Odemhohlen bemerkt wird, wenn jetzt sich auf einmal die Gesichtszüge ungemein erheitern, und alle Mienen eine gewisse hohe geistige Spannung verrathen, ist gewöhnlich der eigentliche Somnambulismus eingetreten. Die Kranken beantworteten nun alle ihnen vorgelegte Fragen mit einer Klarheit und Lebhaftigkeit des Geistes, die man sonst nie an ihnen bemerkte. Sie beschreiben ihren Zustand selber als den seeligsten den sie jemals erfahren. [...]
Der Somnambulismus kündigt sich sogleich als eine mit dem gewöhnlichen Daseyn nicht unmittelbar zusammenhängende Erscheinung an. Denn obgleich die Somnambülen mit der größten Lebendigkeit und Klarheit auf alle ihnen vorgelegte Fragen antworten, und in jeder Hinsicht witziger sinn- und geistreicher erscheinen als jemals im Wachen, so daß selbst Naturen von sehr mittelmäßigem Umfang, in diesem Zustand, fast über die Gränzen der gewöhnlichen menschlichen Kräfte hinaustreten, bleibt doch von diesem allen bey dem Erwachen noch weniger zurück, als von dunklen Träumen. [...]
Vorzüglich merkwürdig ist aber jenes innre Licht, welches nach der Aussage der magnetisch Schlafenden ihren ganzen Körper durchströmt, und das nicht minder in den zuletzt erwähnten Zuständen gefunden wird. Es wird bey tiefen Ohnmachten öfters ein eigenthümliches Leuchten vor den Augen gesehen, und die aus tiefen Ohnmachten und Scheintod Erwachenden, beschreiben den nach der Aussage fast Aller ungemein seeligen Zustand, in welchem sie sich befanden, öfters so, daß sie von einem hellen glänzenden Schein umflossen gewesen wären.
[...] jenes innre Licht und Hellsehen, erinnert an den Phosphor und an den leuchtenden Zustand, welchen die Verwesung an den toden organischen Körpern hervorruft. Von den Phänomenen der Elektricität, und wohl noch tiefer hinab, bis hinauf zu denen der Vereinigung der Geschlechter im Organischen, sehen wir überall das brennbare Wesen auf dem höchsten Gipfel des Daseyns und der Wechselwirkung erscheinen, durch die höchste Thätigkeit des Lebens hervorgerufen werden. [...]
Auch bey jenen dem Tode öfters vorausgehenden Erscheinungen einer hohen Begeisterung, der Vorahndungen, und

andern Zustanden die dem Somnambulismus und dem Hellsehen so nahe verwandt sind, scheint jenes brennbare Wesen, das im Tode und in der ersten Periode der letzten Auflösung so vorzüglich bedeutend wird, schon Theilweise und auf Momente frey zu werden, und jene Momente sind daher nicht Vorahndungen des Todes, sondern der angehende, auf Augenblicke, oder Theilweise schon eintretende Tod selber. Sie sind, wie wir in der vorhergehenden Vorlesung sahen, die Momente wo die menschliche Natur die Anker nach einer schöneren Heymath lichtet, und wo die Schwingen des neuen Daseyns sich regen.«

Schubert. S. 332–360.

In seinen Lebenserinnerungen kommt Schubert auf den Freundeskreis der Dresdner Zeit (1807/08) und die damals verfolgten Interessen zurück:

»[...] wenn ich mit Adam Müller und seinen Freunden allein [...] mich befand [...] da konnte ich so ohne Scheu und so fertig über solche Dinge sprechen, dass es mir selber, und nach meinem Bedünken auch den andern eine Freude war. Denn namentlich für Kleist hatten Mitteilungen dieser Art so viel Anziehendes, dass er gar nicht satt davon werden konnte und immer mehr und mehr derselben aus mir hervorlockte; auch hatten einige seiner Freunde unter meiner Anleitung einen Versuch mit dem Mesmerismus gemacht, wobei sich jedoch keine der gehofften und gewünschten ›wunderbaren‹ Erscheinungen zeigen wollte.«

Schubert: Der Erwerb aus einem vergangenen und die Erwartungen von einem zukünftigen Leben. Bd. 2. Erlangen: Palm und Enke, 1856. S. 228.

4. Zeitgeschichtlicher Hintergrund

Entwicklung bürgerlich-konstitutioneller Rechte im Absolutismus

Dem preußischen Kronprinzen und späteren König Friedrich Wilhelm III. erläuterte 1791/92 in Vorträgen der Obertribunalsrat Karl Gottlieb Svarez (1746–98) das seiner Redaktion unterstellte »Allgemeine Gesetzbuch für die

Preußischen Staaten«, das seiner bürgerlich-aufgeklärten Tendenz wegen von Friedrich Wilhelm II. zurückgewiesen wurde und erst in überarbeiteter Form als »Allgemeines Landrecht für die Preußischen Staaten« 1794 in Kraft trat:

»ALLGEMEINE GRUNDSÄTZE DES RECHTS

I.

Die allgemeinen Grundsätze des bürgerlichen Rechts bestimmen entweder die Verhältnisse der Untertanen gegen den Staat oder die Verhältnisse der Untertanen untereinander.

A. Die Verhältnisse der Untertanen gegen den Staat beruhen auf folgenden Grundsätzen.

1.

Der Zweck des Staats ist, die äußere und innere Ruhe und Sicherheit zu erhalten, einen jeden bei dem Seinigen gegen Gewalt und Störungen zu schützen und für Anstalten zu sorgen, wodurch den Einwohnern Mittel und Gelegenheiten verschafft werden, ihre Kräfte und Fähigkeiten auszubilden und dieselben zur Beförderung ihres Wohlstands anzuwenden.

2.

Das Oberhaupt des Staats hat vermöge des bürgerlichen Vertrages, auf welchem die ganze Staatsverbindung beruht, die Pflicht, folglich auch das Recht, die äußeren Handlungen aller Einwohner des Staats nach dem Zwecke desselben zu leiten und zu bestimmen.

3.

Das Oberhaupt des Staats hat also auch allein das Recht der Gesetzgebung im weitesten Sinne; denn Gesetze sind nichts andres als allgemeine Vorschriften, nach welchen die Untertanen ihre Handlungen einrichten sollen.

4.

Im preußischen Staat gelten also keine andern Gesetze, als die der Landesherr gegeben oder bestätigt hat.

5.

Durch Gesetze sollen die natürlichen Rechte und Freiheiten der Bürger des Staats nur so weit eingeschränkt werden, als es die Erreichung der Zwecke des Staats erfordert. [...]

Ad 1. et 2.

Diese Sätze enthalten den Grund und den Umfang der Souveränitätsrechte eines preußischen Monarchen. Er ist vermöge der Verfassung des Landes das Oberhaupt der bürgerlichen Gesellschaft, die sich unter ihm vereinigt hat, an den Zwecken ihrer Verbindung, d. h. an der Erhaltung ihrer Ruhe und Sicherheit, an der Beförderung ihrer Privatwohlfahrt, mit vereinigten Kräften zu arbeiten. Sie hat vermöge des bürgerlichen Vertrags den Gebrauch und die Disposition über diese ihre vereinigten Kräfte ihrem Souverän übertragen; sie hat ihm niemand an die Seite gesetzt, der ein Recht hätte, ihn bei den Maßregeln, die er zur Erreichung der Zwecke des Staats nötig findet, bei der Anwendung, die er von den vereinigten Kräften des Staats machen will, Schranken vorzuschreiben oder ihn in der Ausführung der beschlossenen Maßregeln zu hindern. In ihm vereinigen sich also alle Rechte der bürgerlichen Gesellschaft, und dies ist es eigentlich, was seine Souveränität ausmacht.

Vermöge dieser Souveränität ist er also auch befugt, alle Handlungen der Bürger des Staats nach den Zwecken der bürgerlichen Gesellschaft zu leiten und zu bestimmen.

Aber diese Zwecke enthalten zugleich die innere Einschränkung der Souveränität und den unterscheidenden Charakter zwischen ihr und dem Despotismus. Beide sind einander darin gleich, daß niemand im Staat ist, der das Recht hätte, sich dem Willen des Regenten mit äußerlicher Gewalt zu widersetzen. Aber der Souverän übt seinen Willen nur darum aus, damit durch selbigen einer oder der andere von den Zwecken der bürgerlichen Gesellschaft befördert werden möge. Der Despot hingegen bedient sich seiner Macht bloß zur Beförderung seiner Privatabsichten, seiner Leidenschaften, seiner Launen und seines Eigensinns. Der Despot betrachtet die Untertanen, über die er regiert, als sein Privateigentum, mit welchem er nach Gutfinden schalten und walten kann; der Souverän sieht sich als den Vater seiner

Bürger an, die ihm nur um deswillen die Disposition über sich und ihre Handlungen anvertraut haben, damit er desto ungehinderter und nachdrücklicher imstande sein möge, ihre Sicherheit zu schützen und ihr Wohl zu befördern.«

Hermann Conrad / Gerd Kleinheyer (Hrsg.): Vorträge über Recht und Staat von Carl Gottlieb Svarez (1746–1798). Köln/Opladen: Westdeutscher Verlag, 1960. S. 603–609.

Klassizistische Feste am preußischen Hof

Eckart Kleßmann (geb. 1933):

»Am 12. März, zwei Tage nach dem Geburtstag der Königin, war – wie in jedem Jahr – auch ein Maskenspiel der Mitglieder des Hofs vorgesehen. Thema: Alexander der Große erhält die Tochter des Darius zur Frau. Aufgeführt werden sollte das Ganze im Theater, nicht etwa in einem Palais. Königin Luise sollte die Tochter des Darius spielen, Louis Ferdinand die Rolle Alexanders übernehmen. Dies alles war nicht ohne peinlichen Beigeschmack. Major Peter von Gualtieri, der Schwager Massenbachs, erfuhr davon und informierte den Oberst. Der war entsetzt: ›Wie? Die Königin niederknien zu den Füßen dieses Wüstlings? So wenig kennt man das Gemüt des Prinzen Louis Ferdinand? Um Gotteswillen, was für Folgen können daraus entstehen?‹
Massenbach aktivierte seinen ganzen Einfluß am Hof und will Erfolg gehabt haben; die Rolle Alexanders sei dem Prinzen Heinrich, dem Bruder des Königs, übertragen worden.«

Kleßmann: Prinz Louis Ferdinand von Preußen 1772–1806. Gestalt einer Zeitenwende. München: List, 1972. S. 143 f. [Zit. als: Kleßmann.]

Der Fall des »preußischen Alcibiades« Prinz Louis Ferdinand (1772–1806)

Die Bravour des Reiteroffiziers, verbunden mit der Sensibilität des hochbegabten Künstlers, der Klavierkonzerte gab und selbst komponierte, lassen Louis Ferdinand in vielen Einzelzügen wie ein Modell zu Kleists Prinz von Homburg

Maskenball vom 12. März 1804: Vermählung der Satira (Königin Luise) mit Alexander dem Großen (Prinz Heinrich). Aus: Eduard Vehses Illustrierte Geschichte des preußischen Hofes, des Adels und der Diplomatie vom großen Kurfürsten bis zum Tode Kaiser Wilhelms I. Fortgesetzt von Vehse redivivus. Bd. 2. Stuttgart o. J. S. 73

erscheinen. Wenn auch keine direkte Äußerung Kleists über Louis Ferdinand nachweisbar ist, war vom jungen Offiziersanwärter Kleist im Ersten Koalitionskrieg (1793 bis 1795) der Prinz als soldatisches Idol nicht zu übersehen, und unmöglich konnte dem Dichter später im Beziehungsgeflecht von Hof und preußischem Adel der politische Opponent des Königs und Kopf der Fraktion verborgen bleiben, die zum Krieg gegen Napoleon drängte.
Gleichermaßen Verbindungen zu Kleist wie Kontakte zu Louis Ferdinand bestanden u. a. bei folgenden Personen:
Major Peter von Gualtieri, zeitweilig Zeremonienmeister des Hofs, der das geplante Ball-Arrangement zwischen Königin Luise und Louis Ferdinand mißbilligte, war der älteste Bruder Marie von Kleists geb. Gualtieri, die am Hof für den Dichter eintrat.
Oberst Christian von Massenbach, dem Kleist in einem Brief vom 23. April 1805 den »Zerbrochnen Krug« ankündigte und der mit Marie von Kleists jüngerer Schwester, Henriette von Gualtieri, verheiratet war, fungierte im Auftrag des Königshauses vorübergehend als Aufsichtsperson von Louis Ferdinand und kritisierte in seinen Kriegserinnerungen scharf dessen militärisches Verhalten.
Lieblingsschwester Louis Ferdinands, die trotz seiner bürgerlichen Eskapaden zu ihm hielt, war Prinzessin Luise von Preußen, verheiratet mit Fürst Anton Heinrich von Radziwill, an dessen Privattheater nach Kleist der »Prinz von Homburg« aufgeführt werden sollte.
Seinen legendären Ruf als Draufgänger hatte sich Louis Ferdinand in dem von Österreich und Preußen gegen das revolutionäre Frankreich geführten Ersten Koalitionskrieg erworben, aus dem z. B. Goethe in seinem Tagebuch der »Campagne in Frankreich« eine Episode mit Louis Ferdinand festhielt (Eintragungen vom 13. bis zum 17. September 1792). Welche Bewunderung Louis Ferdinand in diesem Feldzug beim Offiziersnachwuchs genoß, zu dem die gleichaltrigen und befreundeten Heinrich von Kleist und Friedrich de la Motte Fouqué gehörten, geht noch aus Fouqués Jahrzehnte später verfaßten Memoiren hervor (vgl. Kleßmann, S. 67 f.).
Nach dem Friedensschluß von Basel (5. April 1795) zwischen Frankreich und Preußen fand Louis Ferdinand sich als

Regimentskommandeur nach Magdeburg in die preußische Provinz versetzt, die er ohne Erlaubnis des Königs verließ, um eine Zeitlang das großstädtische Kultur- und Gesellschaftsleben Hamburgs zu genießen. Dort hatte ihn der preußische Oberst Christian von Massenbach (1758 bis 1827) abzuholen, der sich besonders an den Gefühlsausbruch des Prinzen bei der Trennung von seiner Geliebten erinnert:

»Bitterlich weinte der Prinz, als er sich in der Vorstadt in den Reise-Wagen setzen und sich von der schönen Steen auf ewig entfernen mußte. Unversiegbar schien die Quelle dieser Tränenbäche zu sein. Auf der zweiten oder der dritten Station wurde starker Punsch gemacht, S. K. H. wurden sehr heiter, sprachen mit vieler Heftigkeit über Krieg, über Politik, über Bonaparte, den er damals wohl leiden mochte, und schliefen endlich ein.«

Kleßmann. S. 108.

Auf Wunsch der Familie des Prinzen, mit der er sich besonders wegen seiner hohen Schulden überworfen hatte, drängte Massenbach auf eine Änderung des Lebenswandels von Louis Ferdinand und hielt ihm als moralisches Vorbild aus seiner Ahnenreihe in einem Brief den Großen Kurfürsten vor Augen:

»Die Natur hat Sie mit großen Talenten begabt; demungeachtet werden Sie nie in wichtigen Angelegenheiten gebraucht werden können, weil man auf die Stetigkeit und Zuverlässigkeit Ihres Betragens nicht rechnen kann.
Auf dem Wege, auf welchem Sie seit mehreren Jahren wandeln, ist noch kein großer Mann, kein großer Feldherr gebildet worden. Sie leben in einer beständigen Zerstreuung; Sie machen den Tag zur Nacht und die Nacht zum Tage; die Morgenstunde verschlafen Sie; Ihre Lektüre ist nicht geordnet, ist Stückwerk; daher sind Ihre moralischen und wissenschaftlichen Grundsätze schwankend und unstet. [...]
Sie fliehen die Einsamkeit, und nur in der Einsamkeit reift der Mann, der seinem Vaterlande wahrhaft große Dienste leisten und den Ehrgeiz haben will, neben den großen Männern aller Jahrhunderte und aller Nationen zu glänzen.
Ich fürchte, gnädigster Herr, daß einst die richtende, keine

Schmeichelei kennende Nachwelt Sie zum Seitenstück Friedrich Wilhelms, des Großen Kurfürsten, hinstellen dürfte.«

Kleßmann. S. 113.

Im Jahr 1806 war Preußen auf dem Kontinent noch der einzige Staat, der sich durch lavierende Politik der französischen Unterwerfung entzogen hatte. Am Berliner Hof drängte unter der hinhaltend-provozierenden Diplomatie Napoleons nun die »Kriegspartei« mit der »Prinzen-Eingabe« zur Entscheidung:

»[...] in der Nacht zum 6. August traf eine Depesche beim König ein [...], daß sich Napoleon bereit erklärt habe, Hannover an Großbritannien zurückzugeben. Diese Meldung bedeutete [...] die brüske Mißachtung preußischer Souveränität durch den Kaiser Frankreichs. Am 9. August befahl der preußische König die Mobilmachung. [...]
Inzwischen hatte eine Gruppe – Louis Ferdinand, sein Bruder August, die Brüder des Königs Prinz Heinrich und Prinz Wilhelm, der Schwager des Königs, Prinz von Oranien, die Generale Rüchel, Schmettau und Phull und der Minister vom Stein – eine Denkschrift an den König ausgearbeitet [...].
Diese von Louis Ferdinand inspirierte Denkschrift ist in der preußischen Geschichte einmalig: Fünf Prinzen des königlichen Hauses, ein Minister und drei Generale fordern vom König die Umbildung seines Kabinetts unter schweren Vorwürfen. Verständlich, daß Friedrich Wilhelm III. über diese Eingabe außer sich war. Er reagierte mit Strafversetzungen für die Unterzeichner (eine zu diesem Zeitpunkt absolut unsinnige Maßnahme), ließ seinen Schwager, den Prinzen von Oranien, kommen und attackierte ihn voller Zorn. Louis Ferdinand bekam den Befehl, sich sofort zur Armee zu begeben.«

Kleßmann. S. 221–226.

Umstritten war das Kommando, das der Prinz in dem nun unvermeidlichen Krieg übernehmen sollte. Der Oberst von Massenbach veröffentlichte nach der Niederlage zu seiner Rechtfertigung »Historische Denkwürdigkeiten« (1809), in denen er seine Kriegsteilnahme als Generalquartiermeister im preußischen Korps des Fürsten Hohenlohe schilderte:

»Der Basis aller militärischen Ordnung im Kriege, der Ordre de Bataille, die eigentlich in Charlottenburg entworfen und festgesetzt worden war, mußte ich, da mich der Fürst um meine Meinung frug, meinen Beifall versagen. Prinz Louis Ferdinand sollte die Avantgarde führen. ›Der Prinz ist der Mann nicht, der eine Avantgarde zu führen im Stande ist: dazu gehört ein erfahrner Soldat, ein Mann, der mit kaltem Blute sieht und hört; ein Mann, der keine Bequemlichkeiten kennt; der von wenigen, aber soliden Menschen umgeben ist; ein Mann endlich, der nicht in dem Wahn steht, die Avantgarde müsse Bataillen liefern.‹«

Historische Denkwürdigkeiten zur Geschichte des Verfalls des preußischen Staats seit dem Jahre 1794 nebst meinem Tagebuche über den Feldzug von 1806 von dem Obristen von Maßenbach, Generalquartiermeisterlieutenant und Ritter des Verdienstordens. Amsterdam: Verlag des Kunst- und Industriecomptoirs, 1809. S. 28 f.

Nachdem dynastische Rücksichten die militärischen Erwägungen überspielt hatten, versuchte Massenbach, die befürchtete Voreiligkeit Louis Ferdinands durch Zuordnung eines Beraters abzufangen:

»Da ich den Charakter des Prinzen und die Charaktere seiner Umgebungen genau kannte; so wollte ich neben diese sprudelnden Geister einen ruhigen Geist stellen, und meine Wahl fiel auf den Hauptmann und Quartiermeisterlieutenant von Valentini, einen Mann, der den Feldzügen am Rhein mit Nutzen beigewohnt hatte, mit vielen Kenntnissen viele Tapferkeit, und mit vieler Tapferkeit viele Ruhe des Geistes verbindet [...].«

Massenbach. S. 95.

Derselben Formation wie Massenbach gehörte im preußischen Aufmarsch Kleists einstiger Regimentskamerad und Freund Rühle von Lilienstern (1780–1847) an, der in seinen Kriegserinnerungen die Anweisung des mit dem Oberbefehl betrauten Herzogs von Braunschweig an den Fürsten von Hohenlohe und die Weitergabe des Befehls an Louis Ferdinand beschreibt:

»Uebrigens sey es keineswegs die Absicht des Königs, den Feind am diesseitigen Saalufer zu erwarten; nur wünsche Se. Majestät, ihm nicht anders, als mit ganz vereinigter Kraft, entgegen zu gehen. Der Fürst möge daher keine Bewegung über die Saale anfangen, bevor er die Annäherung der Hauptarmee abgewartet habe [...].

Noch in der Nacht wurde dem Prinzen Louis vom Fürsten der Befehl zugeschickt: ›sich nicht von Rudolstadt zu entfernen, und den Feind *nicht* anzugreifen, sondern sich im Gegentheil, falls *er* mit Uebermacht angegriffen werden sollte, auf den Generallieutenant von Grawert nach Orlamünde zurückzuziehen. [...]‹«

Bericht eines Augenzeugen von dem Feldzuge der während den Monaten September und October 1806 unter dem Kommando des Fürsten zu Hohenlohe-Ingelfingen gestandenen Königl. preußischen und Churfürstl. sächsischen Truppen. Von R. v. L. T. 1. Tübingen: Cotta, [2]1809. S. 95–99.

Über das Geschehen am 10. Oktober 1806 meldete dann ein Offizier:

»[...] daß der Prinz Louis, nachdem derselbe erfahren, daß ein französisches Korps gegen Saalfeld anrücke, dahin vorgegangen sey, um den dortigen Übergang über die Saale und das daselbst aufgehäufte kleine Magazin der Gewalt des Feindes zu entziehen. – Es ist schon erwähnt worden, daß dieser vom Prinzen eigenmächtig gethane Schritt dem Befehl und den Intentionen des Fürsten völlig zuwider lief, man mußte indeß erwarten, was das Resultat davon seyn würde. Dies fiel leider unglücklich genug aus. Der Prinz hatte sich, ohne auf die Vorstellungen einiger verständigen Offiziere zu achten, unbesonnener Weise mit einem überlegenen Feinde in einem Terrain geschlagen, das er nicht zu benutzen verstand, und das die Fechtart der Franzosen auf mannichfache Weise begünstigte. Nachdem das feindliche Tirailleurfeuer seine Infanterie fast zu Grunde gerichtet hatte, die Kavallerie, anfangs durch ein heftiges Kartätschenfeuer geängstigt, und dann von einer überlegenen feindlichen umringt, in Unordnung gerathen war, und seine Batterien theils ihre Munition verschossen hatten, theils

durch die feindliche Artillerie demontirt, und zum Schweigen gebracht worden waren, war die Verwirrung allgemein geworden. [...]
Der Prinz selbst, obschon er noch Augenzeuge von der Flucht seines linken Flügels war, erlebte [...] den unglücklichen Ausgang nicht ganz. Er wollte persönlich die in Unordnung gerathene Kavallerie von neuem gegen den Feind führen, allein mitten in dieser Bemühung, nachdem er im Handgemenge mehrere tödtliche Wunden empfangen hatte, sank er leblos vom Pferde, und seine Leiche gerieth, trotz der von seinen Adjutanten angewendeten Sorgfalt, in die Hände der sich schwarmweis auf ihn stürzenden Feinde.«

Ebd. S. 105 f.

Die Heeresreform

Um die technische Reform des veralteten friderizianischen Heereswesens bemühte sich in preußischen Diensten ab 1801 Gerhard von Scharnhorst (1756–1813), der den modernen Truppen- und Waffeneinsatz nach dem Wirkungskalkül vertrat:

»Zweytes Capitel. Dinge deren man sich beym Gebrauch des Geschützes bedient.

I. Kugeln.

Erklärung.

§ 21. Man schießt auf weite Distanzen aus der Kanone einzelne Kugeln, auf nähere aber mehrere kleinere d. h. Kartätschen, weil es hier nicht so sehr mehr auf die Genauigkeit des Schusses ankömmt, und weil auch hier kleinere die erforderliche Kraft haben. [...]

Ausbreitung der Kugeln eines Kartätschschusses und Wirkung desselben.

[...]

§ 132. [...] In einem vollkommen ebenen Terrain treffen, nach sichern Erfahrungen, in eine Eskadron,

vom 12pfünder auf 900 Schritt
„ 6 „ „ 800 „
„ 3 „ „ 600 „

6 bis 8 Stück von den großen Traubenkugeln, jede Traube zu 30 bis 35 Kugeln;
vom 12pfünder auf 500 Schritt
„ 6 „ „ 400 „
30 bis 40 Kugeln, die 6pfündige Kartätsche zu 63, und die 12pfündige zu 112 Stück;
vom 3pfünder auf 300 Schritt
12 bis 20 Kugeln, die Kartätsche zu 54 Stück; [...]
In die Infanterie trifft nur 2/3 der obigen Anzahl.
[...]

Effect wenn sich die Truppen bewegen.

[...]

§ 138. Bewegt sich die Kavalerie oder Infanterie gegen die Kanonen, so dependirt der Effect zum Theil von der Geschwindigkeit der Bewegung, welche man nach folgenden beurtheilen kann.

Geschwindigkeit in einer Minute.

Kavalerie	im Galopp	600	Schritt
„	„ Trott	300	„
„	„ Schritt	150	„
Infanterie	„ Schritt	120	„

Scharnhorst: Handbuch für Officiere, in den anwendbaren Theilen der Krieges-Wissenschaften. Erster Theil von der Artillerie. Hannover: Helwingsche Hofbuchhandlung, 1787. S. 23, 222–233.

Nicht mehr der Haudegen als militärischer Führungstypus war nun verlangt, sondern der operativ mitdenkende Offizier:

»Es gab damals in der preußischen Armee von den Generalen bis zu den Fähnrichen Brauseköpfe ohne Zahl, und diejenigen, die es nicht von Natur waren, eigneten sich ein auffallendes brutales Wesen an, weil sie glaubten, es gehöre zum militairischen Handwerk, und Friedrich II. habe es so gewollt. Es galt damals als Regel, welche jedem jungen Offizier unaufhörlich wiederholt wurde, nicht allein (wie man es damals nannte) *determinirt* antworten, sondern *überhaupt* antworten, ohne sich einen Augenblick zu besinnen, ob die Antwort eine richtige oder eine falsche sei.

Friedrich II. habe *nie* eine, als Antwort *schnell* ausgesprochene Lüge getadelt, er habe aber die Offiziere, welche sich nach einer von ihm gestellten Frage auf die Antwort besonnen hätten, weggejagt, und zwar mit vollem Recht.
Das war eine schlimme Lehre und es gehörte Scharnhorst's Muth dazu, ihr practisch entgegen zu treten.«

Friedrich Carl Ferdinand Freiherr von Müffling, sonst Weiß genannt: Aus meinem Leben. Berlin: Mittler und Sohn, 1851. S. 8.

Nach der Niederlage von Jena und Auerstädt (14. 10. 1806) untersuchten königliche Kommissionen, in denen Mitglieder des Königshauses, hohe Offiziere und Beamte vertreten waren, die Ursachen für das militärische Versagen und arbeiteten Vorschläge zur Änderung überholter Grundsätze und zur Modernisierung der preußischen Armee aus.
In dem gedrillten Söldnerheer, das durch brutale Strafen zum Gehorsam gezwungen wurde, und der adligen Offizierskaste, in der man einander durch Demütigungen in Schach hielt, erkannten die Reformer eine der Hauptursachen der Unterlegenheit gegenüber dem französischen Volksheer. Die Einführung der Wehrpflicht und eine bürgerlich-humane Milderung der Militärstrafen sollten Preußen wieder kampffähig machen. Entsprechende Vorschläge unterbreitete Neithart von Gneisenau (1760–1831), den Kleist bewunderte und in dessen Umgebung er zuletzt noch eine Anstellung suchte (vgl. den Brief an Marie von Kleist, Berlin, 17. 9. 1811).

Gneisenau's Entwurf der Verordnung über veränderte Strafen der Offiziere. 1808.

»[...] Kein Militairvorgesetzter hat das Recht, seinen untergegebenen Offizier, wie es wohl sonst, oft nur wegen Exercirfehler geschah, durch einen Unteroffizier und zwei Mann nach dem Arrestorte abführen zu lassen. Befindet sich ein Vorgesezter in der Nothwendigkeit, über einen Offizier die Arreststrafe zu verhängen, so geht dieser allein oder in Begleitung eines andern Offiziers in seinen Arrestort und sendet seinen Degen an seinen Vorgesetzten. Nur bei groben Verbrechen ist die Arretirung in Begleitung eines

Unteroffiziers und zwei Mann als Sicherheitsmaaßregel noch fernerhin erlaubt. [...]

Gneisenau's Entwurf der Verordnung über
Abschaffung der Leibesstrafen.

S. Kön. Majestät von Preussen haben Allerhöchst sich bewogen gefunden, die zeither in Dero Armeen üblich gewesenen Stock- und Spitzruthenstrafen abzuschaffen, und verordnen, daß an deren Stelle künftighin nachbenannte Bestrafungsarten nach ihren verschiedenen Gradationen bei Allerhöchst dero Armee in Wirksamkeit treten sollen.
Die gelindeste Bestrafungsart ist, nächst Verweiß, Haußarrest, oder Arrest *ersten Grades.*
Die auf die höheren Stände auszudehnende Militair-Konscription wird junge Leute von guter Erziehung, Bildung und feinem Gefühl als gemeine Soldaten unter die Fahnen stellen, und auf ein solches Individuum wird ein wegen kleinerer Vergehungen oder Uebereilungen gegebener Verweis oder ein ohne Aufsehen verhängter Haußarrest in denen meisten Fällen seine Wirkung nicht verfehlen, während Oeffentlichkeit der Bestrafung, das Ehrgefühl verschlechtert, und oft das Gemüth verstockt.«

G. H. Pertz: Das Leben des Feldmarschalls Grafen Neithardt von Gneisenau. Bd. 1: 1760 bis 1810. Berlin: Reimer, 1864. S. 681–683.

Erhebungsversuche und Gehorsamsproblem

An die Beteiligung Kleists bei den geheimen Vorbereitungen zur Erhebung gegen die französische Herrschaft will sich Hans Heinrich Gustav von Hüser (1782–1857) erinnern (vgl.: Denkwürdigkeiten aus dem Leben des Generals der Infanterie von Hüser, größtentheils nach dessen hinterlassenen Papieren zusammengestellt und herausgegeben von M. Q. Berlin: Reimer, 1877. S. 70–72).
Daß in diesen Zeitumständen die Gehorsamsfrage brennende Aktualität erlangte, geht aus Amtsschreiben Friedrich Wilhelms III. (1770–1840) wie dem folgenden hervor:

»Friedrich Wilhelm III., König von Preussen
an
Friedrich Wilhelm Graf von Götzen,
Gouverneur von Schlesien

In der jetzigen so äußerlich kritischen Periode, da man täglich Einem Bruch zwischen Oesterreich und Frankreich entgegensehen muß, halte ich für nöthig, Ihnen meine bestimmte Willensmeinung eigenhändig nochmals zu wiederholen. Mehrere Male ist Ihnen eine solche theils schriftlich, theils durch mündlich von mir gegebene Instructionen an die nach Schlesien zurückkehrenden Officiere ohnstreitig bereits zugekommen. Da ich Ihren Patriotismus und Ihre Anhänglichkeit und Treue kenne, so ist hier nur im Kurzen zu bemerken, daß, so löblich und schätzenswerth auch jene Kraftvolle Gesinnungen sind, die durch mancherlei Ereignisse und Mittel herbeigeführt oder verbreitet worden, ebenso nachtheilige und unberechenbare Folgen können sie nach sich ziehen, wenn dergleichen Aufwallungen nicht durch die Klugheit geleitet, und zur Unzeit ausbrechen. Hierüber geziemt es keinem als mir allein zu entscheiden, und unverantwortlich und strafbar erscheinen die, die meinen Befehlen nicht nachleben. Kommt es also zum Kriege zwischen Oesterreich und Frankreich, so verlange ich, daß außer den Vorsichtsmaßregeln, das Militär und die Erhaltung der Festungen betreffend, worüber ich meine Befehle bereits ertheilt, durchaus Ruhe und Ordnung erhalten, und kein Eclat aus unzeitigem Eifer, an dem Kriege gegen Frankreich theilzunehmen, ausbreche. Ich gebe Ihnen hierzu den gemessensten und genauesten Befehl, und sind Sie mir mit Ihrem Kopf dafür verantwortlich, denn ich kann und werde keine Anarchie in meinem Lande dulden, so lange ich an der Spitze desselben stehe. Sie haben diese meine feste Willensmeinung aller Orten directe oder indirecte wissen zu lassen, da, wo es, um meiner Absicht zu entsprechen, von Ihnen wird nöthig befunden werden. Kraft, Muth und aber ebenso wesentlich Gehorsam bezeichnen den wahren Patrioten, der seine Privatmeinung und Ansicht stets dem letzteren aufzuopfern gewillt sein muß.

Königsberg, d. 12. März 1809 Fr. *Wilhelm*«

Samuel. S. 225.

Patriotisch richtig zu handeln konnte in bestimmten Situationen wohl den Ungehorsam verlangen, war dann jedoch immer noch eine Frage des geeigneten Zeitpunkts. Die Warnung des preußischen Königs vor »unzeitigem Eifer« betraf das Dilemma der zum antifranzösischen Widerstand entschlossenen preußischen Offiziere: einerseits sollten sie sich abweichend von den diplomatisch-offiziellen Versicherungen für den Aufstand vorbereiten, andrerseits behielten sich König und Generalstab die Entscheidung über das militärische Losschlagen vor. Ein Brief Scharnhorsts aus dem Anfang des Jahres 1809 an den Major Ferdinand von Schill spiegelt am besten diese zwiespältige Lage:

»Sie sind [...] auf einem guten Posten, und die Zeit ist nahe, wo wir auf kräftige Handlungen rechnen müssen. Haben Sie ein gutes Auge auf die Dinge in Oesterreich; der Krieg wird dort ganz wahrscheinlich in diesem Jahre noch ausbrechen, vielleicht schon zum Frühjahr. Wir müssen alsdann überall fertig seyn, um den kleinen Krieg zu unternehmen, und auf Sie rechne ich dabei am meisten. Es wäre gut, wenn Sie sich alsdann Magdeburgs zu bemächtigen suchten und Mitteldeutschland insurgirten. An Theilnahme wird es Ihnen unter der dortigen Bevölkerung nicht fehlen. *Doch warten Sie das Zeichen ab und übereilen Sie nichts.*«

Georg Heinrich Klippel: Das Leben des Generals von Scharnhorst. Dritter Theil. Fünftes und sechstes Buch 1801 bis 1813. Leipzig: Brockhaus, 1871. S. 473.

Als die Kriegserklärung Österreichs an Frankreich absehbar und dann vollzogen war (9. April 1809), entschlossen sich entgegen der Stillhaltepolitik Friedrich Wilhelms III. einzelne preußische Offiziere zu selbständigen militärischen Aktionen mit den nun persönlich an sie gebundenen Freikorps:
Schon am 2. April 1809 besetzt Leutnant Katte die Stadt Stendal bei Magdeburg; am 21. April unternimmt der in Diensten des westfälischen Königs Jérôme, des Bruders von Napoleon, stehende preußische Oberst Wilhelm von Dörnberg einen Aufstandsversuch mit dem Plan, den König gefangenzunehmen; am 28. April schließlich setzt sich Ferdinand von Schill unter dem Vorwand, vor den Toren der Berliner Garnison Manöver abzuhalten, mit seinen Truppen auf die Festung Magdeburg in Marsch.

III. Tafeln

1. Stammbaum des Hauses Hohenzollern

Friedrich Wilhelm, der Große Kurfürst (1640–1688)
Gemahlin Luise Henriette von Oranien, † 1667
Friedrich III. (I.), 1688 (1701)–1713
Friedrich Wilhelm I., (1713–1740)

Friedrich II., der Große, 1740–1786

August Wilh., † 1758
- **Friedrich Wilhelm II.**, 1786–1797
  - **Friedrich Wilhelm III.**, 1797–1840, Gemahlin Luise von Mecklenburg-Strelitz, † 1810
    - **Friedrich Wilhelm IV.**, 1840–1861, Gemahlin Elisabeth von Bayern
    - **Wilhelm I.**, 1861–1888, 1871 **Deutscher Kaiser**, Gemahlin Augusta von Sachsen-Weimar, † 1890
      - **Friedrich III.**, † 1888, als Kronprinz Friedrich Wilhelm, Gemahlin Viktoria, Princess Royal von England, † 1901
        - **Wilhelm II.**, 1888–1918, † 1941. 1. Gemahlin Augusta Viktoria von Holstein-Augustenburg, † 1921. 2. Hermine seit 1922 (Prinzessin Reuß ä. L., verw. Prinzessin von Schönaich-Carolath) † 1947
        - Sophie, Gemahl Konstantin 1913–1917 König von Griechenland, † 1923
      - Luise, † 1923, Gemahl Friedrich, Großherzog von Baden,
        - Victoria, † 1930, Gemahl König Gustav V. von Schweden, † 1950
    - Charlotte, † 1860, Gemahl Nikolaus I., Kaiser von Rußland
  - Wilhelmine, Königin der Niederlande, † 1837

Heinrich, † 1802

Ferdinand, † 1813
- Louis Ferdinand, † 1806

Nach: Auszug aus der Geschichte. Von Dr. Karl Ploetz. 24. Aufl. Bielefeld: Ploetz, 1951. S. XVI.

2. *Historisch-geographische Skizze der Umgebung von Fehrbellin*

Nach: Samuel (s. S. 58). S. 205. Taf. II.

3. *Schlachtskizze nach Kleists Dramaturgie*

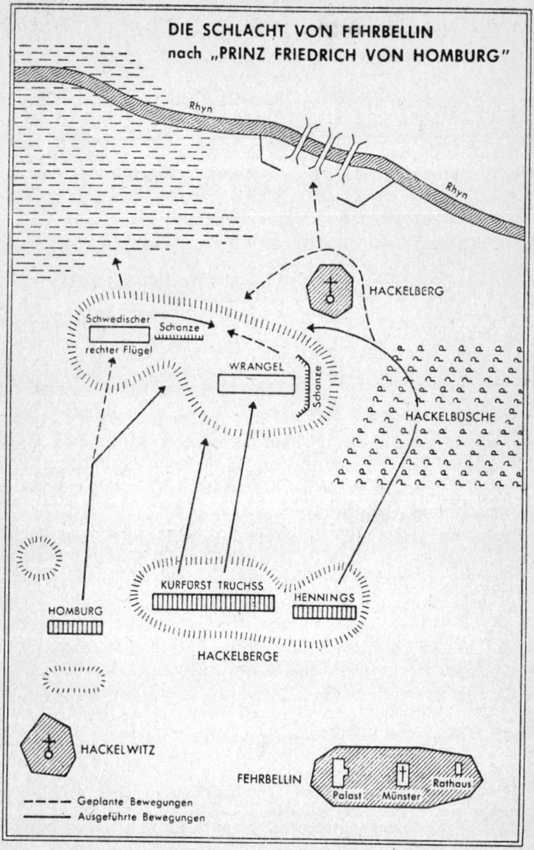

Nach: Samuel (s. S. 58). S. 206. Taf. III.

IV. Aus der allgemeinen Wirkungsgeschichte

1. 1811–1821: Die Verbreitung bis zum Erstdruck in den »Hinterlassenen Schriften«

Hedwig von Olfers (1800–91) nach Otto Brahm in »Heinrich von Kleist« (Berlin 1884):

»Gern las er seine Werke den Freunden vor, und Frau [Hedwig] von Olfers, die Tochter Staegemanns, erinnert sich noch, ›Penthesilea‹ und den ›Prinzen von Homburg‹ von ihm gehört zu haben: er begann meist zaghaft, fast stotternd, und erst allmählich ward sein Vortrag freier und feuriger.«

Helmut Sembdner (Hrsg.): Heinrich von Kleists Lebensspuren. Dokumente und Berichte der Zeitgenossen. 2., veränd. und erw. Aufl. Bremen: Schünemann, 1964. Nr. 504. [Zit. als: Lebensspuren.]

Eduard von Bülow (1803–53) schreibt 1846 in der Augsburger »Allgemeinen Zeitung«:

»Inzwischen hatte seine Familie[*] eine hohe Person für ihn zu interessieren gewußt, durch deren Vermittlung Kleist für die Dichtung eines vaterländischen Schauspiels eine Unterstützung von Staatswegen zugesichert wurde. Kleist ergriff den Gedanken mit Begeisterung, und so entstand sein Meisterwerk: ›Der Prinz von Homburg‹, gewiß das einzige Schauspiel seiner Art, dessen Lektüre oder Aufführung im Falle der Not brandenburgisch-deutsche Vaterlandsliebe zu erwecken fähig ist. Der zufällige Umstand, daß sich damals eine andere hohe, dem regierenden Hause verwandte Person[**] in Berlin aufhielt, war mit Veranlassung gewesen, daß sich Kleist dieses Stoffes bemächtigte. Um es recht gut zu machen, verherrlichte er in seiner Dichtung auch eine Prinzessin von Oranien[***].

* Gemeint ist wohl Marie v. Kleist.

** Prinzeß Wilhelm, geb. Prinzessin Marianne von Hessen-Homburg, eine Schwägerin Friedrich Wilhelms III., war nach dem Tode der Königin Luise nach Berlin zurückgekehrt; ihr widmete Kleist den »Prinzen von Homburg«.

*** Die jüngere Schwester des Königs, Prinzessin Friederike Luise Wilhelmine, Erbprinzessin von Oranien, lebte damals am preußischen Hofe.

Der edle Dichter widmete das vollendetste Werk seines Lebens handschriftlich seiner Gönnerin. Es war eine poetische Verblendung, davon Hofgunst zu erwarten. Man hatte demselben erwartungsvoll entgegengesehen, und fand sich in den daran gestellten Anforderungen schwer enttäuscht. Eine Enttäuschung in einem solchen Falle verrät sich durch Schweigen. Seine eigene Enttäuschung gab aber der verzweifelten Stimmung, in der er sich bereits befand, neue Nahrung; man kann jene stillschweigende Verwerfung seiner Dichtung als seinen Todesstoß ansehen. Das Unglück seines Vaterlandes, die öffentliche Verleugnung seines Talentes, seine hülfsbedürftige Lage hatten ihn völlig hoffnungs- und mutlos gemacht.«

Lebensspuren. Nr. 505b.

Marie von Kleist (1761–1831) an Prinz Wilhelm von Preußen (Berlin, 3. 9. 1811) (Übersetzung des französisch abgefaßten Originals):

»[...] Ohne irgendeine Unterstützung durch Eure Königl. Hoheit weiß ich wahrhaftig nicht, was aus ihm werden soll. Ich wage daher Eure Königl. Hoheit *anzuflehen*, *Mitleid* mit ihm zu haben, das ist das richtige Wort. Wenn Sie Monseigneur Prinz Heinrich bewegen könnten, ihm eine Pension von hundert Talern auszusetzen, wenn Eure Königl. Hoheit ebensoviel dazu geben würden, hätte er wenigstens etwas für die ersten Bedürfnisse des Lebens; ich bitte Monseigneur, meine Bitte Seiner Königl. Hoheit dem Prinzen Heinrich mitzuteilen, ich bitte Sie gnädigst, sie mit all Ihren Kräften zu unterstützen, ich habe nicht das Herz, ihm selbst zu schreiben, aber ich werde eine unaussprechliche Dankbarkeit für Eure Hoheiten empfinden, wenn Sie geruhen, meiner Bitte zu willfahren, ich werde diese Güte als eine Wohltat betrachten, die Sie beide mir gewähren. Ich wage zu gleicher Zeit, Ihrer Königl. Hoheit der Frau Prinzessin ein Stück [Prinz von Homburg] zu Füßen zu legen, welches der Verfasser ihr gewidmet hat und das sicher große Schönheiten enthält, auf das man jedoch, wenn ich nach der Wirkung urteile, die es auf mich gemacht hat, die Frau Prinzessin vorbereiten müßte, und vor allem wäre es nötig, daß sie den Dichter und all seine aus Shakespeare geschöpften Ideen über das Drama kennenlerne. Aber ich verspreche der Frau Prinzessin viel Befriedigung, wenn sie das Stück bis zuende liest – [Friederich v.] Luck glaubt, daß es Kleists Ruhm ausmachen wird, aber dies ist nicht der Augenblick, es vorteilhaft zu verkaufen. Die Armut, in der er sich befindet, verhindert, daß er in seinen Werken Vollendung erreicht. Das ist gleichfalls ein Beweggrund, der Eure Hoheit veranlassen möge, meine Bitte zu beachten und die Erwartung zu erfüllen, mit der ich bin Euer Königl. Hoheit, Monseigneur, untertänigste und gehorsamste Dienerin Marie v. Kleist, geb. Gualtieri.«

Lebensspuren. Nr. 506a.

Bernhard Erdmannsdörffer (1833–1901) in den »Preußischen Jahrbüchern« (Berlin 1874):

»In meinem Besitz befindet sich eine gleichzeitige Handschrift von Kleists ›Prinz Friedrich von Homburg‹, von welcher es den Freunden des Dichters vielleicht erwünscht ist, hier eine kurze Notiz zu erhalten.
Ein sauber geschriebenes Oktavbändchen von 210 Seiten. Nicht von des Dichters eigener Hand; hin und wieder finden sich einzelne Rasuren und kleine Korrekturen, die eine sorgfältige Durchsicht des Manuskriptes verraten; doch sind die Korrekturen nicht bedeutend genug, um an ihnen [...] die eigene Hand Kleists konstatieren zu können. Der rote Pappband mit goldverziertem Rücken mochte sich wohl seiner Zeit leidlich elegant ausnehmen; man vermutet sogleich ein Dedikationsexemplar. Ich fand die Handschrift vor einiger Zeit auf einer Bücherauktion in Greifswald. Über ihre Provenienz war nichts weiter festzustellen, als daß sie einem in einer preußischen Provinzialstadt kürzlich verstorbenen Gymnasiallehrer [R. Köpke?] angehört hatte, dessen Bibliothek in Greifswald zur Versteigerung kam.«

Helmut Sembdner (Hrsg.): Heinrich von Kleists Nachruhm. Eine Wirkungsgeschichte in Dokumenten. Bremen: Schünemann, 1967. Nr. 176. [Zit. als: Nachruhm.]

Julius Eduard Hitzig (1780–1849) an Friedrich de la Motte Fouqué (Berlin, 18. 6. 1812):

»Am Abend [des 16. Juni] kömmt ein junger Mensch zu mir, zieht ein Manuskript aus der Tasche und sagt mir, daß

er den Auftrag habe, es mir anzubieten. Ich, ohne zu fragen, was es ist, entschuldige mich mit den schlechten Zeiten, die keine neue Unternehmung gestatten, und sehe es darum gar nicht an – als er mich bittet, es doch wenigstens in die Hand zu nehmen. Ich erfülle seinen Wunsch – und wie staune ich, als ich finde – daß das Manuskript nichts anders ist – als Heinrich Kleists verloren oder gar nicht existent geglaubter – nun vollendet vor mir liegender, *Prinz von Homburg*. Der junge Mann (ein H. von Puttkamer) erzählte mir dabei, daß Kleist dies Manuskript einer Verwandtin und Freundin (der Baronin von Kleist, hier im Hause der Frau von Berg wohnend – weiter weiß ich nichts von ihr, aber vielleicht kennst Du sie) legiert habe, um sich daran für einen Vorschuß von 200 Th., den sie ihm gemacht, zu erholen, und daß sie darum auch diese Summe als Honorar dafür begehre. Ich stellte ihm hierauf vor, wie kein Buchhändler in der Welt jetzt für ein Manuskript, das höchstens 10 Bogen füllen wird, dies geben könne – am wenigsten ich –, bat ihn aber, es mir auf einige Stunden zum Lesen zu leihen, und fand das göttlichste Gedicht, was je aus Kleists Feder hervorgegangen. Vaterländisch, kräftig, rein, ohne seine Bizarrerie, der Kurfürst, Dörfling, der Prinz, Zeichnungen von der höchsten Wahrheit – kurz, ein Werk, von dem es für Kleists Nachruhm unverantwortlich wäre, wenn es die Zeitgenossen untergehn ließen.
Dessen ungeachtet bleibt es ebenso wahr, daß bei der überspannten Honorarforderung – wenn sie auch auf die Hälfte ermäßigt wird – das Stück keinen Verleger finden kann. [...]«

Nachruhm. Nr. 119.

Eduard von Bülow 1846 in der Augsburger »Allgemeinen Zeitung«:

»Tieck hat übrigens das große noch nicht anerkannte Verdienst, daß er den Prinzen von Homburg vor wahrscheinlicher Vernichtung oder Vergessenheit rettete. Er wußte sich das Manuskript, welches da, wo es sich befand, gering geschätzt wurde, im Jahr 1814 zu verschaffen, las es oft in seinen Kreisen vor, gewann ihm so Freunde, und ließ es endlich sogar drucken.«

Nachruhm. Nr. 126.

Ludwig Tieck (1773–1853) an Georg Reimer (Ziebingen 1816):

»Schon früher hört' ich, Sie hätten mit H. v. Kleists Novellen kein Glück gemacht; dieser edle und unglückliche Autor, der nach meiner Überzeugung unter allen jungen Dichtern bei weitem der vorzüglichste ist, ist in unserer Zeit nichts weniger als erkannt, vielleicht, ja wahrscheinlich geschieht es noch. Ich hörte, es wären noch nachgelassene Dramen von ihm und ich habe mich deshalb an seine Verwandten [?] adressiert, diese sind so gütig gewesen, mir zwei Schauspiele zur Herausgabe anzuvertrauen, die mich entzückt haben. Herrmann, ein Schauspiel, das ganz für die damalige unglückliche Lage Preußens gedichtet ist; zweitens Prinz von Homburg, vaterländisch und groß.«

Nachruhm. Nr. 129.

Ferdinand Grimm (1788–1845) an seine Brüder Jacob und Wilhelm (Berlin, 1. 5. 1816):

»Ein neues und herrliches Buch, welches noch im Sommer erscheint, nenne ich Euch in: Heinrich Kleists Nachlaß. Er besteht aus zwei Schauspielen: Die Hermanns-Schlacht und Der Prinz von Hessen-Homburg, letzterer aus dem siebenjährigen Krieg [!]. Tieck gibt das Buch mit einer Lebensbeschreibung des Verfassers heraus. Ich lese eben den ganzen Prinzen in Kleists Handschrift [?]. Das Schauspiel ist köstlich, weiter mag ich nichts sagen, aber man findet sogleich den herrlichen Verfasser in allem, einzelnen und ganzen.«

Nachruhm. Nr. 130a.

Karl Wilhelm Ferdinand Solger (1780–1890) an Tieck (Berlin, 4. 10. 1817):

»Auch im Prinzen von Homburg liegt alles im Charakter, auch hier bildet sich dieser vor unseren Augen in den Situationen und durch sie; aber die Wechselwirkung, die Gleichung zwischen beiden Seiten, die zu den höchsten dramatischen Aufgaben gehört, ist vollkommen erreicht. Es schwebt über dem ganzen Sein und Werden des Menschen der ruhige, großartige, dramatische Blick. Der Prinz, dessen Heldentum uns zuerst nur als eine Träumerei erscheint, wiewohl als eine hoffnungs- und ahndungsvolle, wird durch die Begebenheiten niedergeworfen und erhoben; er wird erst durch das Leben, was er ist, ein Mensch in jeder Bedeutung. Ein herrlicher, echt dramatischer Gedanke, und höchst befriedigend ausgeführt! Am meisten ist die Heiterkeit zu bewundern, die im ganzen Stücke vorherrscht. Sie rührt besonders daher, daß alles in seinem wirklichen, gegenwärtigen Leben aufgefaßt, nichts idealisiert oder mit leeren Redensarten aufstolziert ist. Daher auch das liebe, heimatliche Gefühl, das uns hindurch begleitet. Welche Wirkung müßten auf ein einigermaßen fühlendes Publikum Stellen machen wie die: ›Seltsam! Wenn ich der Dey von Tunis wäre‹ usw. – Das ist etwas anderes, als die hohle Großsprecherei und alberne Treuherzigkeit, die uns sonst für Patriotismus verkauft wird. –«

Nachruhm. Nr. 542.

Ferdinand Grimm an seine Brüder, denen er die Druckbogen des »Prinz von Homburg« gesandt hatte (Berlin, 21. 1. 1820):

»Neues nicht viel: Kleist (es ist mir, als ob Dir der Prinz nicht gefallen) ist wieder liegen geblieben, und wird dagegen die Genoveva [von Tieck], wonach kein Mensch begehrt, wenig verändert, viel gestrichen, groß Oktav gedruckt.«

Nachruhm. Nr. 152a.

Wilhelm (1786–1859) und Jacob Grimm (1785 bis 1863) an Ferdinand (Kassel, 27. 2. 1820):

Wilhelm: »Ich danke Dir für den Prinz von Homburg, das Stück hat mir viel Vergnügen gemacht, es ist sehr trefflich, aber die darauf verwendete Arbeit und Mühe fühlt man doch.«

Jacob: »Der Prinz von Homburg hat mir gefallen, doch ist es von einem Verfasser, dessen Sachen alle gut sind, nicht das wichtigste Werk. Das folgende Stück aus der Hermannischen Zeit wird mir vielleicht weniger zusagen.«

Nachruhm. Nr. 152b.

Wilhelm Grimm an Achim von Arnim (Kassel, 5. 4. 1820):

»Kleists Prinz von Hessen habe ich mit großem Vergnügen [in den Druckfahnen der Tieckschen Ausgabe] gelesen. Der Gegenstand ist sehr geschickt behandelt und wird auf dem Theater großen Eindruck machen. Das Mühsame in der Ausarbeitung fühlt man doch und macht einen vielleicht nicht ungünstigen Gegensatz zu den tiefen und kühnen Zügen; ich habe nirgends schöner die Macht des Gesetzes und die Anerkennung des Höheren, vor dem auch das Gesetz zerfällt, dargestellt gefunden. [...]«

Nachruhm. Nr. 543.

Elisa von der Recke (1756–1833) an Gräfin Finckenstein (Dresden, 22. 4. 1821):

»An Sie, teure Freundin, wende ich mich, um von Ihnen zu erfahren, ob unser Freund Tieck den nächsten Donnerstag [...] die Stunden von 12 bis 5 Uhr freihat; und ob unser Freund mir dann den Genuß geben könnte, in den Mittagsstunden von ihm das Trauerspiel seines Freundes Kleist lesen zu hören. [...] Noch bitte ich auf diesen Fall einige wenige Freunde, die unsern Tieck noch nicht lesen gehört haben, diesen Genuß zu verschaffen. [...] Sie teure Gräfin müssen mir aber die Freude machen, unsern Tieck herzubegleiten, denn es ist mir ein doppelter Genuß, wenn ich bei jeder schönen Stelle auf Ihrem Gesichte die edlen Empfindungen Ihrer Seele lesen kann. –«

Nachruhm. Nr. 544a.

Karoline Bauer (1807–77) in ihren »Memoiren« (erschienen 1881):

»Und wie las Tieck Kleists Trauerspiel – wie ich nie wieder vorlesen hörte! – Zuerst nannte er die Personen – dann nur bei einer neuen Szene. Aber bei Tiecks wunderbarer Lesekunst glaubte man die verschiedenen Akteure vor sich auf der Bühne zu sehen. Vor allem entzückte mich die edle Einfachheit des Vortrags. Da war keine Spur von hohlem Deklamieren oder Stelzen-Pathos.

Tieck las schnell. In der ergreifenden Szene, wo den Prinzen die Angst vor dem offenen Grabe, vor der schimpflichen Hinrichtung martert, da jagten sich seine Worte förmlich – wie Gewitterwolken! Um so größer war die Wirkung, als der Himmel sich klärte – als der Prinz gefaßt ist, auch sein Leben dahinzugeben. Das floß wie erquickender Sonnenschein von des Lesers Lippen.«

Nachruhm. Nr. 544b.

Rudolf Köpke (1813–70) in seiner Biographie »Ludwig Tieck« (Leipzig 1855):

»Von dem hohen Talente H. v. Kleists überzeugt, von seinem tragischen Geschicke tief erschüttert, sah er in der Erhaltung des Andenkens des halbvergessenen Dichters eine unerläßliche Pflicht. Er wollte die Nachwelt zu der Anerkennung nötigen, welche die Mitwelt verweigert hatte. Ihm verdankt man die Erhaltung von Kleists bestem Werke, des ›Prinzen von Homburg‹. Er erinnerte an das einzige noch vorhandene Manuskript, welches unter den Papieren einer hohen Person, die sich einst dafür interessiert hatte [Prinzessin Wilhelm], vergessen worden war. Schon 1821 gab er Kleists hinterlassene Schriften, 1826 die gesammelten Werke heraus.«

Nachruhm. Nr. 127.

Tieck in der Vorrede zu Kleists »Hinterlassenen Schriften« (Berlin 1821):

»Das letzte Werk des Dichters, und welches hier mit der Hermannsschlacht zum erstenmal im Druck erscheint, war der Prinz Friedrich von Homburg. In keiner seiner Dichtungen hat der Verfasser so klar und rein die ganze Fülle seines Geistes abgespiegelt, keines seiner Schauspiele rundet sich so ab und befriedigt so alle Erwartungen, die es erregt. Man sieht hier keine Verstimmung der Seele, nichts Gewalttätiges, kein Zug, keine Szene isoliert, auch geschieht in keinem früheren Stück dem Drama so Genüge. Aus diesem Werke mußte man mit Recht die größten Hoffnungen schöpfen, daß in Kleist ein neuer Genius unsre Bühne betreten würde. [...]
Schon in verschiedenen Perioden unserer Literatur hat man, aus richtigem Gefühl, ein Verlangen nach echt vaterländischen Geschichten und Darstellungen gehabt. [...] Da im Prinzen von Homburg dies Gefühl rein, und die Aufgabe

poetisch durch echte Begeisterung gelöst ist, so darf man hoffen, daß dieses Gedicht nicht nur die Deutschen überhaupt, sondern auch vorzüglich die Landsleute des Verfassers interessieren wird. Könnte das neue Theater in Berlin wohl auf eine würdigere Art eröffnet werden, als mit diesem Schauspiel, welches das Land, die Stadt, die Regenten und das Glück des geliebten Fürstenhauses auf so einfache Weise verherrlicht? Durch ein Werk, welches zugleich an den Enthusiasmus mahnt, der das preußische Volk so stark und siegend gegen den übermächtigen Feind machte, eine glänzende Periode der neuen Geschichte, deren Schimmer noch erfreulich strahlt? Wäre Kleist noch unter uns, und wollte zu einer Feier, von der man doch wünschen muß, daß sie würdig geschieht, ein eigenes Schauspiel dichten, er könnte es nicht glücklicher ersinnen.«

Nachruhm. Nr. 545.

Wilhelm von Schütz (1776–1847) rezensierte in »Hermes oder kritisches Jahrbuch der Literatur« (Nr. 13, Leipzig: Brockhaus, 1822) die 1821 von Tieck herausgegebenen »Hinterlassenen Schriften« Kleists:

»Wenn nun über die Klarheit und Reinheit, mit der sich die ganze Fülle des Kleist'schen Geistes auf eine sich vollkommen abrundende, alle erregte Erwartungen befriedigende Weise im Prinzen von Homburg abspiegelt, und wenn über die im ganzen Stücke vorherrschende Heiterkeit Tieck und Selger [Solger] sich völlig einstimmend erklären, so liegt es keinesweges fern, dieses Drama als eine Versöhnung jener innern Traumwelt mit dem wirklichen Leben zu nehmen, die sich durch Natalien vollbringt. Durch sie wird Friedrich von Homburg über den Abgrund hinüber geleitet, der ihn überall anblickte, wo die Grenze seiner schönen Welt der Träume und des Wahns, in der allein er bisher gelebt, zu Ende ging.

Werden die Hauptpersonen des Stücks einer Musterung unterworfen, so ist diesen die Kurfürstin kaum beizuzählen. Liebe zum Gemahl und zur Nichte, die sie als Tochter betrachtet, so wie zu dem ihrer Pflege anvertraut gewesenen Friedrich, füllt ihr ganzes Herz aus. Es treten also nur hervor der Kurfürst, der Prinz, Kottwitz und Natalie. Offenbar neigt sich der Kurfürst eben so sehr zum Humor, zur

Phantastik, ja zu einer gewissen Sophistik, wie Kottwitz ihm gegenüber einen Charakter behauptet, in welchem Alles ganz, vollkommen und unerschütterlich im höchsten Grade feststeht; er scherzt nie mit dem Leben. Natalien aber macht das so ausnehmend schön und mädchenhaft, daß im Innersten ihrer Seele, ohne daß sie es sagt und weiß, Nichts wohnt denn die Wahrheit und Wirklichkeit. Sie meint, Alles müsse in der Welt auch so seyn, wie sich es darstellt. Der stille Reiz ihres Wesens ist der, daß sie gar keine Poesie in sich hat, Nichts weiß von einer Erhebung des Gemüths, die vorübergeht, Nichts weiß von schönen Bildern und Träumen, die verrauschen. Der Prinz dagegen gibt deshalb die einnehmendste Erscheinung eines muthigen Jünglings, weil sein ganzes Heldenthum bis jetzt weit mehr ein schönes poetisches Feuer, blühende Imagination und aufgeregtes Gefühl, wie wirklich geprüfte inwohnende Kraft und Natur ist. [...] Nachdem im vierten Act für den herzzerreißenden Blick, welchen Friedrich von Homburg Natalien in das Leben und den Menschen thun lassen, er von ihr mit dem Blick in eine Kraft der Wirklichkeit ganz anderer Art belohnt, nachdem er von ihr in dem Maße gestärkt, wie sie durch ihn niedergeworfen worden, und der Punct überschritten ist, wo die Leerheit des Phantastischen besiegt worden, erfaßt und erfüllt uns der fünfte Act mit aller Kraft und allem Interesse der Wirklichkeit. Der Kurfürst selbst kömmt nun mit der nicht ganz wegzuleugnenden Halbheit seines Wesens in einiges Gedränge. Kottwitz bringt das Verhältniß zur Sprache, wie der militairische Formalismus, der, mag er auch noch so nothwendig seyn, doch nur Formalismus bleibt, im Gegensatz zum echten und wahrhaft vaterländischen Gefühl in der Brust des Kriegers sich verhalte; ja der Kurfürst muß einsehen, daß er nicht minder einem Abwege nahe war, wie der Prinz, obwohl auf andere Weise. Die entschiedene Festigkeit und Tüchtigkeit der Natur des Kottwitz steht ihm fast eben so entgegen und wirkt fast eben so auf ihn, wie der Nataliens auf Friedrich. Kurz, die gegenseitigen Täuschungen sind verschwunden und zerstreut.

Helmut Sembdner: Schütz-Lacrimas. Das Leben des Romantikerfreundes, Poeten und Literaturkritikers Wilhelm von Schütz (1776 bis 1847). Berlin: Schmidt, 1974. S. 233, 236 f. [Zit. als: Sembdner: Schütz-Lacrimas.]

2. 1821–1828: Die erste Bühnenwirkung

3. Oktober 1821: Uraufführung am Wiener Burgtheater unter dem von der Zensur geforderten Titel »Die Schlacht von Fehrbellin«; Regie: Josef Schreyvogel; nach vier Wiederholungen auf Betreiben des Erzherzogs Karl abgesetzt.
15. Oktober 1821: Aufführung in Breslau mit sechs Wiederholungen.
5. November 1821: Aufführung in Frankfurt a. M. mit einer Wiederholung.
6. Dezember 1821: Aufführung am Dresdener Hoftheater nach publizistischer Vorbereitung durch Tieck (»Über die bevorstehende Aufführung des Prinzen von Homburg«, in: »Abend-Zeitung«, Dresden, Nr. 288 vom 1. Dezember 1821).

Caroline Pichler (1769–1843) an Therese Huber in Stuttgart (Wien, 11. 2. 1822):

»Ja, *diese Schlacht von Fehrbellin!* Sie hat hier viel Redens gemacht. Ihr Urteil war mir eine Art Triumph. Das Publikum hatte sich bei der ersten Vorstellung bestimmt ausgesprochen. Nun erhoben die Rezensenten (eine Clique, die jetzt fest zusammenhält und als die Stimme eines einzigen, auf mehrfache Art ausgesprochen, angesehen werden kann) ein recht ungezogenes Geschrei und warfen uns Wienern mit großer Insolenz unsern Mangel an Bildung und richtigen Geschmack vor. *Tieck* hatte das Stück gelobt, so wie alle Werke von Kleist. Das ist *seine* Ansicht und geht uns übrigens nichts an. Aber die Direktion, von Herrn Schreyvogel geleitet, ließ sich durch das Urteil jenes Koryphäen bestimmen, – das Stück mußte gut, ja trefflich sein, und sollte Glück machen. Es machte keines, ja es wurde ausgezischt – nun lag die Schuld an der Unempfänglichkeit der Wiener, an unserer Dummheit, Roheit usw. In Dresden bearbeitete Tieck, gewarnt durch das Schicksal, welches sein mondsüchtiger Held hier erlebt, das Publikum schon eine Weile vor der Aufführung. Man sagte es den Dresdnern vor, daß sie das Stück gut finden müßten, um nicht auch für *Phäaken* oder *Abderiten* gehalten zu werden. [...]
Graf Thurns Urteil ist das aller gebildeten Militärs, mit

denen ich gesprochen, überhaupt aller gescheuten Leute, außer jenen, die aus Ursachen, welche ihnen selbst am besten bekannt sind, es mit den Rezensenten oder der Direktion zu halten beflissen sind. Überhaupt ist dies Rezensentenwesen hier zu einem erbärmlichen Manoeuvre herabgesunken.«

Nachruhm. Nr. 547.

Elise von Hohenhausen (Fußnoten von Amadeus Müllner, 1774–1829) im »Morgenblatt für gebildete Stände« (Stuttgart, 22. 3. 1822):

»Der Prinz von Homburg, oder die Schlacht bei Fehrbellin ist die bedeutendste seiner hinterlassenen dramatischen Arbeiten. Der große Kurfürst darin ist eine herrliche majestätische Figur, William Shakespears würdig,* und Prinzessin Natalie eine erhabene liebliche Huldin; weniger ist Referent mit dem Helden des Stücks, dem Prinzen selbst, zufrieden. [...] Kleist hat seinen Helden in der tiefsten Erniedrigung, gleichsam im Abgrund des Schicksals darstellen wollen, um seine Demütigung und das daraus entstandene Aufwachen seines bessern Menschen uns vorzuführen – aber nur von außen muß die Demütigung kommen, das bessere Selbst muß mit ihr zugleich erwachen. [...] Seume sagt: Wer nichts lieber hat als das Leben, der liebt das Leben nicht mehr. Selbst der heldenmütige Posa ruft aus, als Isabellens ganze Huld ihm wird: Königin! o Gott, das Leben ist doch schön! Egmont sagt: ›süße, freundliche Gewohnheit des Schaffens und Wirkens‹: Keiner von allen will leben um des bloßen Lebens willen.
Möglich ist, daß der Mensch in seiner Schwäche unwürdige und strafbare Entschlüsse und Wünsche faßt, aber der Mensch in seiner tiefsten Erniedrigung hört auf ein Gegenstand für die dramatische Kunst zu sein, was zu erbärmlich ist, erweckt auf dem Theater nicht Rührung, aber Unwillen.
Daß der Prinz später von seiner Heldenkraft wieder Besitz nimmt und die ihm gebotene Begnadigung ausschlägt, versöhnt das Publikum so wenig mit ihm, als eine gefallene

* Daran fehlt gewaltig viel.

Jungfrau je durch den tugendhaftesten Wandel ihre Schmach gänzlich löschen kann.*«

Nachruhm. Nr. 548.

Karl August Böttiger (1760–1835) veröffentlichte im »Literarischen Conversations-Blatt« (Nr. 6, Leipzig 8. 1. 1822) einen »Blick auf das Dresdner Hoftheater und seine neueste Gestaltung«:

»Die Wohlthätigkeit dieser neuen Einrichtungen hat sich alsbald durch die höchstgelungene und vollendete Aufführung des mit dem Kleistschen Theaternachlaß von L. Tieck herausgegebenen *Prinzen von Homburg* bewährt. Dies hochpoetische, geist- und gemüthreiche Vermächtniß eines in Unmuth untergegangenen und doch sehr hochherzigen Dichters, eine wahre Bereicherung unsrer deutschen Bühne, die in scheinbarem Ueberfluß an der Auszehrung krankt, hat auf dem Burgtheater in Wien durch Unlust und Unempfänglichkeit der Schauspieler vorlaute, der schönen Entwickelung ungeduldig voreilende Verdammungsurtheile

* Das mag sein, das Publikum des Wiener Burgtheaters scheint ebenso gefühlt zu haben; aber das widerlegt Tiecks (des Herausgebers) vorwortliche Meinung nicht. Dieser Zug ist genial, es ist ein Zug an der Hülle, welche die Mysterien der menschlichen Gebrechlichkeit verhüllt, ein poetischer Beweis des Paradoxon, daß ein Held, der eben eine Batterie erstürmt hat, vor einem Knotenstocke zittern kann. Nur ist die Darstellung dieser Wahrheit hier *dramaturgisch* deplaziert, sie *dient* dem Hauptzwecke nicht, sondern sie *widerstreitet* demselben. Setzen wir einmal einen andern Hauptzweck, einen rein *tragischen*; so wird sich die Ansicht bald ändern. Der Prinz z. B. soll *fallen* als Opfer eines pedantischen Militärsystems, welches alle *Helden*tugend im blinden *Gehorsam* sucht. Er kämpft gegen dieses Geschick, er *trotzt* demselben, als er nicht mehr hoffen kann, ihm auszuweichen, er geht hin, seinem despotischen Richter den Fluch des durch seine Tat geretteten Vaterlandes als Erbteil zu hinterlassen. Da sieht er sein Grab, der Todesschauer, das Fieber der sinnlichen Natur wirft seinen Heldengeist zu Boden, die *augenblickliche* Feigheit bettelt knechtisch um das nackte Leben, und der befriedigte Herrscherstolz *begnadiget* ihn. Jetzt erst, mit dieser Begnadigung, ist sein *tragisches* Todesurteil gesprochen. Mit dem Bewußtsein *dieser* Anwandlung von Feigheit, ob sie auch aller Welt verborgen bleibe, kann er nicht leben; weil sein Mut nicht aushielt, um das Unrecht zu ertragen, ist das Unrecht gegen ihn zum Recht geworden: er *fordert* nun den Tod, gibt sich ihn selbst, wenn er versagt wird, und versöhnt uns mit der sinnnlichen Schwachheit durch den Anblick sittlicher Stärke, die als ihre eigne, unerbittliche Richterin erhaben über alle menschlichen Tribunale hinauf tritt. Man prüfe, ob in solcher Verbindung der angefochtene Zug nicht vollkommen an seiner Stelle sein würde. [Adolf] M[üllner].

und mancherlei Mißverständnisse ein arges Mißgeschick erfahren. Und hatte auch die verständige Direction dem Vorurtheil muthige Entschlossenheit entgegengesetzt und bei wiederholter Vorstellung alle Ungunst zum Schweigen gebracht, so war doch die Blüthe gebrochen und der erste Eindruck der vorherrschende geblieben. Es macht unserm Generaldirector Ehre, daß er, durch kein Vorurtheil über die innere Güte des Stücks geblendet, durch die Aufführung eines echt brandenburgischen Nationalstücks auf einer sächsischen Bühne, der Gestaltung desselben auf dem königl. Theater in Berlin rücksichtslos voreilte und, soviel an ihm war, jede Scheidewand, die Deutsche von Deutschen trennt, niederriß. [...]
Ein junger genialer Tonkünstler, jetzt auch der unsrige, Maria von *Weber's* Günstling, *Marschner*, hatte die Ouvertüre, Zwischenacte und übrige zur Handlung gehörige Musik so zweckmäßig componirt, daß dadurch überall bei den Zuschauern die erforderliche Stimmung angeregt oder auch fortgeleitet wurde; und da sie beim Schluß eines Actes noch vor gesenktem Vorhang schon einfiel und so bis zum schnellen Wiederaufzuge fortspielte, so gestaltete sich dadurch die ganze Vorstellung zu einem wahrhaft organischen Ganzen, ohne alle fremdartige Unterbrechung, Ein Guß, Ein Strom der Rede und des Klanges.«

Sembdner: Schütz-Lacrimas. S. 244, 247.

Heinrich Heine (1797–1856) in »Briefe aus Berlin« (»Rheinisch-westphälischer Anzeiger«, Dortmund, 15. 2. und 19. 4. 1822):

»Seltsam! – Wenn ich der Dei von Tunis wäre,
Schlüg' ich bei so zweideut'gem Vorfall Lärm.
Kleists ›Prinz von Homburg‹

Berlin, 26. Jan. 1822. Julius von Voß hat wieder ein Stück geschrieben: ›Der neue Markt.‹ Sein Lustspiel ›Quintus Messis‹ wird nächste Woche gegeben. *Heinrich von Kleists* ›Prinz von Homburg‹ wird nicht gegeben werden.
Berlin, 16. März 1822. Es ist jetzt bestimmt, daß das Kleistische Schauspiel ›Der Prinz von Homburg oder die Schlacht bei Fehrbellin‹ nicht auf unserer Bühne erscheinen wird, und zwar, wie ich höre, weil eine edle Dame [Prinzeß Wilhelm v. Preußen] glaubt, daß ihr Ahnherr in einer unedeln

Gestalt darin erscheine. Dieses Stück ist noch immer ein Erisapfel in unsern ästhetischen Gesellschaften. Was mich betrifft, so stimme ich dafür, daß es gleichsam vom Genius der Poesie selbst geschrieben ist, und daß es mehr Wert hat, als all jene Farcen und Spektakelstücke und Houwaldsche Rühreier, die man uns täglich auftischt.«

Nachruhm. Nr. 553.

Ludwig Robert (1778–1832) im »Morgenblatt für gebildete Stände« (Stuttgart, 29.–31. 1. 1823):

»Lange hatte sich die Direktion unserer normal-deutschen Bühne gesträubt, den Prinzen von Homburg zur Darstellung zu bringen. Zwar lockend war es genug, ein neues Stück von einem namhaften Autor zu geben, für das man, da es gedruckt war, kein Honorar zu zahlen brauchte, aber es hatten sich der Stimmen zuviel gegen dasselbe und insbesondere gegen die momentane Todesfurcht des Prinzen erhoben, so daß es den wenigen, die hierüber anders gesinnt waren, äußerst schwer ward, die Direktion zu einem Versuche zu bewegen. Endlich geschah es, und das Haus war überfüllt, meist von Neugierigen, die sich an dem Fallen des Stückes ergötzen wollten; denn beschlossen hatten dessen leidenschaftliche Gegner (schlagfertige Studenten und junge leicht-empfindliche Militärs, aufgehetzt von einigen unglücklichen dramatischen Versuchern) das Werk eines Heinrich von Kleist – auszulachen! – Über dieses Plänchen wurde eben geflüstert, als der alte Maler Eulenböck [Gestalt aus Tiecks Novelle ›Die Gemälde‹] sich an den geadelten Kaufmann wendete und ihn mit äußerster Höflichkeit bat, ob er nicht die Gnade haben wollte, ihm zu sagen, weshalb denn eigentlich das Stück ausgelacht werden sollte? ›Und das wissen Sie nicht?‹ fragte jener, indem er sich vor Lachen ausschütten wollte, ›denken Sie nur! das Stück ist ein Heldenstück, und der Held darin, nach dem auch das Stück heißt, der hat Furcht, Furcht vor dem Tode! Ich begreife garnicht, wie ein Held sich vor dem Tode fürchten kann.‹ – Und Sie? fragte Eulenböck trocken. – ›Nun ich? Bin ich denn ein Held? Ich bin ja nur ein Mensch‹, erwiderte verlegen der Kaufmann. [...]
Während dieser Reden hatte der Kavallerie-Lieutenant und

der Redakteur der Kunstzeitung sehr eifrig über die Verwerflichkeit des Kleistschen Dramas gesprochen und sich gegenseitig in allen Stücken Recht gegeben. Jetzt rief aber der Lieutenant: Nein, da muß ich bitten, da sind Sie ganz falsch unterrichtet! In Berlin wird das Stück bestimmt nicht gegeben; ich habe noch gestern einen Brief von dort bekommen, von einem Vetter von mir, und der schreibt, daß in keinem Falle etwas daraus wird. Sehen Sie mal! In einem militärischen Staate, wie Preußen, ist es erstlich ganz unmöglich, einen Offizier auf das Theater zu bringen, der so wenig point d'honneur im Leibe hat, daß er um sein bißchen Leben bettelt, das würde unseren ganzen Stand ridikülisieren und das geht nicht. Zweitens aber ist die ganze Sache nicht wahr; der Prinz von Homburg war ein sehr tapferer Herr und ist dafür berühmt in der Geschichte. Drittens soll eigentlich gar kein Vorfahre von hohen Häusern auf dem Theater erscheinen, am allerwenigsten aber, wenn ihn der Dichter so verächtlich darstellt. Das hieße wahrhaftig wenig Ehrfurcht haben vor den hohen Anverwandten des berühmten Helden, wenn man verlangen wollte, daß sie dergleichen ruhig aus der Loge mitansehen sollten. – ›Und gerade in Berlin sollte dies Stück gegeben werden!‹ sagte mit ernstem Ton der Publizist, ein ältlicher Mann, der bisher kein Wort gesprochen, sondern eifrig in Kleists hinterlassenen Schriften gelesen und viele Stellen mit Bleistift angestrichen hatte. ›[...] Denn der erlauchte Held des Stückes ist hier so hoch verherrlicht, wie ihn die Geschichte, die seiner kaum erwähnt, nicht verherrlichen konnte. Gerade daß ihn der Dichter erst alle Schrecknisse eines gewaltsamen und gewissen Todes und Grab und Verwesung in ihrer ganzen Gräßlichkeit von Angesicht zu Angesicht sehen und davor zusammenstürzen läßt, erhöht und verstärkt seine spätere Erhebung, seinen Sieg über den ihm wohlbekannten Tod. [...] Ich kann daher nicht glauben, daß die erlauchten Sprossen des Homburgischen Fürstenhauses, die an dem Berliner Hofe leben, und dort wegen ihres hohen Kunstsinnes mit Recht so sehr gepriesen werden, daß diese jemals von diesem echt-vaterländischen Stücke unangenehm berührt werden könnten; da es im Gegenteil ihnen gewiß eine hohe Genugtuung ist, ihrer Vorfahren einen so glänzend und von einem so kräftigen

Genius verherrlicht zu sehen.‹ – Und doch – begann der Lieutenant etwas weniger sicher als zuvor – doch wird niemals das Stück in Berlin gegeben werden; denn die ......
›Vergeben Sie mir‹, fiel hier der Publizist ein, ›ich muß Sie unterbrechen, in der Besorgnis, daß Sie etwas nacherzählen möchten, welches ich – aus Ehrfurcht vor einem schönen und erhabenen Gemüte – nie und nimmermehr glauben werde. [...]‹
Es bleibt uns nichts zu sagen übrig, als daß dieses Drama bereits siebenmal bei gefülltem Hause auf unserer Normalbühne gegeben worden und mit jeder Darstellung sich immer mehr Freunde und Verteidiger erringt.«

Nachruhm. Nr. 554b.

H e i n e in »Reisebilder« (2. Teil, Hamburg 1827):

»Mögen berlinische Gardeleutnants immerhin spötteln und es Feigheit nennen, daß der Prinz von Homburg zurückschaudert, wenn er sein offnes Grab erblickt – Heinrich Kleist hatte dennoch ebensoviel Courage wie seine hochbrüstigen, wohlgeschnürten Kollegen, und er hat es leider bewiesen. Aber alle kräftige Menschen lieben das Leben. Goethes Egmont scheidet nicht gern ›von der freundlichen Gewohnheit des Daseins und Wirkens‹. Immermanns Edwin hängt am Leben ›wie'n Kindlein an der Mutter Brüsten‹, und obgleich es ihm hart ankömmt, durch fremde Gnade zu leben, so fleht er dennoch um Gnade: ›Weil Leben, Atmen doch das Höchste ist‹.
Wenn Odysseus in der Unterwelt den Achilleus als Führer toter Helden sieht und ihn preist wegen seines Ruhmes bei den Lebendigen und seines Ansehens sogar bei den Toten, antwortet dieser:

›Nicht mir rede vom Tod ein Trostwort, edler Odysseus!
Lieber ja wollt' ich das Feld als Tagelöhner bestellen
Einem dürftigen Mann, ohn Erbe und eigenen Wohlstand,
Als die sämtliche Schar der geschwundenen Toten beherrschen.‹«

Nachruhm. Nr. 555.

Heinrich Gustav Hotho (1802–73) in »Jahrbücher für wissenschaftliche Kritik« (Berlin, Mai 1827):

»Indem nun in unserem Schauspiel Verhältnisse der wirklich vorhandenen sittlichen Welt ihr Recht geltend machen, so hat denn *Tieck* auch den ganzen Inhalt auf diese dargestellte Wirklichkeit und auf die richtige Frage, was Subordination sei, und ob sie nicht in einzelnen Fällen verletzt werden dürfe, beschränkt. Dadurch kann Tieck denn freilich die Art und Weise, wie Kleist das Vergehen des Prinzen motiviert, als Nebensache ansehen und sagen, daß diese Schwäche dem Werke nichts von seiner Würde und Einheit nehme. Aber gerade diese Schwäche, das Verhältnis nämlich des träumenden Hellsehns und des verständigen wachen Bewußtseins, und *nicht* die Frage, was Subordination sei, macht den Inhalt des Dramas aus, und das Umgekehrte behaupten, heißt wiederum ganz den Geist unseres Dichters verkennen. [...]«

Nachruhm. Nr. 556.

Willibald Alexis (1798–1871) im »Berliner Conversations-Blatt« (11. 8. 1828):

»Auf allen deutschen Theatern, hinab bis zu denen, die umherziehend in den Winkeln ihr Dasein zu fristen suchen, war Kleists Prinz von Homburg gespielt worden. Das ernste Drama, mit wenig Handlung, ohne Überraschungen, nichts als die Poesie der Auffassung, als die Wahrheit der Charaktere, der historischen Bilder bietend, war ein Lieblingsstück geworden, wie das Käthchen von Heilbronn, von der Donau bis zur Ostsee, von der Weichsel bis zum Rheine. Die Schauspieler sprachen mit Entzücken von den Rollen; man reiste darauf. Nur in der Stadt, für die es des Dichters glühende Vaterlandsliebe geschrieben, hatte man von Jahr zu Jahr gezaudert. Nur in Berlin wurde nicht das Drama gegeben, gedichtet zur Feier der ersten Schlacht, welche brandenburgischen Siegerruhm über die Welt verbreitete, der Schlacht bei Fehrbellin, fast vor Berlins Toren geliefert. [...]
So, entblößt von seiner Poesie, gegeben, würde der Prinz von Homburg auf den Theatern, welchen das patriotische Interesse fremd ist, weniger Glück gemacht haben. In Ham-

burg oder in Frankfurt wäre es ein gutes Reiterstück mehr. Aber bei uns, auch ohne den Duft und die Farbe, ist so viel Metall darin, daß es hell strahlt und einen vollen Klang gibt. Das ist die rechte Auffassung des Vaterländischen. Da ist kein falscher Pathos, kein ängstliches Spielen mit hohlen Reden. Eine nackte kernige Sprache, derbe Worte, wie sie ziemen dem Lande, in dessen gesunder Luft keine aromatischen Düfte einer üppigen Vegetation sich mischen. Die Kraft der Gesinnung, die Sprache der Tat, die Milde der Freiheit atmen durch. Alles kurz, klar, natürlich. Jedes Kind weiß voraus, daß der Kurfürst den siegenden Prinzen nicht wird erschießen lassen, es weiß alles, was kommen wird, und doch ist das Interesse gespannt, doch will man keine Rede verlieren. Es ist alles erfunden vom Dichter, was wir die Handlung nennen, [...] und doch ist alles wahr. Das war die Aufgabe eines Dichters.
Der Prinz von Homburg wurde im heißen Sommer gegeben, so mancher Umstand ließ die Freunde des Stückes fürchten. Die Klippen sind umschifft, und die lebendige Teilnahme des gebildeten Berlins klagte durch den rauschenden Beifall, daß wir so spät erst das vaterländische Stück gesehen.«

Nachruhm. Nr. 557.

In Berlin wurde der »Prinz von Homburg« am 25. Juli 1828 zum erstenmal aufgeführt. Nach der dritten Vorstellung befahl der König, daß das »gestern aufgeführte Stück niemals wieder gegeben werden soll«.

Achim von A r n i m (1781–1831) an Bettina (Aachen, 27. 8. 1828):

»Das Theater besuche ich hier aus einem Gefühle der Pflicht, und die alten Stücke gefallen mir sehr gut, besonders Papageno und Papagena. Kleist's Prinz von Homburg wurde recht gut gegeben, das Stück hat unleugbar eine herrliche Seite, es tritt kühn der angenommenen Heldenmaske entgegen, reißt sie ab und zeigt, daß unter der Maske doch noch ein wirklicher Held leben kann. Verschiedene Dialekte, Wienerisch und Berlinisch, kreuzen sich zuweilen.«

Werner Vordtriede (Hrsg.): Achim und Bettina in ihren Briefen. Bd. 2. Frankfurt a. M.: Suhrkamp, 1961. S. 757.

3. 1829–1870: *Die Aufnahme in den Kanon von Kritik, Literaturwissenschaft und Ästhetik*

Georg Wilhelm Friedrich Hegel (1770–1831) in »Jahrbücher für wissenschaftliche Kritik« (März 1828):

»[...] Kleist leidet an der gemeinsamen, unglücklichen Unfähigkeit, in Natur und Wahrheit das Haupt-Interesse zu legen, und an dem Triebe, es in Verzerrungen zu suchen. Der *willkürliche Mystizismus* verdrängt die Wahrheit des menschlichen Gemüts durch Wunder des Gemüts, durch die Märchen eines höher sein sollenden inneren Geisteslebens. – Solger hebt den *Prinzen von Homburg* desselben Verfassers mit Recht über seine anderen Stücke, weil hier alles im Charakter liege und sich daraus entwickele. Bei diesem verdienten Lobe wird indes nicht berücksichtigt, daß der Prinz zu einem somnambulen Kranken gleich dem Käthchen von Heilbronn gemacht, und dieses Motiv nicht nur mit seinem Verliebtsein, sondern auch mit seiner Stellung als General und in einer geschichtlichen Schlacht verschmolzen ist; wodurch das Prinzip des Charakters, wie der ganzen Situation und Verwickelung, etwas Abgeschmacktes, wenn man will, gespenstig-Abgeschmacktes wird. [...]«

Nachruhm. Nr. 279.

Friedrich de la Motte Fouqué (1777–1843) in »Berlinische Blätter für deutsche Frauen« (1830):

»Am schlimmsten unter den Künstlern ist mit dem ehrbaren Landgrafen [von Hessen-Homburg] der dem Unterzeichneten sonst so liebe, nun schon vorlängst und schmerzlich verewigte Heinrich von Kleist in seinem Schauspiele ›Der Prinz von Hessen-Homburg‹ umgegangen. Die an und für sich kräftige, ja ursprünglich durch und durch edle Dichternatur hatte – nach einer seltsam inwohnenden, oder vielleicht auch von Unpoetischen eindemonstrierten Unart – sich es oftmal zum Thema gemacht, das an und für sich Widersprechende in einen sogenannten Flammen-Guß zu verschmelzen. Kalt absichtlich geschürte Flammen jedoch zünden bekanntlich selten, und wenn sie's tun, tun sie's auf nur verderbliche Weise. Heinrich Kleist hatte leider statt des übersprühenden Fürstenkriegers einen weichlichen Träumer hingestellt, nicht des feurigen Helden, nicht auch des feurigen Dichters selber, der voll seltsamer Verblendung aus unkriegrischen Zauberformeln ihn heraufzubeschwören versuchte, auch nur im mindesten wert. –«

Nachruhm. Nr. 559.

Friedrich Hebbel (1813–63) in »Über Theodor Körner und Heinrich von Kleist« (dem Hamburger »Wissenschaftlichen Verein« vorgelegt am 28. 7. 1835):

»Was ist nun der Gedanke, der im vorliegenden Stück die Seele des Prinzen von Homburg, als des Hauptthelden erfüllt? Wir finden ihn im zweiten Auftritt des zweiten Akts ausgesprochen, in der Stelle, wo der Prinz zu Kottwitz, der ihn, den tatendurstigen, auf die kurfürstliche Parole verweist, sagt:

›Auf Ordr'? Ei, Kottwitz, reitest du so langsam?
Hast du sie noch vom Herzen nicht empfangen?‹

Es ist der Gedanke: die Kraft steht über dem Gesetz, und der Mut erkennt keine Schranken, als sich selbst. Kleist *scheint* sich im fünften Auftritt des ersten Akts, womit der fünfte Auftritt des fünften Akts korrespondiert, Mühe gegeben zu haben, nicht sowohl diesen Gedanken, als vielmehr einen bloßen Zufall, nämlich die Unaufmerksamkeit des Prinzen bei Erteilung der Parole, als Hebel des Stücks aufzustellen, allein, er *scheint* auch nur. Denn, wenn er durch *Hohenzollern* auf diesen Umstand auch großes Gewicht legen läßt, so durfte das allerdings geschehen; nur dann aber, wenn der *Prinz selbst* – was nie geschieht – Gewicht darauf gelegt hätte, könnte er Einfluß auf die Ökonomie des Stücks gehabt haben. [...]
Und wahrlich – würde ich hinzusetzen, wenn ich nicht wüßte, daß die poetische Begeisterung in der Kritik sehr lächerlich ist – die Handlung ist mit einer solchen Kraft vorübergeführt, daß diese Tragödie wohl mit einer deutschen Eiche verglichen werden darf, an welcher jeder Zweig üppig grünt und deren Gipfel dem Himmel näher ist, als der Erde. Das ganze Stück enthält – was sich selten von der Arbeit des *größten* Meisters rühmen läßt – nur Charaktere, keine einzige *Figur*, und ich bedaure, daß ich nur den Charakter des Prinzen von Homburg näher ent-

wickeln, an den übrigen aber nur diejenigen Seiten berühren darf, welche mit diesem zusammentreffen.«

Nachruhm. Nr. 563.

Hebbel, »Aus Briefen und Tagebüchern« (Eintragung vom Mai 1838):

»[...] Im Prinzen von Homburg ist es ein meisterhafter Zug, daß der Verdacht: der Kurfürst habe den Prinzen nicht sowohl der auf dem Schlachtfeld begangenen Übereilung wegen, sondern aus einem andern Grunde zum Tode verurteilen lassen, nicht von selbst in des Prinzen Seele aufsteigt, sondern erst durch Zollerns Inquirieren erweckt wird. [...]«

Nachruhm. Nr. 295.

Tieck an Reimer bei der Herausgabe von Kleists »Ausgewählten Schriften« (Berlin, 23. 6. 1846):

»[...] Ich sende Ihnen hier die etwas geänderte und sehr abgekürzte Vorrede. – Senden Sie mir doch ein Exemplar des Prinzen Homburg, in welchem ein einziger Vers[*] zu ändern ist, den der brave Kleist damals wegen der Franzosen verfälschen mußte. [...]«

Nachruhm. Nr. 172a.

Hebbel in »Österreichische Reichszeitung« (Wien, 3./6. 2. 1850):

»Der Prinz von Homburg gehört zu den eigentümlichsten Schöpfungen des deutschen Geistes, und zwar deshalb, weil in ihm durch die bloßen Schauer des Todes, durch seinen hereindunkelnden Schatten, erreicht worden ist, was in allen übrigen Tragödien (das Werk ist eine solche) nur durch den Tod selbst erreicht wird: die sittliche Läuterung und Verklärung des Helden. Auf dies Resultat ist das ganze Drama angelegt, und was Tieck an einem bekannten Ort als den Kern hervorhebt, die Veranschaulichung dessen, was Subordination sei, ist eben nur Mittel zum Zweck. Wenn Tieck noch weiter bemerkt, das Nachtwandeln, womit das Stück beginnt, und die an dies Nachtwandeln geknüpfte

* Vers 594: »Gedrängt von Spaniens Tyrannenheeren«; Tiecks Ausgabe von 1846: »Gedrängt von den Tyrannenheeren Frankreichs«!

Form der endlichen Lösung, verleihe demselben zu seinen übrigen Vorzügen noch den Reiz eines lieblichen und anmutigen Märchens, so kann ich auch damit nicht übereinstimmen. Im Gegenteil, dieser Zug ist als störend zu tadeln, und wenn er, wie im Käthchen von Heilbronn, tief in den Organismus des Werks verflochten wäre, so würde er ihm den Anspruch auf Klassizität rauben. [...] Allein es ist nichts davon abhängig gemacht, das Gebäude hat neben dieser künstlichen noch ganz andere und vollkommen solide Stützen, und wer sich nicht aus Kleinmeisterei dabei aufhalten will, der hat es nicht nötig. [...] Kleist hat einen Schraubenzug in Bewegung gesetzt, wo der einfachste Hebel genügte, aber der Schraubenzug ist mit dem Hebel in Verbindung gebracht, und der Zweck wird vollkommen erreicht, wenn auch nicht durch das nächste und darum beste Mittel. [...]

Es leuchtet wohl jedermann ein, daß uns in diesem Drama auf eine Weise, wie sonst nirgends geschieht, der Werdeprozeß eines bedeutenden Menschen in voller Unmittelbarkeit vorgeführt wird, daß wir in das charakteristische Durcheinander von rohen Kräften und wilden Trieben hinein schauen, aus denen ein solcher meistens hervorgeht, und daß wir ihn von seiner untersten Stufe an bis zu seinem Höhepunkt begleiten, auf dem der ungebändigt schweifende und in seiner Regellosigkeit der Gefahr der Selbstzerstörung ausgesetzte Komet sich in einen klaren, auf sich selbst beruhenden Fixstern verwandelt. Sollte es nun noch eines Beweises bedürfen, daß durch das Werk auch eine ganz einzige Wirkung möglich sei? Wenn es auch nichts, als die tiefe psychologische Enthüllung dieses Werdeprozesses darböte, so müßte eine solche schon eintreten, denn unsere Theaterschriftsteller geben uns schon an und für sich selten genug Gelegenheit, vom Menschen mehr, als die Haut, kennen zu lernen, die freilich bei Napoleon und bei seinem letzten Korporal dieselbe ist. [...]

Eine Frage darf ich jedoch nicht unerörtert lassen, die Frage, wie es denn überhaupt möglich war, daß der Prinz von Homburg bei so hoher Bedeutung und so reicher Lebensfülle bis jetzt so wenig Theaterglück haben konnte. Die Antwort ist leicht. Das große Publikum hat, wie es das Poetische überhaupt gern in das dem Leben Widersprechende setzt, namentlich einen sonderbaren Begriff vom dramatischen Heldentum, und der größte Teil der Kritiker, die es belehren sollen, leider auch. [...] Kleist stieß mit dem Prinzen von Homburg nun noch obendrein gegen einen Fleck, der zu seiner Zeit, wo Theodor Körner die Leute in seinen Trauerspielen ordentlich darum um die Wette laufen ließ, wer zuerst sterben soll, zu den allerempfindlichsten gehört. Todesfurcht und ein Held! Was zu viel ist, ist zu viel! Es war eine Beleidigung für jeden Fähnrich. ›Ein Butterbrot verlangen Sie von mir? Das geb' ich Ihnen nicht! Aber mein Leben mit Vergnügen!‹«

Nachruhm. Nr. 565.

Wilhelm von W a r t e n e g g (1839–1914) teilt Äußerungen von Franz G r i l l p a r z e r (1791–1872) über den »Prinz von Homburg« mit (Wien, 21. 11. 1860):

»Wenige Wochen vor diesem Besuch bei Grillparzer war im Burgtheater das Kleistsche Schauspiel ›Prinz Friedrich von Homburg‹ wieder aufgenommen und am 5. Oktober 1860 mit [Josef] Wagner in der Titelrolle, doch wieder ohne Erfolg, gegeben worden.
Als Grillparzer davon sprach, was dem Publikum gefalle oder nicht gefalle, kam er auch auf dieses Stück zu sprechen, und ich will nun aus meinen Aufzeichnungen hiehersetzen, was sich darüber findet.
›Zum Beispiel, es wird jetzt wieder so ein ausgezeichnetes Stück gegeben: Der Prinz von Homburg.
Zuerst, ich war noch bei der ersten Aufführung [1821], ist es gänzlich durchgefallen; jetzt, wie mir Laube selbst versichert hat, sind die Szenen, die mißfallen, sehr gemildert worden, denn man muß dem Publikum nur solche Sachen vorführen, die es glauben kann. [...]
Kleist hat jedoch den Fehler, daß die Übernatürlichkeiten oder Ungewohnheiten, die er uns vorführt, nicht poetischen Ursprungs sind, sondern sich auf körperliche Leiden beziehen. Der Prinz von Homburg fängt mit Somnambulismus an und hört damit auf, und alles, was wir nicht verstehen, hat seinen Grund darin, daß der Schlafwandler im Anfang so plötzlich gestört worden ist.
Aber kein gewöhnlicher Mensch kann sich in den Zustand

eines anderen Menschen denken, der plötzlich aus dem Somnambulismus zum Wachen erweckt wird. Die Mutlosigkeit, die den Prinzen überkommt, wie er sein Todesurteil hört, hat jedenfalls ihren Grund in dem gestörten Schlafwandel.‹ [...]
Er fragte, ob ich in solcher Lage wohl so gebeten hätte, und meinte, er hätte, unter den gleichen Umständen verurteilt, nicht um sein Leben gebeten.
Ich vermute, daß er diesen Eindruck besonders deutlich damals empfing, als er an einer Aufführung des Stückes beiwohnte, denn so läßt sich am besten deuten, daß er fortfahrend nun sagte: ›Was man nicht mitfühlen, nicht glauben kann, das erregt Mißfallen [...] Ist die Stelle eine wichtige, so ist das Stück verloren.‹
Später kam er nochmals auf den Prinzen von Homburg zu sprechen, den man wieder hervorgesucht habe. Wieder trat er gleichzeitig mit seinem Lob für Kleist ein und mit seinem Tadel gegen das, was fehlerhaft sei. Er sagte: ›Trotzdem ich Fehler in dem Stück sehe, so find' ich es doch ausgezeichnet. Lieber als die größte Schönheit selbst einer Schillerschen Sprache ist mir diese einfache, kernige Sprache; lieber, daß die Soldaten mit einfachen Worten reden, als die Schweizer Bauern in, wenn auch noch so poetischen Versen [...].‹«

Nachruhm. Nr. 568c.

Friedrich Theodor Vischer (1807–87) in seiner »Ästhetik« (Stuttgart 1847–58):

»Zu den leichteren Konflikten gehört eine Situation wie die in Heinr. v. Kleists Prinzen Friederich von Homburg, es ist der Widerstreit zwischen Subordination im Krieg und jugendlichem Heldenmut; er wird gelöst durch die schlichte Weisheit und Größe des Kurfürsten.
Allerdings liegt es der modernen Bildung näher, solche humane Ausgleichung [wie am Schluß der ›Antigone‹] in den tragischen Gang selbst aufzunehmen, wie im Prinzen Heinrich [!] von Hessen-Homburg, wo der Kurfürst das Todesurteil ankündigt und nicht vollzieht, wodurch das Ganze glücklich schließt.«

Nachruhm. Nr. 310b.

Julian Schmidt (1818–86) in seiner Einleitung zu Kleists »Gesammelten Schriften« (Berlin 1859):

»Man hat ihm [Tieck] häufig, auch noch in neuester Zeit, nachgesprochen; wir erlauben uns aber die bestimmte Behauptung, daß jener *Akt* sich selbst wegwerfender Feigheit, in Gegenwart der Geliebten (wohl zu unterscheiden von dem *Gefühl*) bei einem Helden unmöglich ist; doppelt und dreifach unmöglich bei einem märkischen Edelmann, einem Offizier jenes Heeres, das Kleist in so prachtvollen Farben schildert! Wenn er möglich ist bei einem Nervenkranken und Somnambulen, so gehören Nervenkranke und Somnambule nicht auf die Bühne, die nur mit gesunden, zurechnungsfähigen Figuren zu tun hat. Als Zeugen rufen wir die Frauen, rufen wir die Kurfürstin und Natalie an: diesen Jüngling, den sie so im Schmutz gesehn, kann das edle Mädchen nicht mehr lieben; von einem so erniedrigten Helden darf der Fürst eine sittliche Aufrichtung des Rechtes nicht erwarten und nicht gelten lassen.«

Nachruhm. Nr. 567.

Wilhelm Dilthey (1833–1911) in seinen Tagebüchern (Eintragung vom 14. 3. 1860):

»Wegen der Beziehungen zu Adam Müller las ich von Heinrich v. Kleist den Prinzen von Homburg. Das gewaltige Spiel mit dem Tode darin – fast der ganze Gegenstand des Stückes – gemahnt sehr an sein schreckliches Schicksal.

Diese Gestalten durchrinnt heiße Leidenschaft; sie sind an Gedanken arm wie der Dichter, von warmblütigen Empfindungen bis zum äußersten wechselnd bewegt: harte, heiße Naturen, die miteinander ringen; das Ganze von einem Übergewicht der Phantasie und Leidenschaft über die eindringende Anschauung der wirklichen Welt, daß es schon darum echt romantisch und Adam Müller sehr verwandt ist. Und doch! Shakespearescher hat niemand in deutscher Sprache ein Stück geschrieben; auch der Götz erreicht diesen großen Stil nicht. Freilich fehlt völlig die Breite der Weltbetrachtung, der spielende, scharfe Verstand, die Tiefe des Gedankens, der ins Unendliche sich verlierende architektonische Hintergrund, der bei Shakespeare

mitten in der Leidenschaft beruhigend wirkt. Vor dieser Gestalt vergessen wir die Welt; keine Anmut, kein Edelmut der Natur scheint mehr auf der Erde zu bleiben, wenn dieser Mensch sie verläßt.
Auch dies ist wieder eins der Stücke, welche ganz auf das gemütliche Motiv des Edelmuts gebaut sind, und dieses daher im besonderen Sinne deutsch. So Minna von Barnhelm, die Komödie, und Don Karlos, die Tragödie des Edelmuts. Alle diese Stücke bringen eine *eigentümliche Rührung* hervor.«

Nachruhm. Nr. 333a.

Dilthey an Luise Scholz (Berlin, Dezember 1860):

»[...] Man muß einige Stellen seines größten Werkes, des Prinzen von Homburg, in welchem seine Phantasie bereits mit den Schrecken des Todes in der Ahnung des Selbstmordes spielt (dieser Punkt ist mir stets ein Indizium gewesen, daß die Tat nichts spät Aufgetauchtes, sondern etwas lang Durchdachtes war), zu diesen Novellen halten, um das Innere recht zu durchschauen, aus dem diese Verzweiflung an der Vernunft in der Welt so hart und kalt und doch so glühend hervorbricht. [...]«

Nachruhm. Nr. 333b.

Gustav Freytag (1816–95):

»[...] daß ein wichtiger Uebergang, eine folgenschwere Reihe von Stimmungen verschwiegen bleibt. Ein bekanntes Beispiel solcher Lücke ist im Prinzen von Homburg, gerade dem Stück, worin der Dichter eine der schwierigsten scenischen Aufgaben, die Disposition zu einer Schlacht und die Schilderung der Schlacht selbst, vortrefflich gelöst hat. Der Prinz hat seine Haft leicht genommen; als sein Freund Hohenzollern ihm die Nachricht bringt, daß sein Todesurtheil zur Unterschrift vorliege, wird seine Stimmung allerdings ernst, und er beschließt die Verwendung der Kurfürstin zu erbitten. Und in der nächsten Scene stürzt der junge Held kraftlos, haltungslos zu den Füßen seiner Gönnerin, weil er auf dem Wege zu ihr, wie er erzählt, beim Fackelschein an seinem Grabe arbeiten sah; er fleht um sein Leben, wenn er auch schimpflich abgesetzt werde.

Dieser unvermittelte Sprung zur feigen Todesfurcht verletzt an einem General auf das peinlichste. Er ist sicher an sich nicht unwahr, wenn wir auch von einem Feldherrn unter solchen Umständen ungern Haltlosigkeit ertragen. Und das Drama forderte die stärkste Niederdrückung des Helden, gerade die Muthlosigkeit ist der entscheidende Punkt des Stückes, zu dem der Held in seiner Befangenheit stürzen muß, um sich in dem zweiten Theil der Handlung würdig zu erheben. Es war deshalb eine Hauptaufgabe, die Herabstimmung einer jugendlichen Heldennatur bis zur Todesfurcht vorzuführen und zwar so, daß die Theilnahme des Hörers nicht durch Verachtung weggeblasen wurde.«

Freytag: Die Technik des Dramas. Leipzig: Hirzel, 1863. S. 63 f.

Julian Schmidt in seinen »Studien über die romantische Schule« (Leipzig 1870):

»[...] Die Schönheiten und die Fehler des Stücks sind so eng ineinander verflochten, daß es unmöglich ist, die helfende Hand anzulegen. Auf dem Theater (wo nicht gerade ein gebildetes Publikum, das zu abstrahieren gelernt hat, die Zuschauerräume besetzt) wird es nie von großer Wirkung sein. Der Instinkt der Menge läßt sich gerade darin nie irren, daß er eine einheitliche Stimmung annähme, wo keine vorhanden ist. Aber als poetisches Werk betrachtet, gehört es trotz seiner Irrungen zu unsern schönsten Schätzen, und abgesehn von dem nationalen Hintergrund, ist der Zauber des Dichters so gewaltig, daß wir in dem was ihm fehlt nur die allgemeine Schwäche der menschlichen Natur beweinen möchten, der auch der Genius nicht entgeht. [...]«

Nachruhm. Nr. 571.

4. 1871–1918: Beurteilung und Funktion im Wilhelminischen Kaiserreich

Theodor Fontane (1819–98) in seinen Aufzeichnungen von 1872:

»Unter allen Gestalten, die ich kenne, erinnert dieser Prinz zumeist an den Grafen Arthur in Herman Grimms ›Unüberwindlichen Mächten‹. Ich glaube, daß es solche Arthurs gibt, und solche Prinzen von Hessen-Homburg gibt es wenigstens *beinah* (einzelne Situationen halt' ich für absolut unmöglich), aber sie *interessieren mich nicht* und *dürfen* überhaupt keinen gesund empfindenden Menschen interessieren. Es sind eitle, krankhafte, prätentiöse Waschlappen, aber keine Helden, Kerle, die in Familie, bürgerlicher Gesellschaft, staatlichem Leben immer nur Unheil gestiftet haben und die immer nur in kranker Zeit oder von kranken Gemütern gefeiert worden sind.

Ein Prinz, ein Reiterführer, ein Held, wenn das Vaterland einem übermächtigen Feinde gegenübersteht, der 50 Jahre lang Europa mit seinem Kriegsruhm gefüllt hat, und der nächste Tag die blutige Entscheidung bringen soll, ein solcher Prinz und Held knöpft die Ohren auf, wenn der Feldmarschall die Dispositionen für den Angriff gibt, und steht nicht schlafwandelnd, geistesabwesend daneben, bloß weil eine Prinzessin, für die er eine Neigung empfindet, in der Nähe steht und einen verlorengegangenen Handschuh sucht. Ich halte solche Situation, zur Ehre der Menschheit, überhaupt kaum für möglich; *ist* sie aber möglich, so gehört sie in das Zeitalter der Sardanapale. [...] Die Schaustellung solcher Kleinheit und Misere in Gestalten, die *erheben* sollen, gehört nicht in die Kunst.

An diesem [Prinzen] verletzt mich das *Unhistorische*, der Umstand, daß mir statt eines *wirklichen* brandenburgischen Helden aus der eisernen Großen-Kurfürsten-Zeit ein moderner, tief in Romantizismus getauchter Held geboten wird, der das persönliche Empfinden, die Willkür und die nervöse Anwandlung über alles andre setzt und trotz Heldenredensarten eigentlich kein Held ist. Noch einmal: er ist unhistorisch und – was die Hauptsache bleibt – für mein Gefühl auch *uninteressant*. Eine eitle, reizbare, fahrige, zwischen äußerster Niedergedrücktheit und Gehobenheit, zwischen Kleinmut und Hochsinn hin und herschwankende Natur kann mich auch interessieren, wenn sie mir *als solche* geboten wird, wenn ich sie aber als Helden, noch dazu als Helden einer bestimmten, durch Markigkeit und Disziplin ausgezeichneten Epoche hinnehmen soll, so verstimmt mich das. All das ist beim Prinzen von Hessen-Homburg der Fall.«

Nachruhm. Nr. 575.

Heinrich L a u b e (1806–84) in »Das Wiener Stadttheater« (Leipzig 1875):

»[...] Der ›Prinz von Homburg‹ hat trotz großer poetischer Reize nie volle Verbreitung gefunden, weil der Charakter des Prinzen als eines Soldaten, welcher der Todesfurcht bis zur Kläglichkeit erliegt, einen gar zu peinlichen Eindruck macht, und weil die Krankhaftigkeit, auch wenn sie noch so poetisch behandelt wird, von der Bühne herab ungünstig anmutet. Nur in Berlin, wo das Stück ein vaterländisches und dynastisches Interesse hat, wurde es eine Zeitlang erhalten. Wenigstens aktweise. Man gab da zuletzt mitunter einzelne Akte, namentlich den Schlachtakt. Das Verbot, Hohenzollern-Figuren auf die Hofbühne zu bringen, trat noch dazu in den Weg. In letzter Zeit ist das Stück auch da ganz verschwunden. [...]«

Nachruhm. Nr. 342.

Hans von W o l z o g e n (1848–1938) in »Neue Monatshefte für Dichtkunst und Kritik« (Berlin/Leipzig 1875):

»Wäre das Homburg-Drama wirklich nur ein ›Schauspiel‹, die dramatische Darstellung einer bedeutenden Begebenheit ohne tragischen Ausgang und ohne komisches Spiel, so hätte es bei der Wichtigkeit des geschichtlichen Hintergrundes auch nur ein *historisches* Schauspiel sein können, als welches wir es nun aber durchaus nicht erkennen konnten. Vielmehr ist sein eigentlicher Stoff eine Liebesgeschichte und sein eigentlicher Zweck die reale und die sittliche Ermöglichung eines Liebesbundes. Die letztere fällt zusammen mit der Entfaltung eines Menschencharakters, dessen Schwächen und Fehler eine Prüfung nötig erscheinen lassen, während zugleich das Ziel der Prüfung die reine Entfaltung des Starken und Guten aus diesen selben Schwächen und Fehlern ist. Eine solche Prüfung unternimmt als ein wohlgemeintes Intrigenspiel wiederum eine einzelne Persönlichkeit, welche jedoch selbst nicht dem ironischen Rückschlage ihrer eigenen Prüfung entgeht. Dies alles ist *komödienartig*, daß es aber eines unserer *besten* ›Lustspiele‹ sei, falls es ein solches ist, das erhellt gerade aus dem sittlichen Ernste und der poetischen Würde, die bei aller Lustspielart dem Drama inne wohnen, aus dem höheren psychologischen Werte der Handlung und aus der tieferen Anlage der handelnden Charaktere [...].«

Nachruhm. Nr. 574.

Berthold Auerbach (1812–82) in »Dramatische Eindrücke. Aus dem Nachlasse« (Stuttgart 1893):

»[...] *Berlin, 12. Mai 1878.* Gestern Kleists ›Prinzen von Homburg‹ in der musterhaft szenierten Darstellung der Meininger gesehen. In der ganzen Versammlung eine gehobene Stimmung durch das glücklicherweise vereitelte ruchlose Attentat auf den Kaiser.
In diesem Stücke ist etwas von dem Granit oder von der Sprödigkeit und Herbheit des norddeutschen Lebens historisch gefaßt, das wie eine Prophetie von der hohen Berufung dieses Volksstammes und seiner Dynastie Zeugnis gibt, und es hat etwas tief Ansprechendes, noch lebende Namen und Geschlechter nennen zu hören.
Das somnambule Spiel ist und bleibt störend, so duftig es auch dargestellt wird, und ich möchte immer wieder wünschen, daß einmal in umfassender Darstellung die Poetik des Traumes, d. h. die Anwendung des Traumes in der Dichtkunst scharf begrenzt würde.
Die ästhetische Charpiezupferei, der ausklügelnde Überverstand hat finden wollen, daß der Kurfürst nach dem heute beliebten Stichworte einen ironischen Beigeschmack habe, oder vielmehr, daß er mit seiner Strenge nur schauspielere, wie man in Schwaben sagt: nur so tue. Das klingt sehr fein, scheint mir aber grundfalsch. Es ist dem Kurfürsten bitterer Ernst, es *muß* ihm bitterer Ernst sein, sonst ist, wie gesagt, alles nur Theaterspielerei. [...]
Ein Meistergriff echter Art ist das Hineinsetzen des Konfliktes in den Helden selber, indem er zum Richter über sich selbst gemacht wird; und die Gärung im Heere, doch gebunden von der Disziplin, ist so wunderbar schön verwendet, so, daß Kottwitz zu einem Typus wird, den die Antike nicht fester kennen konnte. [...]«

Nachruhm. Nr. 577.

Otto von Bismarck (1815–98) zu Ernst von Wildenbruch (Berlin, 13. 10. 1889):

»Ja, Sie haben recht; und solche [realistisch geschilderten] Stoffe wirken stark. Wie wäre es sonst möglich, daß ein so schwächliches Stück wie das von Kleist, der Prinz von Homburg, so wirken könnte? Nur weil es den Großen Kurfürsten behandelt, wirkt es. Denn dieser Prinz ist doch ein schwaches Rohr – mit seiner Todesfurcht. Ich bin ja ein Laie in diesen Dingen und werde mich hüten, meine Ansicht öffentlich auszusprechen; aber ich finde seine Lustspiele besser – den zerbrochenen Krug – und – und – [›und das Käthchen von Heilbronn‹, wirft Wildenbruch ein] ja, – das Käthchen von Heilbronn.«

Nachruhm. Nr. 360.

Franz Mehring (1846–1919) in »Die Lessing-Legende« (Berlin 1893):

»Man glaube übrigens nicht, daß derartige Byzantinismen in der bürgerlichen Literargeschichte vereinzelt dastehen. So feiert Herr Otto Brahm, ›Heinrich v. Kleist‹, irgendein beiläufiges Prinzeßchen, ›die Prinzessin Wilhelm, eine geborene Prinzessin von Hessen-Homburg‹, wie er preislich sagt, als ›hohe Gönnerin‹ [*], weil der verzweifelte Dichter des ›Prinzen von Homburg‹, der einzigen, wirklich dichterischen, aber ebendeshalb unverstandenen Verherrlichung des Hohenzollernhauses, wenigstens von dieser Dame ein Wort der Zustimmung – etwa erhielt? Oh, Gott bewahre! sondern – zu erhalten hoffte, aber nicht erhielt. Mit dieser alleruntertänigsten Gesinnung steht es nicht im Widerspruche, sondern gerade im Einklange, wenn Herr Otto Brahm seine Kleist-Biographie dem Herrn Erich Schmidt mit den donnernden Worten widmet: ›Frisch auf also! Hier haben Sie meinen Kleist; geben Sie uns den Ihren!‹ Lakaienstolz ist immer der groteskeste.«

Nachruhm. Nr. 211.

* Den Passus von der »hohen Gönnerin« tilgte Brahm in der späteren Auflage.

Max Burckhard (1854–1912) in »Die Zeit« (Wien, 9. 12. 1899):

»Am 1. Dez. gelangte im Burgtheater Kleists Schauspiel ›Prinz Friedrich von Homburg‹, das man lange in Wien nicht gesehen hat, wieder zur Aufführung. [...] Wir betrachten heute die Todesstrafe als solche mit andern Augen, als man dies zu Anfang dieses Jahrhunderts getan hat, und immer größer wird die Zahl derer, die empört den Gedanken von sich weisen, daß man einen Menschen ›von Amts wegen‹ töten könne. Wir denken auch etwas anders über Militarismus und die Forderung der absoluten militärischen Disziplin. Wir sind aber nicht weit genug weg von dem Geiste des Potentatentumes, der dieses Stück durchweht, als daß wir es mit rein künstlerischen Empfindungen genießen könnten. Will der Kurfürst im Ernste den Sieger von Fehrbellin töten lassen, weil er ein paar Minuten zu früh den Feind besiegt hat, dann bemüht sich der Dichter in den letzten Akten umsonst, diesen Musterrepräsentanten des Cäsarentums unserm Herzen näher zu rücken. [...]«

Nachruhm. Nr. 580a.

Max Burckhard in »Die Zeit« (Wien, Juni 1901):

»Im Burgtheater hat diese Woche Herr Nissen sein Engagement [...] als Kurfürst Friedrich Wilhelm in Kleists widerlichem, nach Cäsarismus stinkendem Kommißknopfstück ›Prinz Friedrich von Homburg‹ angetreten.«

Nachruhm. Nr. 580b.

Max Burckhard in der »Frankfurter Zeitung« (14. 7. 1901):

»Eine gelegentliche Bemerkung über Kleists ›Prinz von Homburg‹ [...] wurde von einer Anzahl reichsdeutscher Tagesblätter zum Anlasse genommen, teils mit edler Entrüstung, teils mit überlegenem Spotte – für den toten Dichter einzutreten. [...] So war mir denn auch der unfreundliche Widerhall, den meine Worte gefunden, nur ein erfreuliches Zeichen dafür, daß ich den wunden Punkt unserer Zeit getroffen hatte, den ich hatte treffen wollen, wenn ich – mit allerdings etwas drastischen Worten – meinen

Ekel, Haß und Abscheu vor dem *Cäsarismus* aussprach, der im ›Prinzen von Homburg‹ glorifiziert wird. [...]«

Nachruhm. Nr. 580c.

Max Grube (1854–1934) in »Am Hofe der Kunst« (Leipzig 1918):

»[Um 1900 im Hause des Generalintendanten der Kgl. Schauspiele, Graf Hochberg; anwesend Kaiser Wilhelm II., Wildenbruch, Matkowsky, Grube u. a.:]
Ganz von selbst kam die Rede auf die Darstellung des gereiften Kurfürsten im Prinzen von Homburg. ›Das ist ein Lieblingsstück von mir‹, meinte der Kaiser, ›das müssen Sie uns bald bringen.‹ ›Wenn nur die fatale Feigheitsszene nicht wäre‹, äußerte einer der inzwischen hereingetretenen Generaladjutanten. Der Kaiser pflichtete bei und fügte hinzu: ›Aber dieser Auftritt kann ja einfach gestrichen werden.‹ [...] ›Aber, Majestät halten zu Gnaden‹ – diese höfische Wendung fiel mir zum Glücke noch ein – ›das hieße ja das Stück zerstören und ihm einen Angelpunkt ausbrechen!‹
Hierauf gab es eine kleine Stille, der Kaiser sah mich groß an und meinte kurz: ›Wieso?‹
Ich führte nun aus, wie der Prinz uns durch diese Szene menschlich näher rücke, wie es ein überaus feiner Zug des Dichters sei [... usw.].
Der Kaiser folgte mir mit sichtlicher Aufmerksamkeit, erwiderte indessen nichts, wandte sich an einen Herrn des Gefolges und sprach von etwas ganz anderem.«

Nachruhm. Nr. 584.

Der Hofschauspieler Adalbert Matkowsky (1858 bis 1909) in der »National-Zeitung« (Berlin, 31. 5. 1903):

»Es mag verwegen erscheinen, allgemein verbreiteter Ansicht entgegenzutreten, wenn man nicht einen ausdrücklich verbrieften Rechtstitel für den in Frage kommenden Fall besitzt. Trotzdem will ich es wagen und will nachzuweisen versuchen, daß Friedrich Wilhelm in Kleistens Meisterwerk durchaus nicht vom Dichter als der Großherzige und Edle gedacht ist, als der er, dem Urteil der Allgemeinheit folgend, meist dargestellt wird. Ich meine vielmehr, daß der

Kaiser Wilhelm II. im Kostüm des Großen Kurfürsten anläßlich eines Hofballes. Foto: Bildarchiv Preußischer Kulturbesitz, Berlin

Große Kurfürst im ›Prinz von Homburg‹ ein pedantischer Autokrat ist, der in der Ausführung seiner innersten Ansichten und Neigungen nur dadurch gehemmt ist, daß Zeit und Umstände sich ihm nicht eignen, offen und frei ein Tyrann zu sein. Ich bin der – selbstverständlich durchaus unmaßgeblichen – Ansicht, daß ›Prinz Friedrich von Homburg‹ in seiner Art den Kampf der Jugend, die in freien Idealen lebt, gegen das Alter, das in Formalismus und Rechthaberei erstarrt ist, darstellen will und soll. Darum erscheint mir es stets arg mißverstanden, dieses herrliche Kleistische Gedicht an sogenannten patriotischen Festtagen als Feststück zu geben – es ist sicherlich patriotisch; nur eben nicht im landläufigen Sinne. [...] Hätte uns Kleist den Kurfürsten als groß und edel zeigen wollen, er würde leichtlich ihn haben anders handeln lassen können. Vielleicht so, wie der schwärmende Prinz von ihm sich's versieht, ehe ihm grausam die Augen geöffnet sind; wie er sich's träumt nach seinem ›Gefühl von ihm!‹ [...] Hohenzollern und Derffling kannten ihn besser, sie beurteilten ihn, wie er es verdiente. [...]«

Nachruhm. Nr. 582.

Eugen Zabel (1851–1924) in der »National-Zeitung« (Berlin, 22. 3. 1905):

»Als ›Weihe des Hauses‹ hatte man, nachdem der Umbau unserer Hofbühne am Schillerplatz beendigt war, den ›Prinzen von Homburg‹ von Heinrich von Kleist zur Aufführung bestimmt, das poetisch stärkste und bühnenwirksamste aller Hohenzollerndramen. [...] Die jetzige Aufführung des Dramas bewahrte den Charakter einer Hoffestlichkeit, zu der ausschließlich ein geladenes Publikum Zutritt hatte. Der deutsche Kaiser, die Kaiserin, die Prinzessin Viktoria Luise befanden sich mit dem Generalintendanten v. Hülsen in der großen Mittelloge. Der Reichskanzler Graf v. Bülow wohnte mit seiner Gemahlin der Vorstellung in der Seitenloge bei, während die Minister im ersten Rang und die zum Hof gehörenden Damen in den vier vorderen Reihen des Parquetts Platz genommen hatten. [...]«

Nachruhm. Nr. 585a.

Die »Freie Deutsche Presse« schrieb (Berlin, 22. 3. 1905):

»Aber man hielt eine sinnfälligere Apotheose für notwendig. Unter fortdauernder Musik senkten sich undurchsichtige Gazeschleier und nach wenigen Minuten erstand ein ›lebendes Bild‹: hinter dem bronzenen Schlüterschen Kurfürstendenkmal erhebt sich die Treppe von Sanssouci, oben der König, auf den Stufen allerhand Soldateska im Kostüm der Zeit. Diese ›Apotheose‹ bösesten Opernstiles, die man der organisch geschlossenen Dichtung anzufügen für nötig hielt, brachte mehr noch als vieles andere die Weihe des Hauses um ihre Weihe [...].«

Nachruhm. Nr. 585b.

Moritz Heimann (1868–1925) in »Das Theater« (Berlin 1905):

»[...] Von den beiden Auseinandersetzungen, die der Kurfürst zu bestehen hat, ist die mit Kottwitz von jeher berühmt gewesen; die zweite, die mit Hohenzollern, ist in ihrer prinzipiellen Bedeutung noch nicht genügend erkannt.

Modern ausgedrückt, ist der Kampf zwischen dem Kurfürsten und Kottwitz ein solcher zwischen Kantischem und Bismarckschem Geist. [...] Der Kurfürst fühlt sich von Kottwitz getroffen. Durchdrungen davon, daß eine Idee ihn regiere, nicht Willkür, nicht auch Theorie, fühlt er, daß die Idee sich in ihrer Wahrheit nur erweise, wenn sie nicht nur in dem, dem sie nützt, waltet, sondern in jeder zur Sittlichkeit geläuterten Brust; und so erklärt er, an den Prinzen selber appellieren zu wollen und von ihm die Entscheidung zu verlangen.

Während man aber den Prinzen holt, tritt schon die Klärung ein.

Die Auseinandersetzung mit Hohenzollern bringt sie. Was jetzt gegen den Idealismus kämpft, ist, wenn wir uns schmeicheln wollen, wie Kottwitzens Bismärckertum modern: die aus der Undurchdringlichkeit der Kausalität entstehende Unverantwortlichkeit des einzelnen Menschen. [...] Der Mittler kommt, den Prinzen zu entschuldigen. Er erklärt die Tat; er deckt ihre nächste Kausalität auf. Aber den Begriff der Schuld löst er nicht auf; er wälzt sie

nur vom einen auf den andern; er läßt den Fetisch unangetastet; er weiß selber nicht, wohin sein Degenstoß zielt.
Der Kurfürst weiß es. Er fühlt, daß den Prinzen freisprechen heißt: den Schuldbegriff lockern. ›Habe ich schuld an seiner Schuld, so du an der meinen‹ – und so kann es fortgehen, endlos, ins Endlose. Ist das Tun der Menschen eine fest verzahnte Folge von Ursach und Wirkung, so hört die Verantwortung auf.
Und damit hört die Pflicht auf und sinkt die Idee mit zerschnittenen Sehnen gelähmt zu Boden. ›Die delph'sche Weisheit meiner Offiziere!‹
Wem aber einmal die Welt in der Erkenntnis der Notwendigkeit wie in einem Blitze dastand, der kann ohne Sünde den Anblick nicht mehr vergessen; der muß, will er sein Gleichgewicht behaupten, sich umwandeln, sich leise umwandeln, sich sänftigen und trüben.
Und so ist Hohenzollerns Wort, wie ein Gewicht, in des Fürsten Brust gefallen. [...]«

Nachruhm. Nr. 583.

Artur G i e g l e r verfaßte, als »Erläuterungen für die Schule«, ein Buch »Kleist, Prinz Friedrich von Homburg« (Leipzig [um 1910]); aus dem Kapitel »Inwiefern ist Kleists ›Prinz Friedrich von Homburg‹ ein echt nationales Schauspiel?«:

»Der Dichter sieht alle Kräfte vereint, Männer und Frauen, in der großen Sache um das Vaterland. Prophetisch blickt er in die Zukunft. Er träumt von einem großen deutschen Reiche, mächtig und gewaltig. [...] Kleist verherrlicht in seinem Drama die Unterordnung des einzelnen unter das die große Allgemeinheit fördernde Gesetz. [...] Wir wissen aus der Geschichte, daß die prophetischen Worte Nataliens in Erfüllung gegangen sind. Brandenburg hat sich zu einem stolzen Königsreiche emporgeschwungen, hat die Deutschen 1870 geführt zu Sieg und Ruhm und Einheit. Preußens König wurde Deutschlands Kaiser. Deutschlands Erbfeind ist besiegt. [...] Solange wir unter der weisen Führung der Hohenzollern stehen, denen heute wie einst das Wohl Deutschlands am Herzen liegt, die das Heer, die Stütze des Staates, auf der Höhe von Sedan erhalten, in seiner

Kraft und Zähigkeit, solange hoffen wir, daß es heißt: ›Es unterliege der Fremdling, der uns unterjochen will, Und frei auf mütterlichem Grunde behaupte der Brandenburger (Deutsche) sich!‹«

Rolf Busch: Imperialistische und faschistische Kleist-Rezeption 1890–1945. Frankfurt a. M.: Akademische Verlagsgesellschaft, 1974. Anh. S. 10 f. [Zit. als: Busch.]

Franz Mehring (1846–1919) in »Die Neue Zeit« (Stuttgart, 17. 11. 1911):

»Und während in den Kreisen dieser Reformer [Stein, Gneisenau usw.] der Gedanke zu rumoren begann, den unfähigen König zu entthronen, sang Kleist in seinem ›Prinzen von Homburg‹ das hohe Lied der Subordination unter den königlichen Willen. Kleist hat in diesem Drama das halb Unmögliche möglich gemacht, er hat das Altpreußentum in seiner Mischung von Brutalität und Stupidität in die Sphäre der Kunst zu heben gewußt, und bis auf die nachtwandlerischen Neigungen des Helden, die doch nicht so leicht, wie Hebbel meinte, aus dem Organismus des Dramas zu lösen sind, ist der ›Prinz von Homburg‹ reich an künstlerischen Qualitäten; er steht einzig da in unserer dramatischen Literatur durch den kühnen Versuch, schon durch die drohenden Schatten des Todes zu erreichen, was in der Tragödie sonst nur durch den Tod erreicht wird: die sittliche Läuterung und Verklärung des Helden.«

Nachruhm. Nr. 588.

Fritz Schwiefert (1890–1961) in »Die Schaubühne« (Berlin, 17. 9. 1914):

»Hebbels Wort über die Dichtung ist bekannt. Gleichwohl will mir scheinen, daß hier nicht durch die Todesfurcht die tragische Katharsis bewirkt werde, wie sonst durch den Tod selbst, sondern durch die wundervolle Verknüpfung der menschlichen Beziehungen: nicht durch Angst vor einem unrühmlichen Sterben, sondern durch Furcht vor einem unrühmlichen Leben im Hinblick auf den Würdigen, der rühmlich lebt. Im Wechselspiel der menschlichen Beziehungen wird unversehens das Fundament der Persönlichkeit gelegt. Das aber scheint mir ein Gedanke so voll von frohem Glauben, daß er niemals eine Welt mit tragischen Nebeldünsten umwölken könnte. Wie wäre auch ein katastrophaler Zusammenbruch möglich in einem Bezirk, wo so viel Güte, Überlegenheit und wahrhaft kosmische Heiterkeit in eine einzige Menschenbrust hineingeschenkt ist! Wenn wir in andern Dichtungen die Marionetten des Herrgotts tanzen sehn: Hier sehen wir den heiter erhabenen Gottvater selbst, wie er die himmlischen Hände an Schnüre und Figuren legt, und können die ganze Hauptaktion von seiner lächelnden Stirn ablesen. Wenn uns ›Prinz Friedrich von Homburg‹ als schönste vaterländische Dichtung ans Herz gewachsen ist, so wollen wir über seinem waffenklirrenden Ernst nicht vergessen, daß er mit dem viel unheimlicheren ›Zerbrochenen Krug‹ und Lessings pedantischheiterm Soldaten-Lustspiel zu den herrlichsten deutschen Komödien zählt.«

Nachruhm. Nr. 589.

Paul E r n s t (1866–1933) in »Der Prinz von Homburg« (1916/17):

»Wenn man den P. v. H. sieht und nur auf das unmittelbare Gefühl achtet, so wird man beobachten, daß man nicht zu einem einheitlichen Wollen kommt, sondern eine Abfolge verschiedenartiger Gefühle erlebt und an zwei Stellen stark verstandesmäßig angespannt wird, nämlich bei dem Zusammenbruch des Prinzen und in der Schlußszene. Das ist eine Wirkung, wie man sie bei Dichtungen erlebt von der Art etwa wie Ibsens Wildente ist. Die Wildente enthält ein Lustspielmotiv, und nur das mangelnde Stilgefühl des Dichters konnte aus diesem Motiv ein Schauspiel oder eine quasi Tragödie machen wollen. Auch der P. v. H. enthält ein Lustspielmotiv. Kleist hatte davon noch ein dunkles Gefühl, deshalb dichtete er die erste und letzte Szene. [. . .]
Ein Offizier muß gehorchen, er muß doppelt peinlich gehorchen, wenn auf seinem Gehorsam der Ausgang der Schlacht steht. Mag er tausendmal ein liebender Jüngling sein, der gestern abend durch einen Halbtraum der Gegenliebe versichert wurde und nur noch im Rausch lebt; mag

er tausendmal seinen Fürsten auf das innigste verehren und lieben; mag er zu den größten Hoffnungen von der Welt berechtigen: was soll denn werden, wenn ein Offizier in der Schlacht seine Anordnung nicht befolgt? Wir werden seiner liebenswürdigen Menschlichkeit zugeben, daß er ein Unglücklicher ist und nicht ein Verbrecher; aber er muß bestraft werden; und wenn der Tod auf seinem Vergehen steht, dann muß er eben den Tod erleiden. [...] Man kann sich denken, daß Jemand, der nicht organisch genug fühlt, um diesen fürchterlichen Ernst zu verstehen, die Begnadigung verlangen würde. Wie? Die Begnadigung wird hier zu einem Spiel gemacht? Der Kurfürst fühlt sich also nicht vor Gott verantwortlich, er hütet nicht ein Gesetz, dem er selbst unterworfen ist, er handhabt die Todesstrafe wie ein Tyrann nach seiner Laune und macht einen Scherz, indem er den Schuldigen begnadigt, er hätte also auch die Strafe selbst nicht für bittern Ernst nehmen können?
Man nennt den P. v. H. ein Preußenstück? Eine solche tyrannische Launenhaftigkeit, solch gedankenloser Leichtsinn, ein solches Spielen mit einem Menschenleben, und einem kostbaren Menschenleben, soll preußisch sein? Nein, das ist jene elende Romantik, der Nichts heilig ist, die selbst mit dem Höchsten nur spielen kann, weil ihr das Gefühl fehlt und sie nur ein äußeres Wissen von den Dingen hat.«

Ernst: Der Zusammenbruch des Deutschen Idealismus. München: Müller, [3]1931. S. 314 bis 317.

5. *1919–1932: Die Rezeption in der Weimarer Republik*

Hermann Heinze stellte »Aufgaben aus Kleists ›Prinz Friedrich von Homburg‹ und ›Hermannsschlacht‹ und Körners ›Zriny‹« (Leipzig [5]1919, »Aufgaben aus klassischen Dramen, Epen und Romanen«, Bd. 13):

»AUFGABEN ZUR AUSWAHL FÜR AUFSÄTZE UND VORTRÄGE

›Das Gesetz nur kann uns Freiheit geben‹, nachgewiesen am Prinzen von Homburg.

Die siegreiche und segensreiche Gewalt des staatenbegründenden und staatenbildenden Geistes der Hohenzollern als die Grundidee des Dramas.
Das Recht des freien Heldenmutes, der rettenden Tat neben der toten Regel, nachgewiesen an Kleists Prinz von Homburg.
Patriotisches, Romantisches, Individuelles in Kleists Prinz von Homburg.
Mit welchem Recht kann man dem Schauspiel Prinz von Homburg das Motto ›Per aspera ad astra‹ geben?
Inwiefern ist Kleists Prinz von Homburg ein vaterländisches Drama?
Kleists Prinz von Homburg, ein echt preußisches Stück.
Worin ist besonders die brandenburgisch-preußische Grundlage des Dramas zu suchen?
Die nationale Bedeutung des Dramas.
Kleists Prinz von Homburg, eine Verherrlichung des preußisch-deutschen Fürsten- und Königtums.
Kleists Prinz von Homburg, eine Verherrlichung des deutschen Soldatentums.
Wodurch erhebt sich das Drama Prinz von Homburg über den engen Rahmen eines brandenburgisch-preußischen zu der Bedeutung eines nationaldeutschen?
Mit welchem Recht kann Kleists Prinz von Homburg ›eine wundervolle Verherrlichung des preußisch-deutschen Fürsten- und Kriegertums‹ genannt werden?
Kleists Prinz von Homburg als Mahnruf an das Vaterland.
Die Bedeutung der Strafe, nachgewiesen an Kleists Prinz von Homburg.«

Busch. Anh. S. 12 f.

Carl Sternheim (1878–1942) in seinem »Lebenslauf« (1921):

»Zum allererstenmal stieß ich im Kunstwerk dem überall sonst befangenen Menschen die Tür ins Freie auf, während bis jetzt auch in der Kunst, und grade in ihr als des Lebens Krönung, das vom Dichter verantwortlich gemachte Individuum seinen Wert im selbstmörderischen Kampf zwischen Pflichten der Vernunft und Sitte ausschließlich beweist, sich einem dieser beiden, die Menschheit gegen das Individuum rückversichernden Prinzipien nach anfänglichem Aufstand gegen sie regelmäßig unterwirft, im Sinn Goethes der seines Daseins ersten kühnen Wahlspruch:

›Erlaubt ist, was gefällt‹

auch in:

›Erlaubt ist, was sich ziemt‹

feige wandelte, und darum den Tasso sehrieb; während Kleist, Abgott der Plüschkritiker, seinen gegen solche Zwangsvorstellungen meuternden Prinzen von Homburg so in ›Läuterung‹ straucheln läßt, daß *der* aus erreichter Anpassung an logische und moralische Welt schließlich repräsentativ von sich gibt:

›Ich will das heilige Gesetz des Kriegs,
das ich verletzt, im Angesicht des Heers
durch meinen freien Tod verherrlichen!‹«

Sternheim: Das Gesamtwerk. Hrsg. von Wilhelm Emrich. Bd. 6. Neuwied/Berlin: Luchterhand, 1966. S. 218 f.

Alfred Kerr (1867–1948) im »Berliner Tageblatt« (14. 2. 1925):

»Ein Widerspruch, nicht ohne Drolligkeit, ruht in der Stellung heutiger Seelen zu diesem Stück.

Es ist ja (kurz gesagt) sonderlich beliebt und als modern geachtet: wegen der Todesfurcht seines Helden. Der Sinn des Stücks bedeutet aber das Gegenteil [...].

Kleist empfindet offenbar ambivalent: Auflehnung – doch Einordnung auch. Er hat sich noch im Grunde nicht entschieden. Ist noch nicht kühn genug, die Menschenstraße des Individuums, des Ichgeschöpfs, ans Ende zu gehen. Doch er möchte gern [...].

Homburg will im ehrlichsten Augenblick ›nichts als leben‹. Er lügt hier nicht wie die Tapferen, die herzenstreu ›Lever dodt als Sklav‹ schleimen und sich dann schmatzend fortfristen.

Homburg, der Hysteriker, wird vor Glück ›ohnmächtig‹. Homburg, der Hysteriker, fleht bei Tanten kniend um Hilfe. Homburg, der Hysteriker, nimmt von der Natalie

keinen Abschied, weil er, nach dem Heldenentschluß, wieder seinen Umfall fürchtet. Homburg, der Hysteriker, läßt sich von dieser Natalie sein Heldentum erst halb und halb einflößen. Er sagt zuvor offen, weil es um alles geht, daß er auf Natalie pfeift. Sie soll machen, daß sie wegkommt. Und er ist, überdies, Nachtwandler ...
Solche Zwischentöne klingen tiefer, dringender, länger als der Dur-Akkord am Schluß. Ein Muß-Dur.
Den Erfolg der Aufführung macht aber der Dur-Akkord ...«

Nachruhm. Nr. 592.

Arnold Zweig (1887–1968) in seinem »Versuch über Kleist« (Berlin 1925):

»Von der Seele des Großen Kurfürsten aber wissen wir um ein Gran zu wenig, um seines Wesens, und damit des guten Ausgangs dieser herrlichen Komödie, von allem Anfang an vollständig sicher zu sein. Dies ist der einzige Mangel am ›Homburg‹, von ihm her rührt die einzige Hemmung seiner Wirkung, und auch er noch hat zur Kehrseite eine Art Plus; verstärkt sich doch durch ihn unser Gefühl einer fruchtbaren lebensgleichen Undurchsichtigkeit und Dichte, die uns, wie Moritz Heimann gelegentlich subtil dargelegt, den Großen Kurfürsten so sehr als wirklich, so ganz als Menschen entgegenstellt. Denn dieses Drama ist wie der ›Kaufmann von Venedig‹ und ›Maß für Maß‹ der höchste Typus der Komödie: das Leben der Menschen, voll überschaut, als Gegenstand von Rührung und Lächeln eines Gottes, der jene Zwitter aus Geist und Leben nicht anders schaffen konnte als sie sich nun einmal präsentieren. [...]«

Nachruhm. Nr. 591.

Leopold Jessner (1878–1945) in einer »Glosse zur Auffassung des ›Prinzen von Homburg‹« (»Die Scene. Blätter für Bühnenkunst«, Berlin, Oktober 1927):

»Außer Debatte steht, daß Kleists ›Prinz Friedrich von Homburg‹ durch keine Staatsumwälzung berührt werden kann.
Denn wenn auch das äußerlich ›Brandenburgische‹ darin verweht ist, so bleibt die innere menschlich-didaktische

Haltung auch im heutigen, weltanschaulichen Sinn aktuell.
Der Große Kurfürst – enthoben seines Sieges-Allee-Postaments, ist (wie ich es schon einmal bei Gelegenheit einer Volksbühnentagung in Hildesheim formulierte) lediglich das Sinnbild der Staatsautorität, der sich der noch so heldenhaft fortgerissene Einzelwille fügen muß. [...]
Wenn es daher am Schluß fanfarenmäßig heißt: ›In Staub mit allen Feinden Brandenburgs‹, so soll man diese Stelle nicht streichen! Denn es stellt sich automatisch statt des historischen Begriffs ›Brandenburg‹ der des ›Staats‹ in seiner immer ungeschmälerten Gültigkeit ein.«

Nachruhm. Nr. 594.

Robert Walser (1878–1956) in »Heinrich von Kleist« (1927/28):

»Beim ›Prinz von Homburg‹, dem letzten Werk seiner gleichsam fulminanten Feder, angelangt, bin ich mutig genug, mich für berechtigt zu halten, auszusprechen, daß dies Schauspiel mit dem Fehler der Tadellosigkeit geziert sei. Eine allzu saubere Arbeit entbehrt irgendwelcher Wirkung. [...] Merkwürdigerweise wirkt im ›Prinzen von Homburg‹, der wundervoll ist, der Reitergeneral Kottwitz verhältnismäßig ernüchternd.«

Walser: Maskerade. Prosa aus der Berner Zeit (II), 1927/28. Hrsg. von Jochen Greven. In: Das Gesamtwerk. Bd. 9. Genf/Hamburg: Kossodo, 1968. S. 263, 268.

Wilhelm Stapel (1882–1954) in »Das Gesetz. Anmerkungen zum ›Prinzen von Homburg‹ und zu ›Michael Kohlhaas‹« (»Deutsches Volkstum«, Oktober 1930):

»Der Prinz von Homburg ist ein *vollkommener Soldat und Staatsmann.* [...] Zwischen Kriegertum, Staat und Gesetz besteht eine enge Affinität. Der Krieg ist der Vater des Gesetzes. Vom Heerlager ist das ›Gesetz‹ zuerst ausgegangen. Der Gesetzesstaat ist recht eigentlich ein Kriegsstaat, seine Bürger sind Krieger (Wehrpflicht). Sobald der Kurfürst das Rechtsgefühl des Kriegers Homburg anruft, kann dieser nicht anders als sich selbst verurteilen. Die Verurteilung des eigenen Ungehorsams ist in der Notwendigkeit seiner

Natur begründet: er besiegt seine eigene Zufälligkeit und offenbart das Notwendige seines Wesens. Darum ist sein Wort und seine Erkenntnis eine Realität, die obendrein dadurch befestigt wird, daß das Heer den Prinzen, ihn bestätigend, freudig wieder in die Gemeinschaft aufnimmt.«

Busch. Anh. S. 57 f.

6. 1933–1945: Der ideologische Einsatz im Dritten Reich

Hans Franck (1879–1964) in »Der Prinz von Homburg« (»Berliner Börsenzeitung«, Nr. 127, 3. 6. 1934, Unterhaltungsbeilage »Kunst, Welt, Wissen«):

»Nicht ein Drama vom Heldentum also, das dieses oder jenes Vorzeichen trägt, ist der Prinz von Homburg, nicht einmal ein Erziehungsdrama, wie man lange gewollt hat – denn die Erziehung ist nur Mittel zum Zweck, nicht Gegenstand der Dichtung –, sondern ein Drama von der Ganzheit unseres besonderen völkischen Menschentums, von der Verwirklichung des umfassenden Deutschtums.«

Busch. Anh. S. 80.

Im »Pfälzischen Kurier« (Neustadt, 7. 6. 1934) erschien ein Artikel »Heinrich von Kleist und das ›Gesetz des Krieges‹«:

»In Dresden eröffnete das Schauspielhaus die erste Reichs-Theaterwoche mit dem *›Prinzen von Homburg‹*. [...]
Das ›Gesetz des Krieges‹ eröffnet uns auch in der Kunst den Weg zur ›eigentlichen Deutschheit‹, von dem in Dresden Reichsminister Dr. *Goebbels* sprach. Denn solcher Unterstellung in solcher Zeit tut kein Wortbekenntnis Genüge, sondern sie fordert den ganzen Menschen. Dieses höchste Gesetz deutscher Lebenshaltung verherrlicht Heinrich von Kleists ›Prinz von Homburg‹. Darum steht dieses Drama heute, wo die Revolution um ›unsere eigentliche Deutschheit ringt‹, mit gutem Grunde und mit vollem Recht in unserer Mitte und an unserm Anfang.«

Busch. Anh. S. 94 f.

Kurt Trepte (geb. 1902) in »Das Wort« (Moskau, November 1936):

»›Wie können *Sie* Kleist spielen?‹ so fragte seinerzeit Hanns Johst, der neuernannte faschistische Dramaturg, den Darsteller des ›Prinzen von Homburg‹, Hans Otto. Durch diese Fragestellung sollte die Entlassung dieses jugendlichen Heldendarstellers geistig begründet werden. Er [...] müsse doch zugeben – bedeutete ihm Johst – daß das deutsche Theater, das vor seiner großen Erneuerung stünde, Schauspieler verlange, die gläubig und naiv der nationalen Kunst ergeben seien. Nur so könne der Schauspieler seine Rollen spielen. Das aber könne er doch als Kommunist keineswegs.
Hans Otto antwortete, daß er – Hanns Johst – wohl wissen müsse, daß ein Künstler nicht kritiklos gestalten dürfe. [...] Ein Künstler versetze sich in viele Gestalten verschiedener Dichter. Darum sei es möglich, daß eine seiner liebsten Rollen der ›Prinz von Homburg‹ sei, ja, er müsse sogar sagen, daß er den Dichter Kleist liebe.
›Ein Kommunist und Kleist lieben? Ich werde verrückt!‹ Johst faßte sich an den Kopf, lief nervös im Zimmer umher. Diese Würdigung eines Klassikers, den die Faschisten vermeinen für sich beschlagnahmen zu können, stieß auf das völlige Unverständnis dieses ›geistigen SA-Mannes‹.
›Und spielen Sie auch den Schlageter? Warum legen Sie Wert darauf, weiterhin am Staatstheater zu bleiben?‹
Den Schlageter zu spielen lehne er ab, erwiderte Otto [...] Die kritische Aneignung des klassischen Kulturerbes aber sei eine der vornehmsten Aufgaben jedes fortschrittlichen Künstlers. Auch das Schauspiel vom Prinzen von Homburg werde einst neben den anderen Werken des genialen Dichters in das Repertoire eines sozialistischen deutschen Theaters eingehen.«

Nachruhm. Nr. 488.

Friedrich Kayßler (1874–1945) in einem Vortrag auf der Bochumer Kleist-Festwoche (16. 11. 1936):

»Meine Tür zu Kleist führt durch den Prinzen von Homburg. Ein äußerer Grund dafür liegt vielleicht darin, daß gerade dieses Stück in meiner künstlerischen Entwicklung

wesentlich mitgewirkt hat. Ich durfte als junger Mensch mein allererstes Auftreten in einer kleinen Rolle darin erleben und stand dabei zugleich zum ersten Male unter dem tiefen Eindruck von Kainz; 12 Jahre später spielte ich auf derselben Bühne den Homburg und weitere 25 Jahre später wieder an derselben Stelle den Kurfürsten. Ein solches Band hält fest, in einem tieferen Sinne.
Als ich den Homburg spielte, glaubte ich, nach liebevoller inbrünstiger Arbeit, ohne Überheblichkeit, ich wäre dem Stück ein wenig auf den Grund gekommen. Aber als ich zweieinhalb Jahrzehnte später an den Kurfürsten kam, da sah ich, daß das, was ich damals für den Horizont dieses Dramas gehalten hatte, noch lange nicht sein Horizont war. Es war mir, als sähe ich das Ganze in einem ganz neuen Lichte. Die Atmosphäre dieses Spiels schien sich jetzt erst zu einer dichterischen und menschlichen Weite und Höhe zu wölben, die mir früher, obwohl ich schon damals ein reiferer Mensch gewesen, nicht im entferntesten aufgegangen war. Ich ging wie in etwas göttlich Erhabenes hinein, sobald ich mich damit beschäftigte, und ich fühlte eine Ehrfurcht, wie ich sie Kleist gegenüber noch nicht gekannt hatte.
Trotz Kriegslärm und scheinbarem Menschengewühl, trotz stärkster Gefühlsentladungen ist das Ganze im Grunde ein stiller und in sich gekehrter Vorgang, ein fast wortloses Ringen weniger Menschen untereinander um des anderen höheres Selbst; wortlos deshalb, weil die Worte, die nach außen gesprochen werden, den letzten Kern, um den dieses Ringen geht, das Allereigentlichste, Innerste nicht berühren.«

Nachruhm. Nr. 593.

Rudolf Ibel (1900–65) in »Der Staat und das Mysterium des Todes. Zu Kleists ›Prinz Friedrich von Homburg‹« (»Die Literatur«, April 1939):

»Die preußische Staatsräson und der dementsprechende Gesetzesstandpunkt siegen in Kleists Drama nicht. Auch hier nämlich geht es Kleist um eine viel tiefere Wirklichkeit. Er dringt bis in jene Schicht alles menschlichen, völkischen und staatlichen Lebens vor, in der das Geheimins des Todes

sich mit dem des Opfers vereinigt, von der aus Gesetze überhaupt erst Sinn und Rechtfertigung erfahren. Alles menschliche Gemeinschaftsleben nämlich kreist um das Geheimnis des Opfertodes. Es gehört zu der Urweisheit des Menschen, daß nur durch das Opfer der Lebensquell in seinem schöpferischen Hin- und Widerströmen zwischen Mensch und Gottheit erhalten bleibt. Das ist die geheimnisvolle Wirkung der freiwilligen Blutsopfer eines Volkes, daß sie die Lebenskraft der Bluts- und Schicksalsgemeinschaft ins Wunderbare steigern. Auch jene Lebenswelle, die das deutsche Volk seit 1918 vom drohenden Untergang wieder emporriß zum Werk des Dritten Reiches, hat im Blutsopfer des Weltkrieges und des anschließenden Freiheitskampfes ihren Ursprung. [...]
Der Prinz erleidet wohl nicht den leibhaftigen Blutstod, aber er erleidet seelisch den Opfertod. Der sich Opfernde aber steht von je außerhalb des Gesetzes, seine Freiwilligkeit und Todesbejahung verbinden ihn mit dem schöpferischen Lebensgrund selbst, er ist die leibgewordene *Religio*, das heißt das Opfer gehört zum Bereiche der Gottheit. Der sich Opfernde, der über den Tod erhaben ist, ist auch über das Gesetz erhaben. [...]
Kleist hat mit dem ›Prinz von Homburg‹ die letzten Grenzen seiner Weltschau erfüllt. Über den aus dem metaphysischen Gefühl geborenen Kampf um eine völkische Ordnung hinausgehend, hat er auch den Kampf um den Sinn des Staates in sich ausgetragen; dabei hat er den lebendigen Zusammenhang und das tragisch-heroische Verhältnis zwischen Einzelwesen, völkischer Gemeinschaft und dem Staate dramatisch gestaltet. Er hat auch den Staat in den schöpferischen Kreislauf des Lebens gestellt, indem er seinen Bestand und seine Würde an die Mysterien des Todes und des Opfers band.«

Busch. Anh. S. 90.

Bert Brecht (1898–1956) in »Die Neue Weltbühne« (Paris, 15. 6. 1939):

Über Kleists Stück »Der Prinz von Homburg«

O Garten, künstlich in dem märkischen Sand!
O Geistersehn in preußischblauer Nacht!

O Held, von Todesfurcht ins Knien gebracht!
Ausbund von Kriegerstolz und Knechtsverstand!

Rückgrat, zerbrochen mit dem Lorbeerstock!
Du hast gesiegt, doch war's dir nicht befohlen.
Ach, da umhalst nicht Nike dich. Dich holen
Des Fürsten Büttel feixend in den Block.

So sehen wir ihn denn, der da gemeutert
Durch Todesfurcht gereinigt und geläutert
Mit Todesschweiß kalt unterm Siegeslaub.

Sein Degen ist noch neben ihm: in Stücken.
Tot ist er nicht, doch liegt er auf dem Rücken:
Mit allen Feinden Brandenburgs im Staub.

Brecht: Gesammelte Werke. Werkausgabe in 20 Bänden. Bd. 9: Gedichte 2. Frankfurt a. M.: Suhrkamp Verlag, 1967. S. 612 f.

7. 1946–1976: Die Rehabilitierung nach dem Zweiten Weltkrieg

Heinz Hilpert (1890–1967) in »Gedanken zum Theater« (Göttingen 1951):

»Der Homburg will keine Kriegsfanfare blasen!
Er will nur für das Gesetz und gegen das Chaos, für die Satzung und gegen die Willkür plädieren.
Sofern man bei einem konfessionellen Dichter wie Kleist überhaupt davon sprechen kann, daß er für oder gegen etwas plädiert.
Es ist gerade heute sehr wichtig, ein solches Stück zu spielen; denn wo ist noch Ordnung und Gesetz und Unterordnung und Gehorsam aus einer wirklichen Einsicht vorhanden? [...]
›In Staub mit allen Feinden Brandenburgs‹, heißt hier nicht weniger und nicht mehr als ›in Staub mit all denen, die um diese sittliche Form des Lebens sich nicht strebend bemühen‹.«

Nachruhm. Nr. 596.

Gabriel Marcel (1889–1973) in »Der Prinz von Homburg in Paris« (»Das Neue Forum«, Darmstadt, 1951):

»Ich schätze mich glücklich, daß ich noch vor meiner italienischen Reise in Paris im Théâtre des Champs-Elysées mir den ›Prinz von Homburg‹ ansehen konnte, in der Aufführung von M. Jean Vilar, der damit schon vergangenen Sommer in Avignon einen glänzenden Erfolg erzielt hatte. Schon das Lesen des Stückes in deutscher Sprache hatte mir einen tiefen Eindruck gemacht. Jetzt, nachdem ich es gesehen habe, bin ich davon überzeugt, daß es eines der Meisterwerke der Weltbühne ist. [...] M. Gérard Philipe hat darin seine größte Rolle gefunden. Kein Lob wäre dieses Mal zu groß! Es muß gesagt werden, wenn sich auch mancher darüber aufhalten mag, daß diese Rolle, verglichen mit der des ›Cid‹, ganz andere Möglichkeiten bietet. Sie kann nur den allergrößten Rollen der Bühnenliteratur verglichen werden: Hamlet, Sigismund, Lorenzaccio. [...]«

Nachruhm. Nr. 597.

»Die Neue Zeitung« (Berlin, 2. 8. 1951) zitierte nach der Pariser Aufführung zwei entgegengesetzte Urteile französischer Kritiker:

»Dagegen –

›Dieses Stück ist auf eine hemmungslose Art germanisch, mit seinem Durcheinander von pathologischen Träumereien, Wirklichkeit, Feigheit und „Gemütlichkeit“ und einem beunruhigenden Willen zur Macht. Ein farbloser und preußischer Hamlet in der Atmosphäre des alten Deutschen Reiches, unter der Ägide eines Führers, eines Generalstabs und einer kleinen romantischen Kusine, die irgendwie von der Operette herkommt. Ende gut, alles gut. Hamlet wird dem Leben wiedergegeben, seine Ophelia verliert nicht den Kopf, sondern sie heiraten und werden viele Kinder haben – alles für die Größe Deutschlands ...‹

Y. F. in ›Le Monde‹

– und dafür:

›Im „Prinz von Homburg“, dessen glanzvolle Aufführung zu den großen Theaterereignissen dieses Jahres gehörte, stellte Kleist die Frage nach der menschlichen Verantwortung, die – wenn der Mensch sie auf sich nehmen will – Würde und Freiheit des Individuums überhaupt erst möglich macht. Kleist behandelt hier die menschliche Problematik angesichts des Todes und der Liebe. Über seiner noblen Kunst liegt ein Zauber von Naivität ...‹

J.-B. Jeener in ›Le Figaro‹«

Nachruhm. Nr. 599.

Eugen Wohlhaupter (1900–?):

»In mehr klassizistischer Formgebung und mit aparter Charakteristik hat Kleist aus der wenig bedeutenden Fabel durch außerordentliche Vertiefung eine ganz eigenartige Schau des Problems: Gemeinschaft – Individuum herausgeholt, die, ohne Patentlösung sein zu wollen, das Vertrauen als aufbauendes soziologisches Grundelement, die zerstörende Macht des Mißtrauens, des unbegründeten wie des begründeten, ans Licht hob. Damit ist schon angedeutet, daß sich auf Kleists Meisterdrama weder jene berufen können, die hier nur Verherrlichung des Gesetzes und der Pflicht gegenüber der Gemeinschaft zu erkennen glauben, noch jene, die aus der Schlußwendung die Verherrlichung der selbstherrlichen Persönlichkeit ablesen wollen, noch jene, die eine allgemein gültige billige Synthese zu finden wähnen. [...]
Nehmen wir den Spruch des Kriegsgerichts, so wie er gefallen ist, so bleibt jedenfalls nicht nur bei Homburg, sondern auch beim Kurfürsten, dem das Gesetz ›die Mutter seiner Krone‹ ist, eine wichtige Entwicklung festzustellen. Der Kurfürst erkennt, daß die Vollstreckung des Todesurteils, also das Verfahren nach strengem Recht, keine Lösung des Problems wäre. Auch findet er von seiner anfänglich engen Auffassung der Gnade als Willkür [...] hin zu einer höchsten Gerechtigkeit, die Recht und Gnade, das Kriegsgesetz und die ›lieblichen Gefühle‹, um mit Natalie zu sprechen, umschließt.«

Wohlhaupter: Heinrich von Kleist. In: E. W.: Dichterjuristen. Hrsg. von H. G. Seifert. Bd. 1. Tübingen: Mohr, 1953. S. 555, 559 f.

Heinz Kamnitzer (geb. 1917) in »Prinz Friedrich von Homburg«:

»Der Kurfürst hat angesichts der Stärke und Entschlossenheit der Fronde zwischen offenem Aufstand der Rebellen und seiner Kapitulation zu wählen. Er entscheidet sich für die Unterwerfung angesichts der Übermacht seiner Gegner. Kleist wahrt dabei die äußerliche Form der fürstlichen Selbstherrlichkeit. Da der Kurfürst als absoluter Monarch sich weder dem Disziplinbruch des Prinzen noch dem Widerstand seiner Heerführer beugen darf, geht er über die Eselsbrücke, die ihm Kleist durch Kottwitz gebaut hat. Er begnadigt den Helden des Stückes, da der Prinz sich, als die Befehle für die Schlacht ausgegeben wurden, im Zustand geistiger Umnachtung befunden habe. Aber an dem Erfolg des Rebellen ändert dieser Kunstgriff nichts. Dem Inhalt nach durchlöchert das Stück die Gesetze der preußisch-absolutistischen Staatsräson und demütigt den unfehlbaren Fürsten ›von Gottes Gnaden‹. Die Fronde geht als Sieger hervor: nicht der Prinz, sondern der Monarch bleibt auf der historischen Walstatt. Das Leitmotiv des Schauspiels ist also nicht: Zwist und Versöhnung im Hause Hohenzollern, sondern Auflehnung mit Erfolg gegen die preußische Staatsspitze.

Wenn diese Überlegung zutrifft, dann muß die Aufführung sich ihr beugen. Der Kurfürst kann nicht mehr als siegreicher Souverän erscheinen, dem das Publikum huldigen soll, weil er die sogenannte Staatsräson wahrt und durchsetzt. Er kann andererseits auch nicht als wohlwollender Landesvater auftreten, der aus Menschlichkeit Gnade vor Recht ergehen läßt. Derartige Regungen konnten und durften niemals die politischen Entscheidungen eines preußischen Despoten bestimmen. Wenn er Natalie die Freilassung des Prinzen verspricht, so ist es nicht der Großmut einer gerührten Seele, sondern eine politische Berechnung, eine bewußte List. Er baut (mit Erfolg) darauf, daß ein preußischer Prinz selbst sein Urteil nach den Vorschriften des absolutistischen Staates fällen wird. Wenn dem so ist, so muß die Peripetie von der Gnadenszene (Kurfürst – Natalie) auf die Rebellion (Kurfürst – Heerführer) verschoben werden. Auf diese Weise wird nicht durch den persönlichen Appell, sondern durch den gesellschaftlichen Druck der ›Schurke des Stückes‹ veranlaßt, den Rückzug anzutreten; also nicht, weil er will, sondern weil er muß!«

Kamnitzer: Geschichte und Gestaltung. In: Neue Deutsche Literatur 5 (1957) H. 6. S. 131 f.

Günter Blöcker (geb. 1913):

»[...] die archaische Erweiterung des Ichs ist Allgemeingut des Kleistschen Menschen. [...]
Die Prinzessin kommt, um Homburg die Nachricht seiner Befreiung zu bringen. Glühend vor Eifer, überreicht sie ihm das Schreiben des Kurfürsten und ›erblaßt‹ (dies die wörtliche Szenenanmerkung), als sie erfährt, an welche Bedingung der Fürst die Freilassung knüpft:

Meint Ihr, ein Unrecht sei Euch widerfahren,
So bitt ich, sagts mir mit zwei Worten –
Und gleich den Degen schick ich Euch zurück.

Natalie erkennt sofort, daß diese von einem genialen Herzen eingegebene Wendung an eine Zone innerster Aufrichtigkeit und Noblesse in Homburg appelliert, in der es kein Feilschen und keinen Selbstbetrug gibt. Er müßte wider besseres Wissen handeln, wollte er – um des lieben Lebens willen – behaupten, ihm sei Unrecht geschehen. Natalie weiß, daß der Prinz über diese Wendung nicht hinweglesen kann – sosehr sie es wünschen muß und sowenig sie es wünschen darf. Sie muß es wünschen, weil sein Leben daran hängt. Doch auch seine Ehre hängt daran, und so kann sie es wiederum nicht wünschen. Gibt Homburg dem Kurfürsten recht, spricht er sein eigenes Todesurteil; gibt er ihm unrecht, rettet er seinen Kopf, aber um den Preis seines Gewissens. Das bedeutet: Natalie muß zwei einander feindliche, ja aufhebende Dinge mit gleicher Stärke wollen. Sie will Homburg frei, und sie will ihn als Helden.
Als der Prinz, der sich wenige Szenen zuvor noch in Todesgrauen wand und alle Würde von sich warf, auf den Anruf des Edlen unfehlbar reagiert und zum Adel einer nach Maßgabe ihrer besten Eigenschaften über sich gebietenden Natur aufwächst, steht seine Partnerin neben ihm, erlebt ergriffen das Schauspiel einer Menschwerdung und sucht es doch zu verhindern.«

Blöcker: Heinrich von Kleist oder das Absolute Ich. Berlin: Argon, [1960]. S. 68 f.

Ingeborg Bachmann (1926–73) schreibt anläßlich der Vertonung durch Hans Werner Henze in »Der Mut zu Kleist« (»Melos«, Mai 1960) als Librettistin:

»Ich bewunderte und liebte Kleist, ich hatte den ›Prinz von Homburg‹ gelesen, aber nur ein einziges Mal auf der Bühne gesehen, in Paris, in französischer Sprache, in der Inszenierung von Jean Vilar. Le Prince de Homburg. Gérard Philipe gab ihm Glanz, Zittern, Demut. Er sprach französisch, war fern von Preußen, von Deutschland. Man mußte das Stück lieben. Aber konnte man das Stück noch lieben, wenn Brandenburg wieder Brandenburg war und bei dem Kanonendonner, der den Prinzen zurück ins Leben ruft, sich die schlimmsten Assoziationen einstellten?
Einer Generation zugehörig, die nicht nur dem Volk mißtraute, das seine Klassiker politisch mißbraucht hatte, sondern auch den Dichtern mißtraute, deren Werke sich so hatten mißbrauchen lassen, kam ich nicht los von dem Gedanken an jenes Gedicht von Brecht, ›Über Kleists Stück „Der Prinz von Homburg"‹.
Aber hatte nicht Heinrich Heine, der um nichts weniger und nicht weniger leidenschaftlich ein Feind des Knechtsverstandes, der Unmenschlichkeit und des nationalen Dünkels war, 1821 in den Berliner Briefen geschrieben: ›[...] Was mich betrifft, so stimme ich dafür, daß es gleichsam vom Genius der Poesie selbst geschrieben ist ...!‹ [...]
Es gibt in diesem Schauspiel, dessen Szenen alle zur Nachtzeit spielen (oder in der Dämmerung oder im Morgengrauen), durch den ständigen Lichteinfall der Sprache und einer Freiheit, die nicht eigens ihre Verkündigung braucht, sondern sich durch die Sprache fühlbar macht, eine große Klarheit und Helligkeit. Es gibt in diesem Schauspiel, und dies ist, glaube ich, noch nie recht bemerkt worden, keinen einzigen Bösewicht, keine Gestalt, die einer Niedrigkeit fähig wäre, einer Intrige, einer Schurkerei. Und es gibt nicht ein ›Schicksal‹, nichts Verfängliches, Unaufhaltsames. So mußte der Prinz uns erscheinen als der erste moderne Protagonist, schicksallos, selber entscheidend, mit sich allein in einer ›zerbrechlichen Welt‹ und uns darum nah, kein Held mehr, komplexes Ich und leidende Kreatur in einem, ein ›unaussprechlicher Mensch‹, wie Kleist selbst sich ge-

nannt hat, ein Träumer, Schlafwandler, der Herr seiner selbst wird. [. . .]«

Nachruhm. Nr. 600.

Helmut R a b e :

»Der Konflikt zwischen Prinz und Kurfürst wird zunächst auf feudaler Ebene ausgetragen: Zwischen Willkür im beschränkten Rahmen (Homburg) und Willkür im größeren Rahmen (Kurfürst). Das Ergebnis der Tat ist folgendes: Der Prinz hat die Schlacht gewonnen, der Prinz hat den größeren Plan zerschlagen. Doch zeigt sich bereits hier im Verhalten des Prinzen etwas Neues. Wir sehen es zwar nicht auf der Bühne, aber in den folgenden Szenen wird uns davon berichtet. Die durch die subjektiv-willkürliche Handlungsweise ausgelöste Tat führte nicht nur zur Zerstörung des Schlachtplans, sondern gleichzeitig zur Gefährdung des Siegs und damit des Vaterlands. Die vom Prinzen vorzeitig in den Kampf geführte Reiterei wird niederkartätscht (II/5, Bericht Mörners), der Prinz ist gezwungen, den Kampf zunächst aufzugeben. Die persönliche Gefühlsaufwallung, das willkürliche Sich-in-die-Schlacht-Stürzen hat zu keinem Erfolg geführt. Da ereignet sich etwas Unerhörtes. Der Kurfürst und zwei Fahnenträger sinken in den Staub. Das Verhalten des Prinzen bei diesem Anblick schildert uns Mörner [. . .] [vgl. V. 550–558].
Das Gefühl, das den Prinzen diesmal in den Kampf treibt, ist ein ganz anderes als das erste, das zum Disziplinbruch führte. Und dieses neue Gefühl ist so stark, daß es alle Hindernisse überwindet und den Sieg herbeiführt. Es ist ein Gefühl, das nicht nur den Prinzen, sondern die ganze übrige Reiterei erfaßt hat. Und nicht umsonst weist Kleist bereits hier auf die Schuld hin, die der Prinz mit seinem ersten Eingreifen auf sich geladen hat. Der Prinz hat sich selbst um die Vollendung dieses Siegs gebracht [. . .] [vgl. V. 559–562].
Dieser Brückenkopf aber war stehengeblieben, weil Homburg aus privatem Ehrgeiz vorzeitig in den Kampf eingegriffen hatte. Wichtig für uns ist, diese beiden verschiedenen Momente der Gefühlsentscheidung des Prinzen genau zu unterscheiden und die beiden verschiedenen Ergebnisse der aus verschiedenen Antriebsmomenten geborenen Hand-

lungen zu erkennen. Das egoistische Gefühl Ruhm zu erwerben, führte zum Scheitern. Das große patriotische Gefühl des Zorns, das die Reiterei ergreift, führt zum Sieg.«

Rabe: »Der Prinz von Homburg«. Versuch einer Analyse des Konflikts und der durchgehenden Handlung. In: Theater der Zeit 6 (1961) S. 57.

Rolf Michaelis (geb. 1933):

»Der Angeklagte als Richter seiner selbst – von hier aus schlägt sich ein Bogen zu Adam im *Zerbrochnen Krug*. Adam flüchtet, ehe er verdammt wäre, sich selbst zu überführen. Der Prinz gewinnt tragische Größe, weil ihn der Kurfürst auserwählt, sich selbst vor dem Offizierskorps, das eine Bittschrift für ihn verfaßt hat, den Schuldspruch zuzuerkennen und als Richter-Angeklagter das Gesetz zu verherrlichen. Die Offiziere argumentieren noch mit dem Kurfürsten, da tritt Homburg als Kronzeuge für die Rechtsauffassung des Fürsten auf:

Ich will den Tod, der mir erkannt, erdulden!
. . .
Ich will das heilige Gesetz des Kriegs,
Das ich verletzt', im Angesicht des Heers,
Durch einen freien Tod verherrlichen.
. . .
Der Tod wäscht jetzt von jeder Schuld mich rein.

Da Homburg das Urteil anerkennt, kann der Kurfürst ihn, ohne selbst die gestörte Gesetzessicherheit weiter zu verwirren, jetzt begnadigen.«

Michaelis: Heinrich von Kleist. Velber bei Hannover: Friedrich, [2]1968. (Friedrichs Dramatiker des Welttheaters. Bd. 5.) S. 82.

Hdt. [d. i. Dieter Hildebrandt, geb. 1932]:

»Im Anfang ist der letzte Satz. Sperre, Barriere, Kannitverstan: ›In Staub mit allen Feinden Brandenburgs!‹ Kann man sich auf das Stück einlassen, ohne zu wissen, wie man es beenden wird? Kann man den ›Homburg‹ spielen, ohne diesen Ausruf gedeutet zu haben, für heute, Mitte 1972? [...]

Nicht nur der Autor hat das Recht auf seinen Satz und seine historische Dimension; auch die Figuren haben Anspruch darauf, mit allen denkbaren subjektiven Interpretationen, Irrtümern, Gutgemeintheiten.
Es ließe sich zum Beispiel das Motiv eines merkwürdigen Aufatmens denken, die konsequente Äußerung einer Todesfurcht, die die Gestalten des Stücks noch in Bann hält. Man spricht (ruft) sich Mut zu, nachdem man die Schrekken des intimen Todes kennengelernt hat; nachdem man erkannt hat, daß der Tod kein Naturereignis sein muß, sondern als ein Akt von Autorität vollzogen werden kann; nachdem man also auch eine Ahnung davon bekommen hat, daß selbst oder gerade Kriege (Schlachten, Kämpfe) keine Naturgewalten sind, sondern Menschenwerk. Angesichts solcher Erkenntnis (die einem noch in den Gliedern steckt) hat der Aufruf ›Ins Feld! Ins Feld!‹, ›Zur Schlacht!‹ ›Zum Sieg! Zum Sieg!‹ möglicherweise eine Schrecksekunde gezeitigt, die man übertönen möchte. Kehraus von Todesangst.
Denn Todesangst ist das Grundelement des Stückes; und die Freunde Homburgs haben diese Angst vorm Sterben von ihm übernommen; sie haben sie gerade dann behalten, als er selbst sich davon befreit zu haben scheint; in ihrer Solidarität, in ihren permanenten Rettungsversuchen, in ihrer fast schon unbotmäßigen Verzweiflung verkörpert sich der Schauder davor, ein Leben, einen menschlichen Körper anzutasten, vernichten zu lassen. Sie empfinden Grauen vor einer Paradoxie: der der Umkehr von Sinn in Sinnlosigkeit. Ihrer aller Plädoyers haben, wenn auch nur mittelbar, Erfolg. Was siegt durch sie, ist das Leben selbst; und als makabre Variante der Intonation des letzten Satzes wäre möglich dies: daß sie eben ihren eigenen Sieg (über den Tod) widerrufen. Es hieße, daß die meisten nicht begriffen hätten, zu welchem Ende (!) sie im Stück überhaupt mitspielen.«

Hildebrandt: Dramaturgische Marginalien. In: Kleist. Prinz Friedrich von Homburg. Programmheft, Schiller-Theater Berlin, 1972.

Botho Strauß (geb. 1944):

»... alles Traum in diesem Schauspiel. Der Traum des armen Heinrich Kleist vom glücklichen Prinzen Homburg, der, zart und mächtig, unter der Gefahr des Todes, seine großen Sehnsüchte und Wunschbilder gegen die herrschenden engen Lebensbedingungen durchsetzt und schließlich, wie im Wunder, ihre paradiesische Erfüllung erlebt. Und gleichzeitig verwandelt sich die kalte, schwache, weil nurmehr formal funktionierende Staatsordnung in eine lebenskräftige, menschenwürdige politische Gemeinschaft, in der der Außenseiter, Verurteilte, gesellschaftlich ›Kranke‹ zum ersten Helden aufsteigt.

Kein Traum aus dem tiefen Nachtschlaf – auch keine Dramaturgie der ›entstellten‹ Visionen des Unbewußten –, sondern eine helle, logische, schwebend-stabilisierte Traum-Konstruktion, die alle Bezeichnungen von Realität – der historischen Situation der Kurmark Brandenburg von 1675 ebenso wie jener des Preußenstaats von 1810 – entwirklicht und transformiert in Bezeichnungen der Wunsch- und Projektions-Fantasie des Autors Kleist. Daher rührt die immanente Unwirklichkeit der handelnden Personen in diesem Schauspiel: sie sind montiert aus einem ›Real‹-Bild (das der Erfahrungswirklichkeit Kleists entspricht) und einem Ideal-Bild (dem Traum-Teil, aus dem sie gemacht sind) – und beide Bilder verkörpern sie zur gleichen Zeit: der Prinz ist ein nervöser, psychisch labiler und zudem recht ungeschickter Mensch und wird dennoch als Held angesehen und zum führenden militärischen Befehlshaber berufen; der Kurfürst repräsentiert das absolutistische Staats- und Rechtssystem und handelt doch mit einer geradezu bürgerlich-intimen Einfühlsamkeit und Vorsicht. Diese Figuren leben aus den widersprüchlichen politischen und psychologischen Empfindungsweisen ihres Autors – sie sind nicht aus den tatsächlichen Widerspruchsverhältnissen, die das politische und soziale Preußen vor den Befreiungskriegen bewegte, beobachtet und entwickelt worden.

Dementsprechend wird man dem Schauspiel und seinen Figuren wohl nur gerecht, wenn man sie in Beziehung zur realen Biografie Kleists verstehen lernt, wenn man die inneren und äußeren Tatbestände dieses Lebens – ›das allerqualvollste, das je ein Mensch geführt hat‹ – als realistische Opposition gegenüber der Traum- und Desideratform des ›Homburg‹ berücksichtigt.

Dabei lassen sich Transformationen sowohl psychologischer

wie politischer Motive verfolgen, wie z. B.: Kleists quälendes Verlangen nach Anerkennung, nach gesellschaftlicher Achtung als Schriftsteller (im speziellen auch: nach Protektion durch das preußische Herrscherhaus) ist in die Figur des Prinzen eingeschrieben und erfüllt sich in ihr; oder, das Stück gedeutet als Ausdruck der politischen Hoffnungen Kleists, die hier ebenfalls, anders als in Wirklichkeit, in Erfüllung gehen: so wie das brandenburgische Militär dadurch zu neuer Kampfstärke gelangte, daß die alte Ordnung von einem jungen Genie beseelt wurde – so muß sich auch die schwache preußische Führung von den Ideen des nationalen Befreiungskampfs und deren Vertretern beseelen lassen, um die napoleonische Fremdherrschaft abzuschütteln. Der Traum des Prinzen Homburg nimmt also auch die Gestalt einer politischen Legende an: einer prospektiven Legende, die nicht nacherzählt, sondern verheißt und danach drängt, sich zu bewahrheiten.«

Strauß: Traum. In: Kleists Traum vom Prinzen Homburg. Programmheft, Schaubühne am Halleschen Ufer, Berlin, November 1972.

Hans Mayer (geb. 1907):

»Verliert nun in beiden Aufführungen der Kurfürst seine Funktion eines Antagonisten und in dieser Rolle anerkannten Gegenprinzips, so bleibt nur noch Homburg auf der Szene. Das Stück wandelt sich folglich; es wird zum *Monodrama mit Statisten.* Beide Spielleiter ziehen diese Folgerung: Lietzau am Schillertheater möchte die Kurve der ideologischen Entwicklung Homburgs zwischen Freiheit und Gebundenheit sichtbar machen. Peter Stein will das Traumspiel vom Homburger Prinzen als ein Spiel nicht allein von, sondern um Heinrich von Kleist inszenieren.

Klassizistisch oder romantisch?

Beide Regisseure wählen dazu, im Bild und Denkansatz, zwei grundverschiedene Zeit- und Stilformen. Paradox zugespitzt könnte man sagen, dieses Stück um die Schlacht von Fehrbellin spiele bei Lietzau etwa im Jahre 1795, bei Stein jedoch genau im Entstehungsjahr 1810. Das gilt sowohl für die Spielräume wie die Bildformen.

Noch zugespitzter – zum Zweck der Charakterisierung –

Szenenfoto aus der Inszenierung von Hans Lietzau im Schiller-Theater, Berlin, 1972. Foto: Ilse Buhs, Berlin

ließe sich die Anlage der Inszenierung im Schillertheater als *klassizistisch* deuten, während es an der Schaubühne ganz unverhüllt *romantisch* zugeht. Das Bühnenbild von *Minks* läßt Plastik dominieren: ein Todesengel, der an Schadow gemahnt, preußische Embleme der Klassizität, strenge und karge Form, Weiträumigkeit. Viel Außenwelt, was dann freilich mit viel lästigen Chargen und ›Gängen‹ erkauft werden muß.
Karl Ernst Herrmann evoziert – historisch und biographisch durchaus zu Recht – Bilder von *Caspar David Friedrich*. Bisweilen auch von Philipp Otto Runge, wenn etwa, gegen das Ende hin, die jungen Offiziere mit blanken Gesichtern zusammenrücken: ›Deutsche Menschen‹, wie Walter Benjamin das genannt hat. Alles ist malerisch, nicht plastisch: alles hat als Innenraum zu dienen. Der schwarz ausgeschlagene Zuschauerraum bezieht alle Anwesenden in den Traum des Prinzen ein.«

Mayer: Denkspiel oder Traumspiel? Kleists »Prinz von Homburg« im Schillertheater und bei der Schaubühne. In: Theater heute 12 (1972) S. 12.

Sibylle Wirsing (geb. 1936):

»Obwohl die Ost-Berliner Inszenierung Homburgs besondere Umstände nicht unterschlägt, weder seinen nächtlichen Umtrieb und die Fopperei durch die kurfürstlichen Verwandten noch das seltsame Erwachen mit dem verheißungsvollen Traumrelikt in der Hand und frühmorgens beim Befehlsempfang die verständliche Verwirrung, ist sie doch so eingerichtet, daß die Strafe als Folge der Extravaganz nicht unbillig erscheint. Ein junger Mensch auf verantwortungsvollem Posten, der nicht hören kann, muß fühlen. Der Kurfürst ist bei diesem Erziehungsprozeß der Aufseher, der nichts anderes tun kann, als den Augenblick abzuwarten, der es ihm erlaubt, rechtmäßig und gnädig Gnade vor Recht ergehen zu lassen.
Daß es bei Kleist wirklich hart auf hart geht, einerseits das Staatsprinzip der absoluten Subordination und andererseits das romantisch-vaterländische Genie, das mit traumwandlerischer Sicherheit der Order seines Herzens folgt und den Sieg einholt, leugnet die Inszenierung, so gut es geht. Nicht, daß sie allein dem Kurfürsten die Stange hielte – sie

hält sich vielmehr aus dem Streitfall möglichst heraus und zeigt nur, daß der penible Staatsmann nicht anders handeln darf, als er es tut. Wie Homburg nicht mehr ist als ein Draufgänger, der zur Räson gerufen wird, stellt der Kurfürst nichts anderes dar als die für Disziplin und Vernunft zuständige Instanz. Die ganze Affäre hat schließlich die Dimension einer lehrhaften Anekdote aus der preußischen Frühzeit. Die unlösbare Kontroverse, ob der Staat in äußersten patriotischen Ausnahmefällen fünf gerade sein lassen und den Alleingang eines Homburg respektieren sollte oder ob er selbst den glücklich zu seinem Besten riskierten Affront als Hochverrat verfolgen muß, wird hier aus der Welt geschafft. Am Ende ist Kleists strittiges Schauspiel ein präzises Lehrstück, das junge Reitergeneräle ermahnt, nicht nachts im Garten zu schwärmen, wenn es anderentags gegen die Schweden geht.«

Wirsing: Der Geist kommt durch die Hintertür. Ein Kleist-Abend in Ost-Berlin. In: Frankfurter Allgemeine Zeitung. 5. 6. 1975.

Karl Heinz Bohrer (geb. 1932):

»Pragmatisch, unbefangen und an den eigenen Tudor-Nationalismus gewöhnt, hat man in Manchester den verfänglichen letzten Satz gesprochen, der deutschen Regisseuren soviel Kopfschmerzen bereitete: ›In Staub mit allen Feinden Brandenburgs!‹ Aber das donnernde ›Dust take all enemies of Brandenburg‹ klang seltsam unwirklich, wie die merkwürdige Zauberformel eines exotischen Volkes auf der modernistischen Rundbühne in der ehemaligen Baumwollbörse ›Royal Exchange‹. Obwohl die dem Stück konstitutiv eigene preußische Problematik in dieser fremden Umgebung geradezu ausgelöscht war, sahen wir eine Inszenierung, deren zweiter Teil uns weit mehr hinriß, als die schon klassisch gewordene, eher aber zu lyrische Berliner Aufführung der Schaubühne, [...].
Kleists Drama erwies sich abermals als so komplex, daß sein bedeutendes Thema – die Subjektivität eines einzelnen und die Norm – auf unerwartet großartige Manier doch noch Gestalt annahm: Tom Courtenay [...] hat im ›Prinzen von Homburg‹ wahrscheinlich seine bisher größte Rolle gefunden. Zweifellos hat er etwas von dem zum Irren ge-

machten Dichter und etwas vom den Wahnsinn spielenden Hamlet in diese Rolle gebracht. Indem er von Beginn an darauf verzichtete, auch nur für eine Minute der militärische Führer, der hochgeborene Erbe zu sein (weshalb auch hier die Spannung zwischen Traum und Realität gering war), blieb ihm nur ein darstellerischer Ausweg: die totale Entrückung, die vollendete Ekstase, die gänzlich geleugnete Wirklichkeit, die poetische Utopie des reinen Ichs.
Diese Konzeption war schon angedeutet in den ersten Minuten, in der weniger ein romantischer Jüngling mit seinem Lorbeer spielte, sondern ein zerstörter, fahler Outcast rätselhafte Bewegungen vollzog. Aus dieser Gefangenschaft in der eigenen Introversion kommt dieser Prinz niemals heraus: emphatisch, nicht werbend ist sein erster Ruf nach Natalie. Selbstverzückt, nicht den Ruhm suchend, ist sein Anruf des Glücks. Als er den verhängnisvollen verfrühten Befehl zum Angriff gibt, ist er auch in diesem Augenblick nicht der ungehorsame Reiterführer, sondern nicht von dieser Welt, und als man ihm dafür seinen Degen abnimmt, lächelt er endlich wie in einer Halluzination. Seine größten Augenblicke hat Courtenay in den Szenen der aufkommenden Todesangst. Er entwickelt Kleists furchtbare Ahnungen zu Anblicken, wie sie wahrscheinlich noch nie zu sehen waren, so bestürzend, so folternd, als ob wirklich einer das Haupt der Medusa erblicke: die Todesangst wird zu einem langen epileptischen Anfall, der langsam ausrinnt, wie der Speichel, der Courtenay von den Lippen fließt. Sie wird zum Sterbegesang, zum Außer-sich-Sein, zum konvulsivischen Schrei, zur endgültig gebrochenen Glocke.
Was danach folgt, ist die Gefaßtheit eines Entrückten und Entkräfteten. Todessehnsucht, nicht Ehre macht hier die Bereitschaft zum Sterben. Längst bevor der Prinz die Bedingung des Kurfürsten kennt, nämlich selbst über sein Schicksal entscheiden zu dürfen, hat er schon entschieden – für eine andere Realität. Und so wird sein stoischer letzter Bescheid zu etwas Rätselhaften von erhabener monotoner Dunkelheit. Eine pathologische Studie also über Ich-Stärke und Ich-Schwäche.«

Bohrer: Das Haupt der Medusa erblickend. Kleists »Prinz von Homburg« zum ersten Mal auf einer englischen Bühne. In: Frankfurter Allgemeine Zeitung. 30. 9. 1976.

V. Aus der literaturwissenschaftlichen Rezeption

Otto Brahm (1856–1912):

»Wie aber der Dichter auch hier ›innig verbunden‹ seiner Zeit ist, lehrt ein Blick auf die Vorgänge des Tages. Von feurigem nationalen Eifer beseelt, hatten die Dörnberg und Schill den Kampf gegen den Unterdrücker aufgenommen, nicht im Dienste der Gesammtheit, sondern, wie Homburg, nach der ›Ordre des Herzens‹. Wenig früher hatte Kleist selbst wohl ähnliches geträumt; aber in der Heimath hatte er anders denken lernen, und daß König Friedrich Wilhelm die eigenmächtige That Schills so scharf mißbilligte, mußte ihn doch nachdenklich stimmen. Wo die Grenze zu finden sei, mochte er sich fragen; denn daß gerade in seiner Zeit, in dem Kampfe, den er herbei wünschte, die Empfindung eine starke Helferin sein müsse, war bald erkannt. Kleist aber fand die gültigste, auch im historischen Sinne gültigste Antwort; und wie der Dichter fühlte, fühlten Männer der That. Seinen Kopf bietet Kottwitz dem Herrscher an [...].
So auch hatte einst General Seydlitz, in der Zorndorfer Schlacht, den Befehl Friedrichs nicht befolgt, in besserer Erkenntniß der Dinge und auf des Königs Mahnung erwidert: nach der Schlacht stehe sein Kopf zur Verfügung, während derselben aber möge es erlaubt sein, ihn in des Königs Dienst zu gebrauchen. Und wie Kottwitz das Recht der Empfindung vertheidigt und frei ausspricht, daß er sein Blut nicht für Sold und Ehre verkauft, sondern weil es seine Lust und seine Freude ist, unabhängig am Ruhme des Herrn mitzuarbeiten, so schrieb Gneisenau, als der König seinen Entwurf zur Entfesselung eines Volkskrieges mit den knappen Worten kritisirt hatte: ›Als Poesie gut‹ – daß er sich zu solcher Poesie gern bekennen wolle: ›Auf Poesie ist die Sicherheit der Throne gegründet. Wie so mancher von uns würde eine glänzende Lage erwarten dürfen, wenn er statt zu fühlen nur berechnen wollte. Aber die Bande der Geburt, der Zuneigung oder der Dankbarkeit fesseln ihn an seinen alten Herrn; für ihn giebt er Leben und Gut ungewisser Zukunft preis. Dies ist Poesie und zwar der edelsten Art.‹ Der König selbst aber hatte 1809 erklärt, als unge-

stüme Rathgeber zum Kriege drängten: ›Hätte ich nicht höhere Pflichten, ich dächte wie sie‹ – gerade wie Kleists Kurfürst gestand: ›Nun gut! so ist mein Herz in ihrer Mitte.‹«

Brahm: Heinrich von Kleist. Berlin: Allgemeiner Verein für Deutsche Literatur, [2]1885. S. 341–343.

Richard Weißenfels (1857–1944):

»Die französische Sprache war noch zu Ende des achtzehnten Jahrhunderts vielfach die Umgangssprache der Gebildeten, französische Bücher wurden eifrig in Deutschland gelesen, Reisen nach Frankreich waren ein übliches Bildungsmittel; da war es nur natürlich, daß sich in vielen unserer Dichter neben dem deutschen ein französisches Sprachgefühl entwickelte und oft in ihrem Stil ihnen selbst unbewußt zum Ausdruck kam. Von Kleist speciell ist es bekannt, daß er französisch fast geläufiger als deutsch sprach und schrieb, eine natürliche Folge seiner Erziehung, seines Aufwachsens in der vom französischen Geist durchwehten Atmosphäre des preußischen Adels, seiner frühzeitigen Vertrautheit mit der französischen Litteratur und seines späteren dreimaligen Aufenthaltes in Frankreich. [...]

Participialkonstruktionen.

Sicher unter französischem Einfluß stehen solche absolute Participialkonstruktionen wie die folgenden: Amph. v. 86 ff. ›Nachdem er ein Gelübd' zum Himmel jetzt gesendet, Stürzt, die Befehle treffend rings gegeben, Er gleich den Strömen brausend auf uns ein‹ = Mol. v. 250 ff. ›Après avoir aux Dieux adressé les prières, Tous les ordres donnés, on donne le signal‹; Amph. v. 648 ›Amphitryon: Dies abgemacht –? Sosias: Ward ich gestört‹; Marquise von O. S. 20, 32 ff. ›Dies abgemacht, gab der General Befehl‹, Findling S. 210, 20–21 ›Er riß ihr ... ein Bund Schlüssel von der Hüfte ... und einen gefunden, der paßte, warf er den Bund etc.‹, ähnlich Penth. v. 2054, 2067, 2994 (in allen drei Stellen ist die auffallende Konstruktion nach Zollings Varianten erst für den Druck hineingebracht, vgl. S. 309, Anm. 2); Homb. v. 11 ff. ›Die Chefs nun ... gemessen instruiert, Wirft er erschöpft ... Sich auf das Stroh‹, ähnlich v. 1106 ff., 1823 ff.; Kohlhaas S. 63, 16 ff. ›und die Koppel der Pferde verkauft, kehrte er zurück‹. Hier bietet also auch die Prosa Kleists Beispiele, so daß der Verszwang wenigstens als alleinige Veranlassung der undeutschen Konstruktionen nicht herangezogen werden darf. [...]

Vorbereitung eines Begriffes durch andere Satzglieder.

Kleist liebt es, einen Begriff, besonders in der Anrede, durch Pronomina, substantivierte Beiwörter, Relativsätze und ähnliche Mittel vorzubereiten, wodurch derselbe, endlich ausgesprochen, eine größere Wucht und die ganze Ausdrucksweise eine künstliche Lebhaftigkeit gewinnt. Ich habe Stellen wie folgende im Auge: Penth. v. 2208 ff. ›So müßt' es mir gewesen sein, wenn er Unmittelbar mit seinen weißen Rossen Von dem Olymp herabgedonnert wäre, *Mars* selbst, der Kriegsgott‹; Homb. v. 356 ff. ›Nun denn, auf deiner Kugel, Ungeheures, Du, dem der Windeshauch den Schleier heut Gleich einem Segel lüftet, roll heran! Du hast mir, *Glück*, die Locken schon gestreift‹. In der griechischen Lyrik, in Horaz' Oden u. a. werden sich ähnliche Perioden in Menge nachweisen lassen; ich verweise nur auf Horaz, Od. II, 7 ›O sæpe mecum tempus in ultimum Deducte Bruto militiæ duce: Quis te redonavit Quiritem Dis patriis Italoque cælo, *Pompei* meorum prime sodalium?‹ Aber wieder konnte Kleist diese Perioden, die seinem Streben nach ungewöhnlicher, lebhafter Wortstellung entsprachen, ebensogut wie aus der Antike aus deutschen antikisierenden Dichtern sich aneignen.«

Weißenfels: Über französische und antike Elemente im Stil Heinrich von Kleists. In: Archiv für das Studium der Neueren Sprachen und Litteraturen 80 (1888) S. 271 f., 302 f., 391.

Albert Fries (1869–1926):

»Steigerung, Unterbrechungen, Einschübe, Satzverschränkung.

Betrachten wir Hbg. 974 f. Ein andrer würde etwa sagen: ›O du, das Fräulein, deine Frauen alle, Ja alles in der Welt scheint mir begabt Mit wunderbaren Kräften der Errettung‹

oder ähnlich. Bei Kleist dagegen welche Macht der Steigerung und Artikulation, welcher anwachsende, durch Schleusen *gehemmte* und eben dadurch *anschwellende* Strom: ›Du scheinst mit Himmelskräften, rettenden, Du mir, das Fräulein, deine Frau'n begabt, Mir alles in der Welt.‹ Man beachte an diesem Musterbeispiel die einzelnen Stufen der Klimax. 1. Himmelskräften, 2. rettenden; sodann 1. du mir, 2. das Fräulein, 3. deine Frau'n, 4. *alles.* – Man erwartet nach dem Anfang als notwendigstes Wort zunächst: Du scheinst mir mit Himmelskräften begabt. Nun treten lauter kleine Retardationsglieder ein: Das nachgestellte ›rettenden‹; das verspätete *mir*, das dem ›Du‹ als verstärkendes Enklitikon folgt und es wirksam isolierend von dem andern Glied ›das Fräulein‹ abtrennt, damit jedes seinen Accent und Nachdruck habe; das verspätete begabt, das wiederum dem Wort Frau'n gewissermaßen enklitisch sich anschließt und als kurzer Ruhepunkt, als harmonisch abwogende vorläufige Schlußkadenz dient. Die Worte ›mir alles in der Welt‹ haben den höchsten Ton, in ihnen *gipfelt* das Ganze. Diese Worte ›Mir *alles*‹ müssen leidenschaftlich gedehnt gesprochen werden, sie krönen und überschatten die ganze Periode (man muß immer bedenken, daß Kleist die Deklamationskunst studierte und daß er musikalisch gebildet war).

Zum Pr. v. Homburg.

Der Kurfürst mahnt den Prinzen: ›Du hast am Ufer ... mir des Rheins Zwei Siege jüngst verscherzt; regier' Dich wohl Und laß mich heut den *dritten* nicht entbehren‹. Die ersten beiden hier erwähnten Fälle sind bekanntlich unhistorisch und beruhen auf Kleists *Erfindung.* Sollte hier eine persönliche Erinnerung eingewirkt haben? [...] ›Mir hat es Köckeritz vorgestern mit einer großen Ermahnung, die Gnade des Königs nicht zum *dritten*male aufs Spiel zu setzen, – angekündigt‹.* [Brief an Ulrike von Kleist; Berlin, 2. 8. 1804.]

* Zu Hbg. 1772: ›Laß meinem Herzen ... den Trost, Daß Deine *Brust* auch jedem Groll entsagt: Und ... deß zum Zeichen *Gewähre huldreich* eine Gnade mir‹ vgl. Brief an Hardenberg, 19. Sept. 1811: Die *Gewährung* dieser Bitte wird mir die meinem *Herzen* äußerst wohlthuende Beruhigung geben, daß Ew. Excellenz *Brust* weiter von keinem *Groll* gegen mich erfüllt ist. – Ebenda: in Erwartung einer baldigst huldreichen Antwort.

[...] Nachsinnenswert bleibt es, wie Kleist dazu kam, seinen Hbg., in dem doch sonst das historische Kolorit so realistisch treu gewahrt ist, mit dem romantisch phantastischen Anfang und Schluß zu umrahmen. Der Grund ist wohl der: Das Ganze war nicht eigentlich als ein Drama wie andere, sondern als eine Art patriotisches Festspiel für den Hof gedacht. So erhielten Anfang und Schluß etwas Feerien- und Opernhaftes, einen Anstrich von Apotheose (der Dynastie) und lebendem Bilde. Der Kurfürst wird geschildert wie ein Zeus, der vom Olymp herniedersteigt. Man denke an die phantastisch mythologischen Einleitungs- und Zwischenspiele der französischen Hofstücke, z. B. Molières; ein leiser Hauch dann liegt auch über jenen Scenen. [...]
Bei den Worten im Hbg.: ›Trat er dem Lindwurm männlich nicht aufs Haupt?‹ und: ›Der Drache ward, der dir die Marken grimmig Verwüstete, mit blut'gem Hirn verjagt‹ erinnerte man an Schillers Kampf m. d. Drachen. Vielleicht könnte man aber auch an *Siegfried* [oder Sigurd] den Lindwurmtöter denken: [...]
Kleist schreibt an Fouqué [...]: Der Pr. v. Hbg., ›worin ich auf diesem ein wenig dürren, aber eben deshalb ... reizenden Felde mit Ihnen in die Schranken treten werde‹ – also doch mit Fouqués germanischen Heldendichtungen. Nun bedenke man, daß F. 1808 seinen ›Sigurd der Schlangentödter‹ veröffentlicht hatte* (s. Max *Kochs* reich belehrende Einleitung, Kürschner Nat.-Lit. 146). Sollte Kleist vielleicht dadurch etwas beeinflußt worden sein, als er seinen kindlichen ›blondgelockten‹ Heldenjüngling (1048), den märkischen Siegfried schilderte.«

Fries: Stilistische und vergleichende Forschungen zu Heinrich von Kleist mit Proben angewandter Ästhetik. Berlin: Ebering, 1906. S. 28 f., 75–78.

* Hier eine Bemerkung: Es heißt im ›Sigurd‹ (2939 ff. Koch): *Fließend Blut* vom Niflungenstamm!

Erschlagt mich, schlachtet mich,
Schlinge du *Boden*
Ein des Erbleichenden Blut!
Deine Opfer schlüpfen,
Tröpfeln Drohworte
Ungeheißen *vom Herzen* dahin (vgl. 3665 u. 3675).

Heinrich Meyer-Benfey (1869–1945):

»[...] der eigentliche Grund, weshalb Kleist dem Heer den Rücken wandte, war ja gar nicht seine Abneigung gegen den Krieg gewesen, sondern sein Widerwille gegen den damaligen Betrieb des *Garnisondienstes* mit dem öden, schablonenhaften *Exerzierdrill* und der schematischen, unmenschlichen Handhabung der *Disziplin* (s. Br. 31, 21 bis 32,2). ›Die Officiere hielt ich für so viele Exerciermeister, die Soldaten für so viele Sclaven, und wenn das ganze Regiment seine Künste machte, schien es mir als ein lebendiges Monument der Tyrannei‹. In dieser Hinsicht würde Kleist 1810 nicht anders empfunden und geurteilt haben; ja, er hat darüber durch Kottwitz sein Urteil ausgesprochen (1579–83). Außerdem marterte ihn unaufhörlich der *Widerstreit zweier Prinzipien*, da er ›immer zweifelhaft war, ob ich als Mensch oder als Officier handeln mußte; denn die Pflichten beider zu vereinigen halte ich bei dem jetzigen Zustande der Armeen für unmöglich‹. Das ist im Grunde schon das Problem des ›Prinzen von Homburg‹; wenigstens macht auch dieser die Vereinigung von Berufspflicht und freiem Menschentum zum höchsten Prinzip und zur unbedingten Forderung.

Derselbe Widerstreit aber hatte Kleist auch im *Zivildienst* gequält und ihm eine Beamtenlaufbahn überhaupt unmöglich gemacht. ›Ich soll thun was der Staat von mir verlangt, und doch soll ich nicht untersuchen, ob das, was er von mir verlangt, gut ist. Zu seinen unbekannten Zwecken soll ich ein bloßes Werkzeug sein – ich kann es nicht‹. (Br. 151, 3–6, vgl. die ganze Seite und S. 169.) Damit vertritt Kleist nur den höchsten Grundsatz der Kantischen Ethik, der im Gefühle jedes freien mündigen Menschen lebt, daß man einen Menschen niemals als bloßes Werkzeug und Mittel gebrauchen darf. Es ist einfach der Widerspruch des modernen sittlichen Bewußtseins gegen den barbarischen Charakter des damaligen Staatswesens, das blinden Sklavengehorsam verlangte. Diese Gesinnung beherrschte und leitete schon den 21jährigen Jüngling, als er seinen Abschied vom Heere nahm; ihr ist Kleist bis zu seinem Tode treu geblieben. Sie erfüllt und beseelt auch unser Drama. [...]

Das Heer, in dem Kleist seine Jugend verbracht hatte, war zur Hälfte Söldnerheer und in seinem Charakter dadurch bestimmt gewesen: in dem starren, schematischen Drill, der unmenschlichen Härte seiner Justiz, der berechneten Künstlichkeit seiner Verwendung und dem völligen Mangel an Bewegungsfreiheit für den Einzelnen. Dieses Heer hatte vor dem begeisterten Andrang der französischen Truppen versagt. Das neue Heer, das den Feind abwehren und dem deutschen Volke die Freiheit wieder gewinnen sollte, mußte selbst ein Volksheer sein, ein lebendiges, von eignem Willen und wirklicher Vaterlandsliebe beseeltes Organ des Volkes. Mit der veränderten Rekrutierung und Zusammensetzung wurde dann von selbst auch eine andre Organisation und Disziplin notwendig. Das sind die Reformen, für die damals die führenden Geister Preußens kämpften und arbeiteten. Kleist selbst wäre gewiß nicht weniger zur Mitarbeit an diesem Werke berufen gewesen, als sein Freund Rühle von Lilienstern [...]. Und in den letzten Wochen seines Lebens durfte er in der Tat hoffen, in der Umgebung des eigentlichen Schöpfers der Heeresreform, Gneisenaus, seinen Platz zu finden (Br. Nr. 184, vom Oktober 1811), wenn nicht eine Wendung der preußischen Politik diese Hoffnung zerstört hätte. Der ›Prinz von Homburg‹ streift diese Reformen mit keinem Wort, setzt sie aber deutlich voraus.«

Meyer-Benfey: Das Drama Heinrich von Kleists. Bd. 2: Kleist als vaterländischer Dichter. Göttingen: Hapke, 1913. S. 482 bis 484.

Ernst Cassirer (1874–1945):

»[...] eben die nationalen und politischen Tendenzen, die Kleist jetzt ganz erfüllten, scheinen ihm nun [...] ein neues Verständnis für die Ethik *Kants* und für ihren entscheidenden Grundgedanken: für die Gleichsetzung von *Autonomie und Freiheit* eröffnet zu haben. Für diese letzte eingreifende Wandlung, die Kleists Verhältnis zu Kant erfahren zu haben scheint, läßt sich freilich aus den Briefen Kleists kein unmittelbares Zeugnis anführen. Aber die *Dichtung* Kleists spricht hier eine um so deutlichere und überzeugendere Sprache. Nur wer den Stil und Charakter dieser Dichtung völlig verkennt, könnte freilich daran denken, ihr irgendwelche allgemeine philosophische ›Ideen‹ unterlegen und sie aus ihnen ›erklären‹ zu wollen. Aber wie der ›Prinz von Homburg‹ verglichen mit Kleists früheren dramatischen Werken, mit dem Guiscard und den Schroffensteinern, mit Käthchen und Penthesilea, einen völlig eigenen und neuen Stimmungsgehalt besitzt – so spricht sich in ihm unverkennbar auch eine neue *geistige* Gesamthaltung aus. Die tragische Problematik selbst hat sich hier vertieft und erweitert. [...]

Im Prinzen von Homburg [...] stellt sich ein neues Verhältnis der Grundmomente her, aus denen der tragische Gegensatz und die tragische Entscheidung hervorwachsen. Auch hier steht die individuelle Welt des Gefühls gegen eine ›objektive‹ Macht; aber diese Macht gehört einer anderen Ordnung als bisher an. Es ist nicht die Objektivität des Seins und Geschehens, sondern die des Sollens, die den einzelnen bestimmt und bindet. Diese Objektivität aber kann nicht anders überwunden werden, als indem das Individuum sie frei anerkennt und sie damit in ihrem wahrhaft notwendigen Grunde begreift. ›Des Gesetzes strenge Fessel bindet nur den Sklavensinn, der es verschmäht‹: wo die Forderung, die an den Willen des Individuums ergeht, in diesen Willen selbst aufgenommen wird, da hat sie ihre äußerliche zwingende Gewalt verloren.

Und nicht nur im Prinzen von Homburg selbst, sondern auch im Kurfürsten vollzieht sich eine analoge, wenngleich entgegengerichtete Entwicklung: und aus dem Gegeneinander dieser beiden inneren Bewegungen geht erst der eigentliche dramatische Grundprozeß hervor.«

Cassirer: Heinrich von Kleist und die Kantische Philosophie. Berlin: Reuther und Reichard, 1919. S. 48, 50.

Friedrich Gundolf (1880–1931):

»Zwischen dem Prinzen von Homburg und dem Großen Kurfürsten spielt sich das Drama ab: der eine verkörpert all die Triebe hold und gefährlich irrationellen Menschtums von denen die jugendlichen Helden Kleists bisher besessen waren, als wehrloser Träger einer geheimnisvollen Dämonie. Ihm gegenüber der Große Kurfürst, die Verkörperung des überlegenen Weltverstandes, des bedingten sachlichen Gesetzes und des stetigen zuchtvollen Herrscherwillens. Episodische Ansätze zu einer solchen Gestalt fanden wir schon in früheren Stücken: der Gerichtsrat im Zerbrochnen Krug, Sylvester in der Familie Schroffenstein, Jupiter im Amphitryon, Marbod in der Hermannschlacht und vor allem Robert Guiskard. Doch erst im ›Prinz von Homburg‹ erscheint ein Vertreter des vernünftigen Gesetzes als aktive und schicksalbestimmende Gestalt. Die früheren waren nur Nebenfiguren oder Dulder, nur dazu bestimmt, von den Leidenschaften, eigenen oder fremden, oder vom Verhängnis überrannt zu werden. Jetzt zum erstenmal tritt die Vernunft selbst als Verhängnis auf. Der Prinz Friedrich von Homburg ist ein jüngerer Bruder des Achill: aber er ist nicht mehr *hemmungslos* besessen, sondern er vernimmt nach dem ersten Aufbäumen die Stimme des Gesetzes dann doch in sich. Er ist der Heldenjüngling einer disziplinierten Zeit, nicht mehr ein mythischer Halbgott oder ein romantischer Ritter. Diese Heimkehr in eine bedingte, allzubedingte Welt hat Kleist selbst in den Worten des Kurfürsten leicht und tief ironisiert:

Seltsam! – Wenn ich der Dey von Tunis wäre,
Schlüg ich bei so zweideutgem Vorfall Lärm.
Die seidne Schnur legt ich auf meinen Tisch;
Und vor das Tor, verrammt mit Palisaden,
Führt ich Kanonen und Haubitzen auf.
Doch weil's Hans Kottwitz aus der Priegnitz ist,
Der sich mir naht, willkürlich, eigenmächtig,
So will ich mich auf märksche Weise fassen.

Das unromantische Preußentum, die bürgerliche patriarchalische Nüchternheit des gesetzten und beschränkten Lebens ist niemals schärfer bezeichnet worden als in diesen Versen. Doch hat Kleist damit zugleich den Raum umrissen worin sein besessener Held zum Sprenger und zum Dulder werden muß. Eine Verherrlichung des Preußengeistes, der Potsdamer Disziplin an sich auf Kosten des achilleischen Heldensinns ist keineswegs Kleists Zweck gewesen: sein Herz schlug vernehmlich für seinen Prinzen, den er mit allem Glanz und allem Schmerz, aller weichen Dunkelheit und funkelnden Schnellkraft seines eigenen Wesens ausgestattet hat. Aber die halb wohlwollende, halb heitere Darstellung des Preußentums vom Kurfürsten bis zu den Subalternen herab bedeutet die Anerkennung von Grenzen denen auch das reichste Geschöpf sich zu fügen habe.«

Gundolf: Heinrich von Kleist. Berlin: Bondi, 1922. S. 142 f.

Walter Muschg (1898–1965):

»Die rein ideelle Grundlage des Konflikts ist so unzweideutig sichtbar wie in der Hermannsschlacht oder im Michael Kohlhaas: scheinbar dreht sich das Ganze um einen rechtsphilosophischen Fall, tatsächlich aber um die Auseinandersetzung von Werten, die man unwillkürlich immer wieder metaphysisch nennen möchte und die es mit Vorbehalt auch sind: um Leben und Tod, Leib und Geist, Uniform und Blut. Homburgs Bekehrung wird am deutlichsten in ihren Folgen erkannt, und diese bestehen in der Bejahung einer kriegsrechtlichen Schuld, Anerkennung des Fürsten usw. Aber die Kraft, welche die Bekehrung herbeiführt, ist die Macht des Todes selbst. Hat man das stete Hinüberspielen der Form in die Idee, wie es im Michael Kohlhaas so einzigartig auftritt, erkannt, dann greift man zu anderer Terminologie: dem militärischen Mißbrauch von Blut und Wirklichkeit folgt als Ausgleich der Zwang, an Blut und Wirklichkeit unterzugehen. Die unmenschliche Feindseligkeit der Natur muß zur Sühne für die soldatische Anbiederung an das Rätsel in vollem Maß erlitten werden. Dazu wird Prinz Friedrich gezwungen, nicht zur Anerkennung eines militärischen Vergehens. Seine Todesangst ist die Korrektur der einstigen Ekstase. Er verliert entsetzlich das Vertrauen auf seine eigene Geborgenheit und alle festen Konturen, verwandelt sich in immer schwankendere Gestalt und landet endlich bei der tiefsten Not: in vollkommener Umkehrung seiner Haltung in der Schlacht und in engster Anlehnung an den im Zimmer Luthers stehenden Kohlhaas schleicht er verkleidet zur Prinzessin und bittet um sein Leben. Er hat alle Hoffnung aufgegeben, auch nur die Blonde oder Braune zu erreichen, ist mit beliebigen Kleidern angetan und innen nur verzweifelter Mensch, wie er bei Fehrbellin als hochfahrender Offizier auftrat und bis ins Innerste von der Gefahr unberührt blieb.«

Muschg: Kleist. Zürich: Seldwyla, 1923. S. 305 f.

Friedrich Braig (1889–1968):

»Ein Traum ist alles Leben für die im Dunkel der Erdnacht wandelnde Menschheit ohne die Sonne des Lebens in Christus. Der Mensch ist durch seine Überhebung im Paradiese der Sünde verfallen und krank an sich geworden. Nun wandelt er ichbefangen durch die Welt und ruft in die Nacht, aber das Echo äfft nur immer seine Stimme nach und er bleibt ohne Antwort, wenn nicht innen im Herzen ein Licht, eine Sonne aufgeht und ihm das verlorene Paradies, den Himmel wieder eröffnet. In seinem historischen Helden, im Prinzen von Homburg, führt der Dichter seinem Volke diesen Weg der Menschheit vor, damit jeder einzelne mit ihm gehe und sich wandle mit ihm, damit alle mit ihm zur herrlichen Erhebung und zur wahren Freiheit gelangen.

Der Garten des Schlosses zu Fehrbellin ist der Paradiesesgarten, wo ›Levkoyn und Nelken‹ lieblich duften, aber Nacht ist es im Paradiese und traumwandelnd nur geht der Mensch in ihm, der junge Prinz von Homburg. Seine Augen sind geöffnet, aber er sieht nicht, sein Ohr ist gespannt, aber er hört nicht. Wie Adam wandelt er beim Sündenfalle, verliebt in sich und ganz nur in seinem Ich befangen. Er windet sich den Lorbeerkranz des erträumten Ruhmes, denn er nimmt, der Überhebliche, den Lohn voraus für ungetane Taten. Wäre ein Spiegel in der Nähe, er würde ihm ›eitel, wie ein Mädchen nahn‹, denn wie Narziß, der sich im Quell bespiegelt, sieht der Sehend-Blinde nur sich und seine Willkürträume: ›Sterngucker ... im Geist, Aus Sonnen einen Siegeskranz ihm winden.‹

Da öffnet sich das Tor des Schlosses, eine Lichtflut strömt heraus als ob die seligen Himmelsräume selber erschlossen wären, und wie Gott Vater, der Herr der Welten, erscheinen der große Kurfürst ›mit der Stirn des Zeus‹, die Kurfürstin, Natalie, die Geliebte seiner Seele, alle, die Homburgs Herzen teuer sind, als die verklärten seligen Geister. Und sie steigen die Schloßtreppe wie die Himmelsleiter hernieder, wunderbare Wohligkeit, das Vorgefühl der ewigen Glückseligkeit durchströmt den Prinzen, er träumt voraus den Traum des ewigen Lebens.«

Braig: Heinrich von Kleist. München: C. H. Beck, 1925. S. 386 f.

Gerhard Fricke (geb. 1901):

»Erkennt der Staat, in dem sich, um einen Schleiermacherschen Ausdruck zu gebrauchen, die Nation gleichsam ›darstellt‹, in dem Augenblick höchster Gefahr die ihm vom Schicksal unerbittlich gestellte Aufgabe, erhebt er sie zu dem einen, glühend verfolgten Ziele, dem er alles andere unterordnet: – dann wird er zur unmittelbaren, heiligen und lebendigen Erscheinung der Nation, dann handelt er der Bestimmung des Ganzen und mithin auch der aller Einzelnen gemäß, dann darf er aus heiliger Vollmacht seine Glieder zu dem Gehorsam zwingen, den sie nur in vermessener, in ihr endliches Dasein individualistisch-verstrickter Verblendung verweigern können.

So ist im ›Prinzen von Homburg‹ der Kurfürst als Landesherr die Verkörperung des Staates und der Inbegriff der Nation. Sein Wille ist unverbrüchlich und heilig, wofern er nicht von dynastisch-selbstsüchtigen Motiven bestimmt ist, wofern er wirklich ›die Seele‹, der ›Schwerpunkt‹ des Ganzen ist.

In dieser *realen*, existentiellen Identität, nicht aber in irgendeinem Gesetz, einer an sich bestehenden Idee von abstrakter Gültigkeit, liegt der unbedingte Anspruch des ›Staates‹, des Führers, liegt die *Heiligkeit* etwa des Kriegsgesetzes, sein Recht, den Einzelnen zu zwingen: Denn es zwingt ihn ja nicht zur Abstraktion eines allgemeinen Gesetzes, es zwingt ihn, seinem eigenen wahren Selbst und Gefühl, seiner tiefsten Wirklichkeit und Bestimmung zu gehorchen. Denn, – das ist die eigentümliche existentielle Dialektik Kleists im ›Prinzen von Homburg‹, die, zugleich ein Ergebnis alles früheren, hier einmal in abstracto vorausgenommen sei: Das Erste und Letzte ist für Kleist nie das Gesetz, nie die Idee, die im reinen Nichts der völligen Abstraktion vor, über und außer aller Wirklichkeit ›gilt‹, – das Erste und Letzte sind für Kleist die gottgeschaffenen naturgewollten Wirklichkeiten des Ich und der Gemeinschaft, die wesentlich ›frei‹, d. h. zu einem eigenen, heiligen Zweck und Leben auf Erden bestimmt sind. Im Gefühl, d. i. in der Gewißheit dieser konkreten, realen Bestimmung existiert der Einzelne wie die Nation, – und darin ist ihre Existenz heilig und unantastbar.«

Fricke: Gefühl und Schicksal bei Heinrich von Kleist. Berlin: Junker und Dünnhaupt, 1929. S. 175 f.

Hellmuth Kaiser (gest. 1961):

»Der Prinz liebt eine Frau, die für ihn unnahbar ist. Erst wenn der Kurfürst tot ist und der Prinz durch besondere Leistungen sich zu seinem Nachfolger gemacht hat, darf er um sie werben. Für diese Werbung aber wird er von dem wieder zum Leben erweckten Kurfürsten, der über die Geliebte des Prinzen anders verfügen möchte, zum Tode verurteilt.

[...] Bei der strengen Geltung, die das Talionsgesetz für das Unbewußte besitzt, läßt der Umstand, daß der Prinz vom Kurfürsten die Todesstrafe erwartet, darauf schließen, daß er gegen den Kurfürsten geradezu Tötungsabsichten gehegt hat. Da diese Erwartung erst in dem Moment aufsteigt, in dem er seine Werbung um Natalien ins Spiel gezogen und mit der Bestrafungsfrage verknüpft sieht, können wir annehmen, daß seine Liebe zu Natalien die Grundlage seines Hasses gegen den Kurfürsten ist. Endlich bemerken wir, daß der Prinz den Kurfürsten mehrfach – insbesondere auch in der ersten ›Traumszene‹ – mit den Worten ›Mein Vater‹ anredet. So ergibt sich das Bild der Ödipussituation. Der Held wünscht seinem Vater den Tod, um sich der geliebten Frau, über die bisher der Vater verfügen konnte, zu bemächtigen. Diese Frau ist allerdings nicht die Gattin des Kurfürsten, sondern dessen Nichte, wodurch die Kraßheit der inzestuösen Liebe gemildert wird. Die Tötung des Vaters gelingt nicht, da der Sohn den Vater ja nicht nur haßt, sondern zugleich mit einer starken Liebe liebt. Diese Sohnesliebe, im Stallmeister Froben verkörpert, rettet den Fürsten.* Den vatermörderischen Sohn

* Die innere Zusammengehörigkeit des Prinzen von Homburg und des Stallmeisters Froben ist leicht zu sehen. Einerseits identifiziert sich der Prinz mit dem Stallmeister, wenn er sagt: ›Wenn ich zehn Leben hätte, könnt' ich sie besser brauchen nicht als so.‹ Anderseits tritt Froben, genau wie der Prinz es beabsichtigt, an die Stelle des Kurfürsten, indem er dessen Pferd besteigt und ›büßt‹, wie jener es sollte, diese Tat mit dem Tod. Es geht nicht einmal ohne einige Gewaltsamkeit ab:

›Und fällt dem Tier des Herren in den Zaum.‹

Dies In-die-Zügel-Greifen aber ist es gerade, was der Kurfürst dem Prinzen von Homburg zum Vorwurf macht: Im fünften Auftritt des fünften Aktes sagt der Kurfürst mit Bezug auf den Prinzen zu Kottwitz:

›Mit welchem Recht, du Tor, erhoffst du das,
Wenn auf dem Schlachtenwagen eigenmächtig
Mir in die Zügel jeder greifen darf?‹

aber trifft die Todesstrafe – die freilich nicht vollstreckt wird. Jedoch kommt es bis zu der aus der Ödipussage bekannten Blendung (Kastrationsersatz), die allerdings hier auch nur durch die Augenbinde angedeutet wird.
Wir verstehen jetzt, inwiefern die Todesangst des Prinzen in den Gang der Handlung gehört. Der Held hat sich nicht nur *ein* Vergehen zuschulden kommen lassen, sondern zwei, ein offenkundiges, die Insubordination in der Schlacht, und ein geheimes, die Ödipustat.«

Kaiser: Kleists »Prinz von Homburg«. In: Imago. Zeitschrift für Anwendung der Psychoanalyse auf die Natur- und Geisteswissenschaften 16 (1930) S. 124 f.

Georg Lukács (1885–1971):

»›Prinz Friedrich von Homburg‹ ist Kleists erstes und einziges Drama mit einem Konflikt zwischen Individuum und Gesellschaft. Teilnahme am nationalen Befreiungswerk spiegelt sich hier in der dramatischen Weiterentwicklung wider, wenn Kleist sich auch an diesen Kämpfen auf der reaktionärsten Seite beteiligt hat. Denn die dramatische Fragestellung des ›Prinzen von Homburg‹, der Konflikt, steht im engsten Zusammenhang mit den Bestrebungen der preußischen Reformer, mit dem Versuch einer inneren Erneuerung Preußens aus dem erwachten nationalen Gefühl heraus.
Aber gerade hier treten die Konsequenzen von Kleists altpreußischem Junkertum dichterisch zutage. Die Erneuerung des Preußentums aus dem Gefühl heraus hat bei ihm keinen objektiv-geschichtlichen Inhalt, bleibt eine subjektiv-individualistische Empörung und wächst dann zu einer subjektiv-individualistischen Bejahung und Begeisterung. [...] Deshalb kann er als gesellschaftliche Umwelt nur das starre alte Preußen gestalten. Und zwar tritt dieses alte Preußen, das Preußen des ›Großen Kurfürsten‹, im Drama nicht nur als gesellschaftliche Macht auf, sondern wird am Ende des Dramas, ohne eine Veränderung erfahren zu haben, glorifiziert.
Dieser Welt steht die rein individuelle, die solipsistisch in sich abgesperrte Leidenschaft des Prinzen von Homburg gegenüber. [...] Der Konflikt kann sich dementsprechend ausschließlich in der Seele des Helden selbst abspielen. Er

kann nach der Konzeption Kleists nur damit enden, daß der Prinz die absolute Notwendigkeit der Disziplin begreift, daß er seinen eigenen Bruch der Disziplin als Verbrechen gegen den Staat bewertet, als ein Verbrechen, für das er nach eigenem Urteil den Tod verdient hat.
Das unveränderte Altpreußen triumphiert also über die individualistische Gefühlsrevolte. Freilich steht Kleist doch so stark unter dem Einfluß der Zeitströmungen, daß er trotz alledem einen Ausgleich sucht. Da aber die Gefühle seines Helden keinen gesellschaftlichen Inhalt haben, kann dieser Ausgleich nur eklektisch sein. Die Braut des Prinzen drückt diesen eklektischen Charakter der Kleistschen Lösung in ihrem Gespräch mit dem Kurfürsten zur Rettung Homburgs ganz klar aus:

Das Kriegsgesetz, das weiß ich wohl, soll herrschen,
Jedoch die lieblichen Gefühle auch.

Durch eine solche Auffassung des Konflikts erhält dieses letzte und reifste Drama Kleists, trotz der glänzenden Dramatik seines szenischen Aufbaus, den inneren Charakter eines *Entwicklungsromans.* Sein Gegenstand ist die Erziehung des Prinzen von Homburg: aus schwärmerischer Gefühlsanarchie zum Preußentum.«

Lukács: Die Tragödie Heinrich von Kleists. In: G. L.: Werke. Bd. 7: Deutsche Literatur in zwei Jahrhunderten. Neuwied/Berlin: Luchterhand, 1964. S. 217–219. [Erstdr. in: Internationale Literatur. Deutsche Blätter (Moskau) 7 (1937) H. 8. S. 105–126.]

Max Kommerell (1902–44):

»Zwei Wirklichkeiten streiten, welche wirklicher ist. Was sich zuträgt zwischen Rampe und Garten, besteht doppelt: einmal in der Deutung des Kurfürsten und noch einmal in der Deutung des Prinzen. Die Deutungen sind unvereinbar. Sicher ist nur: der hier befremdlich hingedehnt ist in der Wollust der Selbstversunkenheit, entspricht nicht dem geforderten Helden des märkischen Raumes. Er ist da, ein Fremdestes in diesem Kreis, mit der Wehrlosigkeit des Unbewußten dem Versuch des Verstandes preisgegeben; in seiner Scham und Verstecktheit angeleuchtet von den Fackeln der Hinzudringenden. Gebärden des Staunens, des Nicht-

und Mißverstehens, des Herumratens, das die magische Abgeschlossenheit des Prinzen nur vertieft: so ist der Schlaf die Verschlossenheit des Sinnes für das Wirkliche, beantwortet mit barscher Rüge: ›Im Traum erringt man solche Dinge nicht.‹ Aber der dem Wirklichen verschlossene Sinn geht einem inneren Raume auf, der auf eine schwer auszusprechende Weise dem wirklichen Raum gleich und ungleich ist, ihn in liebender Gewalt einschließt und seine Figuren mit eigenen Hoffnungen benennt. Alles, wovon man denkt, es ist nicht und wird nie sein, das ist. Der Schwärmer fand den Lorbeer, er bestand die Schlacht, er empfängt das doppelte Symbol der höchsten fürstlichen und weiblichen Gunst – nicht nur dies: er ist mit allem eins, was ihn so fremd anherrscht, er denkt den fast zärtlichen Segen des Gebieters auf sich herab, so wie er mit reinster Demut zu ihm aufsieht; nichts von Abstand und Anderssein ist ihm bewußt; die Gebärden sind so, daß alles sich Fliehende wunderbar grüßt und aufs innigste erkennt. Und das Drama gibt diesem schmeichelhaften Wahn recht. Am Ende ist die Welt und ist der Träumer so, wie sein Schlaf beide erschaffen hat.«

Kommerell: Die Sprache und das Unaussprechliche. Eine Betrachtung über Heinrich von Kleist. In: Das Innere Reich. Zeitschrift für Dichtung, Kunst und deutsches Leben 4 (1937/38) S. 659 f.

Fritz Martini (geb. 1909):

Die Idee des absoluten *Gesetzes*, die in des *Kurfürsten* anfänglich schroffer Scheidung von Willkür und Satzung liegt – ohne daß seine Persönlichkeit ohne weiteres mit ihr in Einklang steht – wird überwunden, das Gesetz innerlich als lebendige Kraft erfahren und über ihm und dem notwendigen Gebot des Herrschers eine letzte Ordnung, die Bestimmung und Zukunft des Vaterlandes erkannt. Das Vaterland ist der Sinn des Gesetzes; es muß ganz in seinem Fürsten leben. Das Gesetz ist eine lebendige, zeugende Geschichte, in der alle diese Männer und Frauen tief nach Blut, Bestimmung und Leistung stehen. Dieser Staat ist geschichtlich geworden durch sein Soldatentum, durch seine Siege. In ihm offenbart sich der Herzschlag der Geschichte.

Seine Satzung, deren äußerste Erscheinung die märkischen zehn Gebote bilden, ist so eine gewordene, notwendige Wirklichkeit, die durch Tat und Opfer immer neu befestigt wurde und werden muß.

Der Staat umfaßt damit die Gemeinschaft in ungebrochener Reinheit und erhebt zugleich die Idee des *Führertums*, wie sie in der ›*Hermannsschlacht*‹ erschien, zu einem dauernden, unbedingten Gesetz. Er empfängt, als geschichtlich geworden, von der Vergangenheit, ihren Schlachten, Taten und Opfern eine innere Heiligung. Als eine auch nur menschliche Satzung stellt er zugleich vor jene innere Antinomie der Wirklichkeit, auf die Kleists Geschichtserfahrung immer wieder weist. Auch dieser Staat ist eine Verkörperung des Göttlichen im irdischen Geschehen, – nicht nur in seiner ›Idee‹, sondern in seiner Wirklichkeit, die eine siegreiche Zukunft umschließt. Ganz in die Wirklichkeit des Daseins verflochten, innerlich und äußerlich bedroht, muß er vom Menschen nach innen und außen stets neu behauptet und bewährt werden. Geschichtlich geworden, ist er zugleich eine übergeschichtliche Macht, die Geschichte wirkt. Auf sie kommt es an, auf ihre Größe und Zukunft, nicht auf das Gesetz als eine autonome, absolute Satzung. Niemals aus ihr allein kann der Sieg errungen werden, sondern allein durch die freie Hingabe des Gefühls an ein glühend erlebtes Ziel, das die Größe des Ganzen, nicht des Ich bedeutet und deshalb zugleich die unbedingte Fügung in das Ganze fordert.«

Martini: Heinrich von Kleist und die geschichtliche Welt. In: Germanische Studien 225 (1940) S. 100 f.

Benno von W i e s e (geb. 1903):

»Weder wird das Ich dem Gesetz geopfert, noch schließt das Gesetz die Wahrheit des Ichs aus. Der Prinz wächst über das a priori seines Traumes hinaus und nimmt die Wirklichkeit des Staates in das eigene, noch über den Staat weit hinausgehende Gefühl auf. Das ewige und tragische Ich erfüllt seine göttliche Bestimmung, indem es in der freien Bejahung des Staates die Katastrophe der Zernichtung überwindet und in der Bereitschaft zum Todes-Opfer der Gnade teilhaftig werden kann. Damit aber wird der

Dämon des Prinzen, der zunächst fast außerhalb der brandenburgisch-preußischen Staats- und Militärvorstellungen befremdend in Erscheinung trat, zu einer lebenspendenden Kraft innerhalb des Staates und für den Staat und gegen den Feind.

›Blüht doch aus jedem Wort, das du gesprochen,
Jetzt mir ein Sieg auf, der zu Staub ihn malmt.‹

Der Kurfürst wiederum verkörpert den Staat, aber nicht abstrakt-allgemein, sondern als konkrete fürstliche Person, Heeresfürst, Staatsmann und Familienvater in einem, und so, daß er als fürstliche Person nicht nur das Gesetz vertritt, sondern auch die Freiheit zur Gnade hat. Nicht nur von der Wahrheit des zu sich selbst entschlossenen Menschen wird die staatliche Macht und der in ihr verkörperte objektive Gesetzesanspruch freiwillig anerkannt, auch von oben her, vom Staate aus wird das sich immer wieder erneuernde Leben bejaht, und das Gesetz behält nur dort seinen Sinn, wo die spannungsvolle und ins Tragische hineinreichende Dissonanz zum Gefühl immer wieder neu aufbricht und immer wieder neu aufgelöst werden muß.
Die Überwindung des Tragischen bei Heinrich von Kleist, das bedeutet zwar *nicht mehr Theodizee* im Sinne der von Lessing bis zu Goethe und Schiller entwickelten Voraussetzungen. Es war zunächst *Rechtfertigung des vom Gefühl her lebenden, liebenden Menschen*, die auch noch der schrecklichen Gebrechlichkeit dieser durch Schein und Wahn verdunkelten Welt standhielt. [...]
So sehr sich für Kleist der ›unbegriffene‹ Gott bereits verdunkelt hat und so wenig die Wirklichkeit als solche für ihn bereits Theodizee bedeutet, von der mit ihm eingeleiteten, sich immer mehr nihilistisch verdüsternden Tragödie des 19. Jahrhunderts scheidet ihn sein frommer Glaube an das im Menschen auch noch in einer Welt verwirrender Dämonen sichtbar gewordene Heilige und sein Wille zur Geschichte, der hier noch einmal im elementar Unbewußten den Durchbruch des Ewigen erfährt.«

Wiese: Die deutsche Tragödie von Lessing bis Hebbel. Tragödie und Theodizee. Tragödie und Nihilismus. Bd. 2. Hamburg: © Hoffmann und Campe Verlag, 1948. S. 101 f.

Friedrich Beißner (1905–77):

»In den ersten zehn Versen des Prinzen Friedrich von Homburg wird sogar, um dem großartigen Propylaion des Schauspiels durch genaues Ebenmaß die rechte Würde zu verleihen, ein schweres Anakoluth gewagt, das den Einschnitt der Mitte deutlicher hervortreten läßt, als wenn die Konstruktion beibehalten würde:

Der Prinz von Homburg, unser tapfrer Vetter,
Der, an der Reuter Spitze, seit drei Tagen
Den flücht'gen Schweden munter nachgesetzt
Und sich erst heute wieder, atemlos,
Im Hauptquartier zu Fehrbellin gezeigt:
Befehl ward ihm von dir, hier länger nicht,
Als nur drei Füttrungsstunden zu verweilen,
Und gleich dem Wrangel wiederum entgegen,
Der sich am Rhyn versucht hat einzuschanzen,
Bis an die Hackelberge vorzurücken?

Die ersten fünf Verse stellen das Subjekt des berichteten Sachverhalts hin, und zwar im Subjektskasus, dem Nominativ; dann folgt, was diesem Subjekt entgegentritt als Forderung und Widerstand, ebenso fünf Verse füllend; und was den Widerstand, gegen den sich das Ich des Helden nicht bloß in diesen Anfangsversen, sondern im ganzen Schauspiel behaupten muß, recht eigentlich ausmacht, das wird nun, vermöge des gewagten Anakoluths, ihm auch als Subjekt, im Subjektskasus entgegengesetzt mit betonter, artikelloser Spitzenstellung des Wortes, um das es im ganzen Schauspiel geht: *Befehl.* Die Opponenten sind damit, auch auf dem Felde der Syntax sozusagen mit gleichen Waffen, angetreten, das Ich und sein Widerstand: *Der Prinz von Homburg – Befehl.*

Es muß füglich bezweifelt werden, ob *Kommerell* recht hat mit seiner Behauptung, die dramatischen Helden Kleists vergriffen sich im Ausdruck, sie redeten ›drauflos‹. Solche Deutung trifft zu auf die Dichtersprache des Sturms und Drangs. Aber Kleist ist kein Stürmer und Dränger. Die von der Klassik geleistete Schmeidigung der dichterischen Kunstmittel ist bei ihm vorauszusetzen und darf vorausgesetzt werden. Die gelegentlichen Anakoluthe (das ist hoffentlich vorhin deutlich geworden) oder die Erscheinung, die von Schulmeistern ›Schachtelstil‹ gescholten wird, sind nicht einfach als Ungeschick zu erklären, auch nicht aus einer halb metaphysischen ›Mühe‹ des Sprechens (Kommerell). Auch der Erzähler Kleist baut nicht selten seine Sätze so wie seine dramatischen Gestalten an den Stellen, wo sie sich nach Kommerells Meinung hastig im Ausdruck ›vergreifen‹. Immer ist es das Ich, dem ein Widerstand sein Ziel verstellen will, und der gestaltende Dichter kommt ihm zu Hilfe, indem er es eifervoll aufstutzt [...].«

Beißner: Unvorgreifliche Gedanken über den Sprachrhythmus. In: Festschrift Paul Kluckhohn und Hermann Schneider. Tübingen: Mohr, 1948. S. 438 f.

Franz Hafner (geb. 1925):

»Die Kunst Heinrich von Kleists läßt sich nicht wie diejenige Goethes auf Farben beziehen, durch Vergleiche mit der anschaulichen Natur deuten. Sie ist in ihrem innersten Wesen unplastisch. Zwar kennt auch sie leuchtende Bilder, doch sind diese nie in sich vollendet. Kleist musiziert mit den einzelnen Bildern, er läßt sich nicht lange darauf ein, er eilt stets zu neuen fort und fügt alle in einen höheren Zusammenhang. Diese übergreifende Ordnung ist rhythmischer Art. Um sie zu erfassen, müssen wir die Dichtung musikalisch, das heißt in ihrem innern Bewegungsablauf und der Weise ihrer Stimmführung, verstehen. In der musikalischen Bewegung spricht sich Kleist am unmittelbarsten aus, darin offenbart sich der Grund seiner Kunst.
Die Interpretation eines kleistischen Werkes hat sich in erster Linie um die Erhellung dieses Grundrhythmus zu bemühn. An diese Aufgabe wollen wir uns wagen, auch wenn wir zum vornherein wissen, daß er sich nicht selber darstellen, sondern nur indirekt beschreiben lässt. [...]

Der Rhythmus

Das ganze Spiel wird von *einem* großen Gegensatz bestimmt, vom Gegensatz zwischen dem Ewigen und der Endlichkeit. Kleist wählt für beide Sphären eindrückliche Symbole: den Traum, die Liebe, die Unsterblichkeit auf der einen, den Krieg, das Gesetz und den Tod auf der an-

dern Seite. Er stellt die Hälften, in welche seine Welt zerfällt, schroff nebeneinander. Beide erscheinen in der extremsten Form und bringen so ihre Eigenart ganz besonders zur Geltung. Kleist charakterisiert durch den Gegensatz, er ist ein Meister des Kontrapunkts.
Der Prinz von Homburg ist Träumer und Krieger zugleich. Er, der General der Reiterei, träumt von Unsterblichkeit und Liebe. In seiner Brust stoßen die beiden Sphären der Welt zusammen. Er wird sie, seinem Wesen gemäß, miteinander in Berührung bringen, er setzt sie gegeneinander in Bewegung und muß ihren Kampf in der eignen Brust austragen. Die Auseinandersetzung erfolgt in ganz bestimmten Bahnen, sie wird in ihrem Ablauf durch das eigenartige antinomische Verhältnis beider Sphären bestimmt. Die dramatische Bewegung verläuft kontrapunktisch. Die zwei Themen werden zuerst parallel nebeneinander fortgeführt, überschneiden, widersprechen und bekämpfen sich dann und gelangen am Ende zu einem tiefern Ausgleich, zu einer gegenseitigen Begrenzung und Beruhigung. Das Drama weist in seiner Struktur eine große Ähnlichkeit mit dem Bau eines Sonatensatzes auf. Der erste und zweite Akt entsprechen der Exposition, der dritte und vierte der Durchführung, und der fünfte Akt ist der Reprise gleichzusetzen.«

Hafner: Heinrich von Kleists »Prinz Friedrich von Homburg«. Zürich: Atlantis, [1952]. (Zürcher Beiträge zur deutschen Literatur- und Geistesgeschichte. Hrsg. von Emil Staiger. Nr. 4.) S. 87 f.

Alfred Schlagdenhauffen (geb. 1893):

»On serait tenté d'appeler le *Prince de Hombourg* un drame philosophique si le terme n'évoquait l'emploi de développements abstraits. L'art de Kleist les suggère par la psychologie des personnages et l'intensité des situations dramatiques. L'arrière-plan est uniformément sombre, une réalité faite d'incohérence et de dysharmonie. Absurde cet univers où l'élan génial est méconnu, où l'action personnelle est incompatible avec la loi, où la loi est tyrannique et la grâce arbitraire, où une plaisanterie engendre une faute et entraîne la mort de l'innocent, où le sentiment est trompeur et la pensée logique en contradiction avec le réel. Cet univers en équilibre instable fait penser au vieux symbole kleistien de la voûte: si, tout en n'ayant pas de support, elle ne s'effondre pas, cela tient au fait, dit le poète, que toutes les pierres tendent à tomber, toutes à la fois – weil alle Steine auf einmal stürzen wollen [...]. Mais alors que, dix ans plus tôt, en écrivant ces mots, il pensait en tirer pour la vie une ›consolation infiniment réconfortante‹, maintenant il lui en reste une autre, celle d'avoir réussi, en une forme accomplie, l'expression de son profond désarroi: le *Prince de Hombourg.*«

Schlagdenhauffen: L'Univers Existentiel De Kleist Dans Le Prince De Hombourg. Paris: Les Belles Lettres, 1953. S. 102 f.

Gustave Mathieu (geb. 1921):

»Whenever a guilty person makes a ›voluntary‹ confession against his better interests, and no physical violence has been used, it is interesting to inquire whether psychological methods were applied. The following questions may be asked: Have the authorities tried to induce a highly anxious and emotional state? Have they sought to hasten the breakdown by increasing tension through such means as letting the prisoner hear the firing squads at work? Have they tried to impress him with the utter hopelessness of his position while at the same time holding out to him the possibility of salvation through co-operation? Have they asked the accused to become his own judge? Have they endeavoured to make the prisoner feel a preference for punishment rather than continuation of his agonizing mental tension? From the Elector's subsequent way of referring to the Prince's ordeal as ›schooling‹ (1822) it would seem that he considers similar means legitimate methods of political education. [...]

The Prince who goes to plead for mercy is an anguished but not yet broken man, hopeful that Hohenzollern's clever plan (935) will save him from the firing squad. But as he leaves his cell he comes across a freshly dug grave – his own grave which the Elector himself had ordered to be prepared immediately after the Prince's condemnation (1730). This harrowing symbol was, furthermore, to be situated ›dort‹ (1730), that is, in the churchyard adjoining the Prince's prison in the town hall, so that the Prince was bound to become aware of its presence sooner or later. The encounter with the grave ›that tomorrow is to receive my remains‹ completes his disintegration. He is a broken man, whose fear of death has obliterated his former self, his ambitions, his sense of honour and even his self-respect. The Prince, in abject terror, now falls prostrate at the Electress' feet and announces that he is ready to humiliate himself before the world if only he be allowed to live (971–979, 1000–04). And grasping at the seeming straw of salvation he seeks to curry the Elector's favour by renouncing his love for Natalie and praising her readiness to let herself be used as a political expedient for the appeasement of the Swedes (1023–29).

In this scene Kleist has brilliantly dramatized his understanding that the bravest of soldiers, able to face death while fighting on the battlefield surrounded by his comrades-in-arms, can succumb to the agonies of utter despair when facing, alone and outcast, a ruler who creates the impression of callous mercilessness. To a man like the Prince, whose pride and courage spring from his identification with the group, to be cast out is the equivalent of being cut off from mankind. Life itself becomes a rock in a sea of nothingness and he clings to it despairingly and without shame. [...]

In his portrayal of the Elector Kleist shows a prophetic insight that speaks to us, who are conditioned by a preeminently psychological age of adroit manipulation of men's minds, more plainly than to preceding generations. Although he is a man endowed with charity and sympathy, the Elector has acquired a capacity for political craftiness and calculation, sometimes even for cruelty. He could torment heartlessly those whom he loved best and who loved him best. In the art of moulding opinions and shaping attitudes in order to bring about the desired individual or collective action, the Elector has no peer among Kleist's characters except perhaps Hermann.«

Mathieu: The struggle for a Man's Mind: A Modern View of Kleist's »Prinz von Homburg«. In: German Life and Letters 13 (1959 bis 1960) S. 171 f., 176 f.

Walter Müller-Seidel (geb. 1918):

»Bewußtsein, Erkennen und Schuld werden identisch. Von einer solchen Identität im ›Prinzen von Homburg‹ war andeutend bereits die Rede. Es geht dabei vorzüglich um die Verse:

> Schuld ruht, bedeutende, mir auf der Brust,
> Wie ich es wohl erkenne ... (V. 1382).

Auch dieses Schuldbekenntnis ist nur allzu oft mißverstanden worden. ›Homburg ist nicht schuldlos-schuldig ... sondern schlechthin schuldig‹, hat man gesagt. Es sind nicht vereinzelte Stimmen im Chor der Interpreten. Man spricht von Homburgs Ichverfallenheit, von seiner Willkür, seinem ungezügelten Temperament, seiner Leidenschaft oder seiner mangelnden Unterordnung unter das Gesetz. Solche und andere Vorwürfe werden ihm als diejenige Schuld angerechnet, von der er selbst spricht. Sie werden von den Interpreten im Sinne eines Schuldurteils formuliert, als ginge es um den verhältnismäßig eindeutigen Sachverhalt einer gerichtlichen Verhandlung. Mangelnde Unterordnung, ungenügende Subordination – die Deutung wird zum Tribunal. Wo derart eindeutig verfahren wird, sind die Einwände unerläßlich. Gilt das Gefühl eines Menschen wie Homburg nichts? Das ungenaue Hinhören während der Befehlsangabe ist ja zugleich ein Vorzug seines ›Gefühls‹. Und überdies: sein frühzeitiges Eingreifen ist die Folge mangelnder Aufmerksamkeit während der Befehlsausgabe, die aber ist eine Folge der nächtlichen Szene. Es ist eine Traumszene, mit der das Stück beginnt. Der Traum ist im Grunde der Anlaß; es wäre auch der Anfang aller ›Schuld‹. Die Willkür, die ihm vorgeworfen wird, beruht gerade im Unwillkürlichen. Kann ein Mensch, wenn man zurückrechnet, um eines Traumes willen verurteilt werden? Ist er verantwortlich zu machen, ist er ein Schuldiger, wenn er träumt? ›Kann man auch Unwillkürliches verschulden?‹ – Dergleichen will bedacht sein, ehe man sich im Urteil festlegt und deutend – ›versieht‹.

Andererseits ist es der Zustand des Unbewußten, der von den Interpreten eindeutig gedeutet wird. Man spricht von der völligen Unschuld Homburgs, von der Wehrlosigkeit und Wahrheit des Unbewußten, von der Unschuld des

Seins vor allem Bewußtsein. Das eigene Wesen und Schicksal soll er im Traum vorwegnehmen. So liegt denn die Folgerung nahe, er sei Marionette im Sinne Käthchens von Heilbronn. Aber gegen die Wahrheit des Unbewußten spricht das gleichwohl Befremdliche der Situation. Und als Hohenzollern den Kurfürsten für die Traumszene verantwortlich machen will, erwidert der Letztere, ebenso vieldeutig wie überlegen: ›Der sein Versehen veranlaßt hat, warest du!‹ (V. 1719) – was gewiß nicht wörtlich verstanden werden darf, so als sei nun der arme Hohenzollern, die ›delph'sche Weisheit‹ des brandenburgischen Offizierskorps, der Schuldige an dem, was hier mehr zum Scherz eingefädelt worden ist. Aber daß der Kurfürst das Wort ›Versehen‹ gebraucht – vielmehr: daß es Kleist den Kurfürsten gebrauchen läßt, stimmt nachdenklich. Und wo Versehen ist, da wird es problematisch, für die völlige Schuldlosigkeit zu plädieren. [...]

Das Wort ›Schuld‹ steht im Text der Dichtung und wird dem Helden selbst in den Mund gelegt. Seine Gefühlsverwirrung, seine mehrfachen Versehen und seine ›Schuld‹ entsprechen nicht dem Symbol der Marionette, wie sie Kleist versteht. Wo also die Insubordination im individuellen Fall seines verfrühten Eingreifen geltend gemacht wird, bringen wir den Traum und den Zustand des Unbewußten ins ›Spiel‹. Wo man von der Wahrheit des Unbewußten überzeugt ist, erinnern wir an die Formen des Versehens. Und was hier gesagt wurde, trifft zu für die meisten Figuren Kleists. Sie alle – Penthesilea und Alkmene, Eve, Littegarde und die Marquise – sind nicht schuldlos, ohne darum im gewöhnlichen Sinne schuldig zu sein. Es sind die Probleme nicht irgendeiner, sondern der tragischen Schuld, die uns beschäftigen.«

Müller-Seidel: Versehen und Erkennen. Eine Studie über Heinrich von Kleist. Köln/Graz: Böhlau, 1961. S. 204 f.

Siegfried Streller (geb. 1921):

»Im *Prinzen von Homburg* entwickelt Kleist am historischen Beispiel das Bild einer Gesellschaft, wie er sie sich erträumt. Der *Prinz von Homburg* hat eine ähnliche Funktion wie Schillers *Wilhelm Tell.* Er ist eine historische

Utopie. So wie Schiller das Bild einer Revolution entwirft, wie sie nach seiner Auffassung verlaufen müßte, um moralisch gerechtfertigt zu sein, so entwickelt Kleist im Kurfürsten das Idealbild eines Herrschers. Das bedeutet nicht, daß der Kurfürst von vornherein vollkommen ist. Seine Idealität besteht gerade darin, daß er sich entwickelt, daß er von einer vorgefaßten Meinung, einer starren Auffassung des Gesetzes zu einem tieferen Verständnis heranreift. Die Größe dieses Kurfürsten liegt darin, daß er selbst entwicklungsfähig ist und daß er auch in der Lage ist, andere zu entwickeln. Er beherzigt die Ratschläge, die man ihm gibt. Er erwägt, was man ihm an Argumenten entgegenhält, ohne daß er auf die tatsächliche Stellung eines absoluten Herrschers verzichtet, ohne daß er auch nur das geringste vom Dekor aufgibt. [...]
Solange Kleist das Individuum gegen die Gesellschaft verteidigt, übt er notwendigerweise auch Kritik am Staat, am bestehenden Gesellschaftssystem. In dem Augenblick, da er die dialektische Beziehung zwischen Individuum und Staat positiv zu lösen versucht, wird, weil der Dichter mit Adam Müller Staat und Gesellschaft gleichsetzt und nicht nach dem Klasseninhalt differenziert, die Bejahung der gesellschaftlichen Einordnung zur Apologie des bestehenden feudalabsolutistischen Regimes. Die Kritik, die Kleist an der Seelenlosigkeit der preußischen Armee geübt hatte, die Kritik am preußischen Bürokratismus wird zurückgedrängt. Der Versuch, die Mängel der Gesellschaftsordnung durch die Erziehung der Individuen zu beseitigen, hat besonders schwerwiegende politische Folgen. Denn Kleist verherrlicht damit nicht irgendeinen beliebigen Feudalstaat, sondern den besonders reaktionären preußischen Staat und einen besonders negativen Herrscher, den Stammvater des preußischen Militarismus.«

Streller: Das dramatische Werk Heinrich von Kleists. Berlin: Rütten & Loening, 1966. S. 221 f. [Als Habil.-Schr. vorgelegt 1962.]

Hans-Günther Thalheim (geb. 1924):

»Kleist siedelte sein Drama ›Prinz von Homburg‹ in einer Sphäre an, die von Hoffnung und Skepsis bestimmt ist. In der Haltung des Kurfürsten, zwischen seiner Denkweise und den Idealen des Prinzen treten Differenzen hervor, die der glückliche Ausgang nicht löst, sondern nur überspielt. In entscheidenden Fragen scheinen beide aneinander vorbeizureden. Die unzufriedenen Offiziere zeigen sich durch die Erklärung Homburgs und den Begnadigungsakt des Kurfürsten überraschend schnell zufriedengestellt. Die bedrohliche Stimmung und gefährlichen Gedanken, die in ihrem Vorgehen und besonders in Kottwitz' Rede vernehmbar geworden sind, werden von den Jubel- und Siegesrufen des Schlusses einfach übertönt. Ob deshalb wirklich alle ideellen Voraussetzungen für den brandenburgisch-preußischen Staat gegeben sind, um ihm ›ein Geschlecht von Siegen‹ zu erzeugen, muß dem aufmerksamen Beobachter deshalb mit Fug und Recht als fraglich erscheinen. Der Prinz von Homburg sieht den Staat des Kurfürsten im verklärenden Licht seiner eigenen Gefühle, Empfindungen und Vorstellungen und vermenschlicht ihn subjektiv. Bedeutet auch die Wandlung Homburgs subjektiv eine Überwindung seiner Ichbezogenheit, so stellt seine Ansicht objektiv eine Selbsttäuschung dar, da sich am Charakter der bestehenden Verhältnisse, des preußischen Klassenstaates, an der Einstellung und Haltung des Landesherrn nichts geändert hat. Was Gerhard Schneider über Kleists Verhältnis zum preußischen Staat während der Entstehung des ›Homburg‹ schreibt, gilt mit viel mehr Recht für den dramatischen Helden dieser Dichtung im vierten und fünften Akt: ›Er huldigte einem Preußentum, das seine Borniertheit und bürokratische Kurzatmigkeit abgestreift haben und zur Aufnahme schöpferischer eigenwilliger Naturen befähigt sein sollte. Er huldigte einem Preußentum, das, ohne seine innere Struktur verändert zu haben, Glanz und Größe besäße.‹*

Von der Vertretung antifeudaler bürgerlicher Anschauungen kann bei dem Prinzen ebensowenig die Rede sein wie bei Kottwitz, Hohenzollern und Natalie. Sie sind alle denkbar weit davon entfernt, die bestehenden gesellschaftlichen Verhältnisse ändern zu wollen oder mit sozialen Ideen zu sympathisieren, wie sie die preußische Reformpartei zu Kleists Zeit vertrat. Während bei Schiller die

* G. Schneider, Studien zur deutschen Romantik, Leipzig 1962, S. 240.

einfachen Soldaten durch ihr Vorgehen, ihr Auftreten gegen Wallenstein den in tragischer Weise zum Verräter an den nationalen Interessen gewordenen Feldherrn zu realer Ohnmacht verurteilen und sich am Ende die Kürassiere Piccolominis für die Idee einer von nationalem Verrat und feudaler Abhängigkeit freien Nation opfern, läuft das Bestreben Homburgs, seiner nächsten Freunde und adligen Standesgenossen objektiv darauf hinaus, die alte Feudalordnung im Sinne der weltanschaulich-politischen Konzeption des Dichters innerlich zu erneuern, sie gleichsam aktionsfähig zu machen für die auf der Tagesordnung der Geschichte stehende patriotische Aufgabe der Befreiung Preußens von den fremden Eroberern, ohne die wirklichen Voraussetzungen dafür zu schaffen. Der Prinz hat nach seiner Wandlung die Illusion, daß der brandenburgische Staat und sein Herrscher seinem Wunschbild, seinem Ideal entsprechen. In Wirklichkeit paßt er sich auf verinnerlichte Weise der unveränderten Feudalgesellschaft an. Er wird zum Helden im Sinne des vom Kurfürsten verkörperten ›preußischen‹ Gefühls. Die humane Umdeutung des brandenburgischen Staatswesens realisiert sich praktisch als die Unterwerfung Homburgs unter das von altersher Bestehende.«

Thalheim: Kleists »Prinz Friedrich von Homburg« (1965). In: H.-G. Th.: Zur Literatur der Goethezeit. Berlin: Rütten & Loening, 1969. S. 401–403.

Hans Joachim Kreutzer (geb. 1935):

»Eine Schuld des Prinzen eindeutig zu begründen, vermeidet Kleist sorgfältig. Dazu dient die Unterstimme aus der Traumszene mit der Überreichung des Handschuhs. Zudem ist der Knoten ganz unentwirrbar geflochten, denn der Prinz schreibt selbst nieder: ›Vom Platz nicht, der mir angewiesen, weichen –‹ (305). Hinzu treten die warnenden Worte des Kurfürsten (348 ff.). Diese Unauflöslichkeit des Widerspruchs, wie sie in der Exposition erscheint, gehört zu den Kennzeichen der späteren Werke Kleists. So kommt es auch, daß der Prinz trotz Anweisung und Mahnung in seinem Monolog die Fortuna anrufen kann (6. Auftritt). Der II. Akt beginnt mit der Wiederaufnahme des Motivs der Schlacht und schließt völlig entgegengesetzt mit dem Kriegsgericht. Auch beim Angriff des Prinzen sind Ursachen und Schuld unauflöslich verknotet: Kottwitz wird ganz emotional überrumpelt, und Hohenzollern erweist sich hier als inaktiver Zwischenträger. Nach dem ersten Drittel des Dramas (bis Vs. 611) setzt, nach dem vermeintlichen Tode des Kurfürsten, der erste Trugschluß ein, noch gesteigert durch das Wiederaufgreifen des Motivs aus dem Fortuna-Monolog in Vs. 714. Gleich der nächste Vers aber bringt den härtesten Sturz für den Prinzen. Der Kurfürst sucht sich noch gegen die Möglichkeit zu sichern, daß er Homburg mit der Verfügung treffen könnte, doch getäuscht und übereilt zugleich gleitet er in die Verstrickung hinein und legt sich fest.«

Kreutzer: Die dichterische Entwicklung Heinrichs von Kleist. Untersuchungen zu seinen Briefen und zur Chronologie und Aufbau seiner Werke. Berlin: Schmidt, 1968. S. 234 f.

John Martin Ellis (geb. 1936):

»The play makes distinction at first between the sphere of the Elector and that of the Prince. The distinction consists both in ways of behaving and in ways of seeing behavior. The Elector's sphere is that of objective facts and judgments, of law and order, of recognizable legal and moral responsibility, of reason and argument, of conscious decisions and intentions, and actions based on all these things. It is the domain of abstractions: state and government, obedience and authority. The sphere associated with the Prince is the private as opposed to the public sphere, that of the individual, subject to many more pressures than those which operate in the sphere of law and visible responsibility. Here there are factors working below the level of consciousness: deepseated wishes and desires, ambitions, insecurities, loves and hates, jealousies and rivalries.

In the public realm all is open and clear: but in the private realm much is hidden from the individual, as well as from those about him. In the former case there are objective reasons for actions; but in the latter, only dimly understood motives clothed by rationalizations invented to satisfy the demand of the public sphere that an action seem respon-

sible. In the former world, guilt is a limited concept, judged by a court and expiable by payment of a penalty: in the latter, it is an anxiety not fully understood, without visible limit, which gives rise to strange behavior.
Although the play begins by separating these two spheres, as it progresses they begin to seem less distinct. According to the terms of the objective sphere, the Elector may be right to insist on the Prince's death sentence, for it conforms to the norms of that sphere. But what if the unconscious tendency of the Elector is to create a situation in which the sentence is justified? He has numerous indications that the Prince is an irresponsible and disobedient commander, yet *does not remove him from command.* Kleist has, it seems to me, composed a play which explores the complex relation of emotional drives to conscious reasoning. It is part of his strategy to have two central characters, each, at first sight, representing one side of that relation. But the problem of the play is this: Is the difference between the Prince and the Elector that the Prince cannot separate his wishes from reality, while the Elector has learned to do this? Or is it that the Prince is obviously confusing the two, while the Elector, in a more sophisticated and subtle way, is deceiving both himself and those around him? If so, the Elector is far more dangerous and insidious than the Prince, for his actions will seem objective and be regarded as such, but in reality will be based on motives no less personal and amoral than those of the Prince.«

Ellis: Kleist's »Prinz Friedrich von Homburg«. A Critical Study. Berkeley / Los Angeles / London: University of California Press, 1970. S. 12 f.

Katharina Mommsen (geb. 1925):

»Die Gestalt des Prinzen. *Tasso*

Mehr noch als an *Egmont* erinnert der *Prinz von Homburg* aber, wie sich zeigen läßt, an Goethes *Torquato Tasso.* Man denke nur daran, welche Rolle das Motiv der Auszeichnung mit dem Lorbeerkranz im *Tasso* spielt. Goethes Schauspiel beginnt damit, daß zwei Dichterhermen bekränzt werden, die eine – Vergils – mit Lorbeer. Kaum ist Tasso aufgetreten, so kommt es bereits zu der Szene, daß

ihm der Lorbeerkranz verliehen wird. Dabei ist die Zusammenstellung der Personen wie auch ihr Agieren ähnlich wie im *Prinzen von Homburg*. Zugegen sind im *Tasso* der Herzog Alphons, dessen Schwester – die von Tasso geliebt wird – und Leonore Sanvitale. Im *Prinzen von Homburg* ist in beiden Szenen der Kranzdarbietung am Anfang und Schluß des Stückes anwesend der Kurfürst, dessen Frau und seine Nichte Natalie – die von Homburg geliebt wird. Die Veranlassung zur Kranzverleihung geht im *Tasso* wie im *Prinzen von Homburg* aus von dem Fürsten: auf dessen Geheiß findet die Bekränzung statt, und zwar jeweils durch die vom Helden geliebte Verwandte des Fürsten. [...]
Wie der Prinz von Homburg in der Eingangsszene, so wird auch Tasso bei der Kranzverleihung als ein völlig Entrückter geschildert, ›der in den Reichen süßer Träume schwebt‹ (V. 174). [...]
Vor Tassos Phantasie erscheint [...] der ›reine *Spiegel*‹ eines Brunnens, in dem er sich ›so schön bekränzt‹ anschaut (V. 532 ff.):

Und zeigt mir ungefähr ein klarer Brunnen
In seinem reinen Spiegel einen Mann,
Der wunderbar bekränzt im Widerschein
Des Himmels zwischen Bäumen, zwischen Felsen
Nachdenkend ruht: so scheint es mir, ich sehe
Elysium auf dieser Zauberfläche
Gebildet. Still bedenk' ich mich und frage,
Wer mag der Abgeschiedne sein? Der Jüngling
Aus der vergangnen Zeit? So schön bekränzt?
Wer sagt mir seinen Namen? Sein Verdienst?

An die ganze Partie mit ihren schwankenden Fragen erinnert in der Eingangsszene des *Prinzen von Homburg* das Wort Hohenzollerns, gesprochen, während der schlafwandlerisch träumende Prinz ›den Kranz besieht‹ (V. 59 ff.):

Schade, ewig schade,
Daß hier kein *Spiegel* in der Nähe ist!
Er würd ihm eitel, wie ein Mädchen nahn,
Und sich *den Kranz bald so, und wieder so*,
Wie eine florne Haube aufprobieren.

Tasso wird durch die ausdrückliche Aufforderung ›Erwach!

Erwache!‹ aus seinem Träumen zurückgerufen (V. 558). Abermals fühlt er sich durch das Erscheinen Antonios ›aus einem schönen Traum ... aufgeweckt‹ (V. 762). Den Prinzen von Homburg erweckt ein Anruf Hohenzollerns aus dem Schlafwandeln, worauf er jählings ›umfällt‹. Die Szene wirkt wie die Umsetzung des bei Goethe mehr seelischen Vorgangs in einen höchst eindrucksvoll theatralischen.
Beide Themen, das der Bekränzung und das von der traumhaften Entrückung ziehen sich leitmotivisch durch die Handlung des *Prinz von Homburg* wie auch durch die des *Torquato Tasso.*«

Mommsen: Kleists Kampf mit Goethe. Heidelberg: Stiehm, 1974. S. 167–169.

Jochen Schmidt (geb. 1938):

»Wie die Randszenen, so entsprechen einander auch die zweite Szene des ersten Aktes und die erste Szene des letzten Akts. Nicht nur, daß die Szenen-Anweisung beide Male ›Saal im Schloß‹ lautet; auch die Atmosphäre ist die gleiche: diejenige einer buntbewegten Militär- und Hofwelt. In der Paroleszene des ersten Aktes wird den zum Aufbruch in den Kampf bereitstehenden Offizieren der Schlachtplan diktiert, während die Damen auf ihre Evakuierung warten, umgekehrt dringen im 5. Akt die Militärs aus dem Feldquartier in die Welt des Schlosses ein, um unter gespannter Anteilnahme der ›unter der Türe‹ erscheinenden Damen ihre Petition zugunsten des Prinzen vorzubringen. Beide Szenen sind Erörterungs- und Beratungsszenen. Das eine Mal wird der Plan für die bevorstehende Aktion festgelegt, das andere Mal um die Bewertung der nun zurückliegenden Handlung gerungen. Wichtig ist in den Randakten auch die Umkehrung im Verhältnis der jeweils zwei Szenen zueinander. Im ersten Akt geht die Entwicklung vom Bild des im Garten träumenden Prinzen über in die Welt einer lauten, fordernden und verwirrenden Wirklichkeit, im letzten Akt aus dieser Wirklichkeit in die wieder träumerische, aber nicht traumbefangene, sondern traumbeseligte Garten-, ja Blumenwelt des Prinzen, in der sich schließlich Traum und Wirklichkeit gegenseitig aufheben und versöhnen. [...]

Die Struktur des inneren Geschehens ist ähnlich symmetrisch wie die Szenen-Anordnung und der äußere Aufbau der Handlung. Im dritten Akt stürzt der Prinz aus seiner heiteren Ahnungslosigkeit über den Ernst der Lage bis hinab in verzweifelte Todesangst; im vierten Akt erhebt er sich von der Wiedergewinnung der Fassung über stoische Weltbetrachtung bis zur Höhe eigener Entscheidung und mutiger Tat.

Nach allem bilden die Randakte und die zentralen Akte zwei symmetrische Systeme, in deren jedem äußere Struktur und innere Bewegung zu weitgehender Deckung gelangen. Kleist hat in diesem Werk das Äußerste an beziehungsmächtiger Gedrungenheit verwirklicht. Denn die beiden Rahmenakte und die Innenakte bilden nicht nur jeweils für sich ein genau abgestimmtes System; die beiden Systeme stehen auch untereinander in einem beziehungsreichen Verhältnis, vor allem in dem der Analogie:

	Garten	Gefängnis	
1. Akt:			3. Akt
	Schloß	Schloß	
	Schloß	Schloß	
5. Akt:			4. Akt
	Garten	Gefängnis	

Schmidt: Heinrich von Kleist. Studien zu seiner poetischen Verfahrensweise. Tübingen: Niemeyer, 1974. S. 137–140.

VI. Texte zur Diskussion

Kleist in den »Berliner Abendblättern« (6. 11. 1810):

»VON DER ÜBERLEGUNG

Eine Paradoxe

Man rühmt den Nutzen der Überlegung in alle Himmel; besonders der kaltblütigen und langwierigen, vor der Tat. Wenn ich ein Spanier, ein Italiener oder ein Franzose wäre: so möchte es damit sein Bewenden haben. Da ich aber ein Deutscher bin, so denke ich meinem Sohn einst, besonders wenn er sich zum Soldaten bestimmen sollte, folgende Rede zu halten.

›Die Überlegung, wisse, findet ihren Zeitpunkt weit schicklicher *nach*, als *vor* der Tat. Wenn sie vorher, oder in dem Augenblick der Entscheidung selbst, ins Spiel tritt: so scheint sie nur die zum Handeln nötige Kraft, die aus dem herrlichen Gefühl quillt, zu verwirren, zu hemmen und zu unterdrücken; dagegen sich nachher, wenn die Handlung abgetan ist, der Gebrauch von ihr machen läßt, zu welchem sie dem Menschen eigentlich gegeben ist, nämlich sich dessen, was in dem Verfahren fehlerhaft und gebrechlich war, bewußt zu werden, und das Gefühl für andere künftige Fälle zu regulieren. Das Leben selbst ist ein Kampf mit dem Schicksal; und es verhält sich auch mit dem Handeln wie mit dem Ringen. Der Athlet kann, in dem Augenblick, da er seinen Gegner umfaßt hält, schlechthin nach keiner anderen Rücksicht, als nach bloßen augenblicklichen Eingebungen verfahren; und derjenige, der berechnen wollte, welche Muskeln er anstrengen, und welche Glieder er in Bewegung setzen soll, um zu überwinden, würde unfehlbar den kürzeren ziehen, und unterliegen. Aber nachher, wenn er gesiegt hat oder am Boden liegt, mag es zweckmäßig und an seinem Ort sein, zu überlegen, durch welchen Druck er seinen Gegner niederwarf, oder welch ein Bein er ihm hätte stellen sollen, um sich aufrecht zu erhalten. Wer das Leben nicht, wie ein solcher Ringer, umfaßt hält, und tausendgliedrig, nach allen Windungen des Kampfs, nach allen Widerständen, Drücken, Ausweichungen und Reaktionen, empfindet und spürt: der wird, was er will, in keinem Gespräch, durchsetzen; vielweniger in einer Schlacht.‹ x.«

SW II,337 f.

Die Bearbeitung des historischen Geschehens um den Großen Kurfürsten hatte im Geschichtsdrama vor Kleist bereits eine Tradition, in welcher der Feldzug gegen die Schweden mit der Befreiung von Rathenow und der Schlacht von Fehrbellin besonders beliebt war. Das Muster für die Jahrhundertwende lieferte Joachim Christian Blum mit seinem Stück »Das befreite Ratenau« (1775), es folgte von Friedrich Eberhard Rambach »Der Große Kurfürst vor Rathenau« (1795), und ihnen schloß sich Friedrich de la Motte Fouqué an (vgl. Elisabeth Frenzel: Stoffe der Weltliteratur. Stuttgart: Kröner, 1962. S. 373 f.).
Als Fortsetzung seiner 1811 erschienenen »Vaterländischen Schauspiele« veröffentlichte Fouqué 1813 die Sammlung »Dramatische Dichtungen für Deutsche«, in welcher der Zeit vor den Befreiungskriegen entsprechend germanische und preußisch-patriotische Stoffe dargestellt sind:

»Die Heimkehr des grossen Kurfürsten.
Ein dramatisches Gedicht«:

(in: Dramatische Dichtungen für Deutsche. Von Friedrich Baron de la Motte Fouqué. Mit Musik. Berlin, bei Julius Eduard Hitzig. 1813. S. 169–238)

Personen:

Der grosse Kurfürst.
Landgraf Friedrich von Hessen-Homburg.
Derfling, Feldmarschall.
Froben, des Kurfürsten Stallmeister.
Wangelin, Oberst. } Schweden.
Drudenbeck, ein alter Hauptmann. } Schweden.
Olafson, Fähnrich. } Schweden.
Jakob Friedrich von Briest, Landrath, und Erbherr auf Böhne.
Ludmille von Briest, seine Hausfrau.
Georg, sein Sohn.
Voitus, Inspector und Pfarrer zu Rathenow.

Thomas Meerkatz. } Rathenower Bürger.
Kaspar Bach. }
Jahn.
Gerhard.
Brandenburgische und Schwedische Offiziere, Korporale und Soldaten, Hausgesinde, Bürger und Bauern.

Das Stück behandelt die Zeit der schwedischen Besatzung in Brandenburg: die Befürchtung der Bürger, daß der Große Kurfürst beim Kampf der verbündeten Reichstruppen gegen Ludwig XIV. gefallen ist; die Bildung von bäuerlich-bürgerlichen Freischaren gegen die schwedischen Unterdrücker; das unbemerkte Anrücken des Kurfürsten mit der brandenburgischen Armee; die Einnahme von Rathenow mit Unterstützung der bewaffneten Bürger und die Aussicht auf den Sieg bei Fehrbellin.
Die 1. Szene des 2. Akts beherrscht der entscheidende Charakterzug des Landgrafs Friedrich von Hessen-Homburg:

Zweiter Aufzug.

Gegend in der Nähe des Dorfes Parchen. Buschwerk im Hintergrunde.

(Einzelne Brandenburgische Dragoner stehen als Posten umher.)

Ein Korporal *(auftretend).*
Reit't Euch der Teufel, Kinder, daß Ihr Euch
So aus dem Busche vormacht? Stundenweit
Säh' Eins im Sonnenlicht
Die Pickelhauben glänzen. Fort! In Schatten.
Vielleicht erwischt man gar ein schwedisch Wild.
Die Kerl's sind hier zu Land' in guter Ruh' noch,
Denken eh'r an den Türken, als an uns.
(treten Alle in das Gebüsch zurück.)
Jahn. Mir ist nach grad', als wär' der Himmel blauer,
Seitdem wir frisch und ohne Plackerei
Darunter hingehn.
Gerhard. Ja, das ist wohl gut.
Doch Herr mein Gott, wir haben unsre Stadt
Hart unterm Eisenarm des Feind's verlassen,
Und unser ganzes Brandenburger Land.

Jahn. Wer konnte helfen?
Gerhard. Niemand. Eben drum.
Möcht' ich beinah', – verzeih' mir Gott den Wunsch, –
Mich hätt' der Schwindel in den Fluß gestürzt,
Als wir zu Nachtzeit über die Grundschützen
Der Mühle kletterten. Da wär's doch aus.
Denn Lust ist kaum mehr auf der Welt zu hoffen.
Jahn.
Scheint Gottes Sonne ja! Just wenn man's nicht denkt,
Ist unser Herr mit einer Freude nah'.
Gerhard. Man wird's erleben.
Jahn. Frisch nur auf den Weg
Nach Magdeburg. Je weiter weg, je besser.
(sie gehen nach dem Gebüsch zu.)
Einige Brandenburgische Dragoner *(mit angelegten Karabinern vortretend).*
Halt! – Steht! –
Gerhard. Ach Himmel, ach! Nun sind wir hin.
Jahn. Beinahe denk' ich's auch. Sie haben uns.
Korporal. Spione, wo hinaus? – Was zittert Ihr? –
Jahn. Ei Herr –
Korporal. Nur frisch gesagt. Das Läugnen hilft nichts.
Landgraf von Homburg *(auftretend).*
Was giebts hier, Brandenburger?
Gerhard. Brandenburger? –
Jahn. Ei lieber, reicher Gott, ich glaub' wahrhaftig,
Die stehn in unsres lieben Herren Dienst.
Korporal. Sind zwei Spione, mein sehr gnäd'ger Prinz;
Gewißlich.
Landgraf. Schießt mir das Gesindel todt.
Gerhard.
Nein, nein, Ihr Herrn. Wir sind auch Brandenburger.
Landgraf.
Noch schlimmer. Landsverräther! – Schießt sie todt.
Jahn. In Gottes Namen. Schießt Ihr Landsgenossen!
Wir haben ja die Freude noch erlebt,
Kurfürstlich Volk zu sehn auf unserm Grund.
Gerhard.
Wenn's sein muß, – schießt. – Ich hätte nun zwar gern
Ein Stück noch in die Welt hinein gelebt,
Da unser lieber Herr in's Land zurück kommt.

Doch besser schmeckt gewiß der bittre Tod
Von Brandenburgern, als von Fremden. Schießt!
Landgraf.
Den Teufel auch. Wer schöß', den haut' ich nieder.
Ihr seid Kernleute. Ihr verbürgt Euch selbst. –
Sagt einmal, Korporal,
Wart Ihr verrückt, die beiden kräft'gen Kerls
Mit ihren hellen Augen, wackern Mienen
Für zwei Spione anzusehn?
Korporal. Durchlaucht,
Es kommt mir selbsten nun viel anders vor.
Jedoch der Mensch –
Landgraf. Kann irren, wollt Ihr sagen.
Ja wohl; entschuldigt Euch nur weiter nicht.
Mein Recht ist's eben nicht, Euch drum zu schelten.
(Feldmarschall Derfling tritt auf.)
Landgraf.
Feldmarschall, ich hab' wieder 'mal zu beichten.
Derfling.
Ja, gnäd'ger Herr, das Beichten ist gut Ding.
Jedoch die Bess'rung ist weit schön'res Ding.
Ihr laßt wohl nie von Euerm heft'gen Sinn ab.
Landgraf.
Doch, Derfling. Mit den Jahren kommt die Weisheit.
Derfling. Derweil passirt manch wunderliches Zeug,
Und manche wilde Stunde rennt vorbei.
Was habt Ihr, mit Vergunst, denn angefangen?
Landgraf.
Schon wieder, heißt das. Nicht?
Derfling *(lachend)*. Nun, wenn Ihr's selbst sagt.
Landgraf.
Nein lacht nicht, Vater. Diesmal schäm' ich mich.
Hier die zwei wackern Brandenburger Männer
Sah' ich im Eifer für Spione an,
Und hatte schon geboten, drauf zu schiessen.
Derfling.
Ja, gnäd'ger Herr, das war ein schlimmes Stück.
Dem denkt recht ernsthaft nach, und bittet Gott,
Euch vor Versuchung gnädigst zu behüten.
Der Mensch kann ja nicht 'mal 'ne todte Mücke
Zu 'ner lebendigen machen, wär' er auch

Der Kaiser selbst. Ei, ei, ein schlimmes Stück!
(zu den Bürgern.)
Wo kommt Ihr her, Ihr lieben Brandenburger?
Jahn. Von Rath'now, Herr Feldmarschall. Dorten haus't
Der Schwede so, daß man nicht gerne drin bleibt.
Gerhard. Ja freilich, 's war ein Jammerleben, Herr.
Die Burschen thun, als wär' das Land für sie;
So groß und so gespreitzt – *(er lacht.)*
Derfling. Nun Freund, was lachst Du?
Ich seh' da just nichts Lächerliches dran.
Gerhard.
Ich wohl. Denn vor mir steht der Herr Feldmarschall,
Und brave Brandenburger rings umher.
Da wird der Kurfürst auch nicht ferne sein,
Und mit der Schwedenwirthschaft hat's ein End'.
Die werden sich einmal verzweifelt wundern!
Derfling *(zum Landgrafen).*
Was sagt Ihr, gnäd'ger Herr? Solch ein Vertrau'n –
Da muß der Arm von selbst dreinhau'n zum Siege.
Landgraf.
Volks Stimme, Gottes Stimme! Wenn es mislingt,
Liegt nur die Schuld an uns, an uns allein,
Und hätten wir die Schmach davon für immer.
Hört Ihr's, Dragoner?
Korporal. Ja, wir fühlen's auch,
Mein gnäd'ger Herr.
Wir haben allsammt Brandenburger Herzen.
Landgraf.
Ihr braven Bürger, kommt mit mir in's Zelt.
Ich will Euch laben auf die bange Reise.
Jahn. Durchlaucht'ger Herr, das ist 'ne grosse Ehr'.
Doch wenn's sein kann, – wir hätten vorher noch
'Ne andre Bitte –
Landgraf. Sprecht.
Jahn. Wir möchten gern
Den Kurfürst sehn; ach unsern lieben Kurfürst!
Gerhard. Ach Gott, den Kurfürst! Ja!
Der Mensch ist seines Glück's noch 'mal so froh,
Wenn er es recht mit eignen Augen sieht.
Derfling. Der Kurfürst ist auf einen Ritt hinaus.
Sobald er rückkehrt, kriegt Ihr ihn zu sprechen,

Mein Ehrenwort darauf. Ich wüßt' ihn ja
Nicht besser zu erfreuen, als durch Euch.
Gerhard. Gott Lob und Dank.
Jahn. Das ist ja Heut' ein Tag,
Als wie im Paradies.
Landgraf. Im Paradies
Gab's nimmermehr so wildes hartes Volk
Als ich war gegen Euch.
Jahn. Durchlaucht, es muß
Ja Engel auch mit Flammenschwerdtern geben.
Landgraf.
Nun, wenn Ihr mir nicht bös seid, kommt in's Zelt.
(geht mit Derfling und den Bürgern ab. Die Dragoner treten ins Gebüsch zurück.)

Den Großen Kurfürsten läßt Fouqué anonym im Gutshaus des Landrats auftreten, um die subversive zivile Hilfe bei der Befreiung Rathenows sicherzustellen.
Nachdem die Schweden bei Nacht überrascht und im Straßenkampf überwunden worden sind, sammeln sich die Brandenburger bei einem Dankgottesdienst vor der Stadt. Im Ausblick auf den weiteren Kriegsverlauf hebt Fouqué von den Motiven der Geschichtslegende nochmals die Ungeduld Homburgs und dazu die Fürsorge Frobens hervor:

Offnes Feld vor der hohen Brücke bei Rathenow. Des Kurfürsten Zelt ist aufgeschlagen worden; eine Laube steht darum her. Der Kurfürst, der Landgraf und andre Kriegsobersten im Halbkreis; hinter ihnen Soldaten, Bürger und Bauern. Voitus in der Mitte, predigend. Vor Beendigung des Gottesdienstes treten Derfling, Briest, Wangelin, Bach und viele Andere leise hinzu.

Voitus *(der eben seine Rede beendet).*
Und also Kinder, seid das Volk des Herrn
Im Geist und in der Wahrheit, immer stark
An Liebe, Reinheit, Treue; dann verkünd' ich's –
Ein evangel'scher Prediger, Euch Allen,
Und sollt Ihr fussen drauf mit Zuversicht.
Der Herr verläßt Euch nun und nimmer nicht,
Und unsre Textesworte gelten Euch!

Der Herr ist ihre Stärke; Er ist die Stärke, die seinem
Gesalbten hilft! Amen.
Euch seeg'ne Vater, Sohn und Heil'ger Geist.

Gesang der Gemeinde.

Herr Gott, sei Du des Fürsten Rath,
Und Licht und Schutz und Wehr!
Herr Gott, lenk' uns auf rechten Pfad,
Wir sind ja gern Dein Heer!
Wer unter Deinem Panner kriegt,
Sei's hier, sei's dort, genug, er siegt.
(Stilles Gebet.)

Kurfürst *(auf Voitus zutretend, und seine Hand fassend).*

Ich dank' Euch, Herr. Ihr habt mir Kraft und Demuth
In's Herz gesprochen. Wenn wir fürder siegen,
So habt Ihr Euer gutes Theil daran.
(sich umschauend.)
Nun, Derfling, meinst Du nicht, die liebe Sonne,
Die hier so hell vor hellen Augen aufgeht,
Im schönsten Thau, in Freudenthränen funkelt, –
Die bring' uns Glück und Sieg und Frieden mit?

Derfling.

So gut ein Menschenkind von Gottes Rathschlag
Was wissen kann, glaub' ich, es steht nun fest,
Daß uns der Herr nicht von der Seiten weicht.
(Wangelin an der Hand fassend.)
Hier noch ein Pfand des Sieges, gnäd'ger Herr:
Der Schwedenoberst dies, und dies sein Degen.

Kurfürst. Herr Oberst Wangelin, das kommt davon,
Wenn man nicht Ordnung hält. Solch braver
Kriegesmann,
Wie Ihr, wär' nun und nimmer überfallen,
Hätt' er der Mannszucht mehr gepflegt. Nicht wahr? –
Nun, merkt's Euch auf ein andermal. Für jetzt
Bringt Euch ein Offizier nach Magdeburg.
Ich denk', Ihr sollt mit Gottes Hülfe bald
Mehr Kameraden zur Gesellschaft haben.

Landgraf. Deshalb – was zögern wir? Was spornen wir
Nicht unsre Hengste schon den Flücht'gen nach?

Derfling *(den Kopf schüttelnd).*
Es sind nicht lauter Flücht'ge, junger Herr.

Landgraf.
Ei, was nicht ist, muß werden. Fröhlich drauf!
Derfling. Bei Fehrbellin stehn ihrer an Eilftausend,
Und unser Fußvolk ist noch nicht heran.
Landgraf.
Ich setz' Euch meinen Kopf zum Pfand, es geht
Nur drauf!
Kurfürst *(dem Landgrafen auf die Schulter klopfend).*
Ei Friedrich, Friedrich, junger Ritter,
Wie braust Dein fürstlich Blut noch so gar wild!
Dich muß ich sicherlich noch 'mal heraushau'n;
Doch lieber Wildfang, es soll gern geschehn.
Und, Derfling, diesmal glaub' ich, schäumt der Strom
Des Jünglingsherzens rechten Weg entlang.
Der erste Schreck thut viel.
Derfling *(lächelnd).* Nun, wenn Ihr meint –
Mir klopft so was hier unter'm Wehrgehäng,
Das sagt, es ginge gut.
Kurfürst. In Gottes Namen! –
Mein vester und getreuer Landrath Briest
Wird hier derweilen achtsam Ordnung halten.
Denn Briest, paßt auf. Wenn uns der Schwede schlägt,
Bekommt Ihr noch zu thun.
Briest. Der Herr ist mit uns!
So spricht ein guter Geist, und bleibt vergnügt,
Ob auch die Wetter über ihm sich drängen.
Nur ist des Herrn Statthalter sichtbarlich
An unsrer Spitze, denkt, und lenkt, und rathet –
Herr Kurfürst, auf mein Wort da geht es gut.
Ging' es auch schwer, es geht doch endlich gut.
Seht um Euch, wie die Bürger und die Bauern
Und die Soldaten frisch und freudig drein sehn.
Volks Stimme, Gottes Stimme, lieber Herr!
Bach. Wenn unser gnäd'ger Fürst, – seht, mit Vergunst, –
Sie sagen, daß Ihr in den Kugelregen
So achtlos immer, wo es just
Wie Hagel rauscht – ach, thut's nicht, gnäd'ger Herr.
Kurfürst. Ich bin ein Hohenzoller, guter Freund.
Das steckt im Blut. Da kann ich Dir nicht dienen.
(wendet sich zu Derfling.)
Froben *(plötzlich hervortretend, und Bach's Hand*

schüttelnd). Ihr braver Mann, verlaßt Euch nur auf mich.
Ich reite stets im Treffen bei dem Herr'n.
Und wenn's mir nicht in allen Dingen fehlt,
Ich bring' ihn – oder send' ihn Euch zurück.
Denkt mein, im Fall mein Herzblut dabei flösse.

Voitus. Der Herr stellt rings um guter Fürsten Wege
Sorgsame Engelschaaren unsichtbar.
Des Fürsten Milde ruft auch sichtbarlich
Um seine Tritte gute Engel her.
Froben, ich seh's Euch an, Ihr haltet Wort.

Froben. Seegnet mich ein, Ihr frommer Gottesdiener.
(Voitus legt die Hand auf sein Haupt.)

Kurfürst. *(der indeß heimlich mit Derfling und Briest gesprochen.)*
Nun rasch. Wir brechen auf nach Fehrbellin, –
(um sich schauend)
Ward's Euch nicht auch, als ich den Namen nannte,
Als werde für und für dem ganzen Volk
Die Schlacht bei Fehrbellin ein Kriegsruf sein,
Dran seine Heere Muth und Kraft befeuern?

Froben.
Die Schlacht bei Fehrbellin!

Die Bürger und Bauern.
Hoch unser Kurfürst!
Sieg mit ihm! – Liebe Herrn und Generale,
Bewahrt ihn uns!

Kriegsoberste und Soldaten.
Mit unserm Blut und Leben! –
Vorwärts! Vorwärts! Die Schlacht bei Fehrbellin!

Fouqué: Dramatische Dichtungen für Deutsche. Mit Musik. Berlin: Hitzig, 1813. S. 169–238.

Die Entlarvung der preußischen Geschichtslegende

Karl Marx in »The People's Paper« (Nr. 241, 13. 12. 1856):

»Das göttliche Recht der Hohenzollern

Man kann ohne fehlzugehen behaupten, daß unter den unzähligen Lesern, die eine gewisse Vorstellung von den klassischen Namen Achilles, Cicero, Nestor und Hektor erlangt haben, nur sehr wenige sind, die jemals vermutet hätten, daß der sandige Boden der Mark Brandenburg nicht nur Kartoffeln und Schafe zu unserer Zeit hervorbringt, sondern einst gesegnet war mit dem Überfluß von nicht weniger als vier Kurfürsten, die auf die Namen Albrecht Achilles, Johann Cicero, Joachim I. Nestor und Joachim II. Hektor hörten. Dieselbe goldene Mittelmäßigkeit, die dazu beitrug, daß das Kurfürstentum Brandenburg so langsam zu dem heranreifte, was man höflich eine europäische Macht nennt, bewahrte seine hausbackene Geschichte vor einer allzu indiskreten näheren Bekanntschaft mit der öffentlichen Meinung. Preußische Staatsmänner und Geschichtsschreiber haben, auf diese Tatsache rechnend, sich aufs äußerste bemüht, der Welt die Ansicht beizubringen, daß Preußen der Militärstaat par excellence sei, woraus hervorgehe, daß das göttliche Recht der Hohenzollern das Recht des Schwertes, das Recht der Eroberung sei. Nichts irriger als das. Man kann im Gegenteil behaupten, daß, genau genommen, von allen Provinzen, die die Hohenzollern jetzt besitzen, nur eine von ihnen erobert worden ist – Schlesien; und diese Tatsache steht in den Annalen der Geschichte ihres Hauses so einzig da, daß sie Friedrich II. den Beinamen des Einzigen einbrachte. Nun umfaßt die preußische Monarchie 5062 geographische Quadratmeilen; davon entfallen auf die Provinz Brandenburg in ihrem jetzigen Umfang nicht mehr als 730 und auf Schlesien nicht mehr als 741. Wie gelangte sie also zu Preußen mit 1178, zu Posen mit 536, zu Pommern mit 567, zu Sachsen mit 460, zu Westphalen mit 366, zur Rheinprovinz mit 479 Quadratmeilen? Durch das göttliche Recht der Bestechung, des offenen Kaufes, des kleinlichen Diebstahls, der Erbschleicherei und durch verräterische Teilungsverträge.

Zu Beginn des fünfzehnten Jahrhunderts gehörte die Markgrafschaft Brandenburg zum Hause Luxemburg, dessen damaliges Oberhaupt, Sigismund, gleichzeitig das kaiserliche Zepter über Deutschland schwang. Stets in Geldnöten und von seinen Gläubigern hart bedrängt, fand Sigismund in Friedrich, Burggrafen von Nürnberg, der dem Hause der Hohenzollern entstammte, einen gefälligen und entgegenkommenden Freund. Gleichsam als Unterpfand für die dem

Kaiser geliehenen diversen Summen wurde Friedrich 1411 als Oberster Verweser von Brandenburg eingesetzt. Gleich einem schlauen Wucherer, der einmal in den vorläufigen Besitz der Güter eines Verschwenders gelangt ist, fuhr er fort, Sigismund immer tiefer in neue Schulden zu verwickeln, bis 1415, als bei der endgültigen Abrechnung zwischen Schuldner und Gläubiger Friedrich mit dem erblichen Kurfürstentum von Brandenburg belehnt wurde. Damit kein Zweifel über die Natur dieses Vertrags herrsche, versah man ihn mit zwei Klauseln: In der einen blieb dem Hause Luxemburg das Recht vorbehalten, das Kurfürstentum für 400 000 Goldgulden zurückzukaufen, und die andere verpflichtete Friedrich und seine Erben, dem Hause Luxemburg bei jeder neuen Kaiserwahl ihre Stimme zu geben; die erste Klausel stempelte den Vertrag zu einem Tauschhandel, die zweite zu einer Bestechungsaffäre. Um in den vollen Besitz des Kurfürstentums zu gelangen, brauchte der habgierige Freund Sigismunds nur noch eins – sich der Rückkaufsklausel zu entledigen. So lauerte er auf einen günstigen Augenblick, und als Sigismund auf dem Konzil von Konstanz wieder einmal mit den Kosten der kaiserlichen Repräsentation in Konflikt geriet, eilte Friedrich aus der Mark nach der Schweizer Grenze und erkaufte mit dem Inhalt seiner Börse die Streichung der fatalen Klausel. Dies waren also die Mittel und Wege des göttlichen Rechts, womit die noch jetzt herrschende Hohenzollerndynastie ihren Besitz des Kurfürstentums Brandenburg begründet. So entstand die preußische Monarchie.

Friedrichs nächster Nachfolger, ein Schwächling, genannt ›der Eiserne‹, weil er sich mit Vorliebe im eisernen Harnisch zu zeigen pflegte, kaufte dem deutschen Ritterorden für 100 000 Goldgulden die Neumark ab, so wie sein Vater dem Kaiser die Altmark und die Kurfürstenwürde abgekauft hatte. Von nun an bürgerte sich die Methode des Ankaufs überschuldeter Landesteile bei den hohenzollernschen Kurfürsten ein, und wurde für sie so selbstverständlich, wie einst für den römischen Senat die Intervention. Wir wollen uns mit den langweiligen Einzelheiten dieser schmutzigen Geschäfte nun nicht weiter befassen und zur Reformationszeit übergehen.

Man darf sich durchaus nicht einbilden, daß, weil die Reformation sich als die Hauptstütze der Hohenzollern erwies, die Hohenzollern auch die Hauptstütze der Reformation bildeten. Ganz im Gegenteil. Friedrich I., der Begründer der Dynastie, begann seine Regierung damit, daß er die Heere Sigismunds gegen die Hussiten führte, die ihn zum Lohn für seine Mühen gründlich durchprügelten. Joachim I. Nestor, von 1499 bis 1535, behandelte die deutsche Reformation als ob sie taboritisch wäre. Er verfolgte sie bis zu seinem Tod. Joachim II. Hektor war zwar ein Anhänger des Luthertums, weigerte sich aber, das Schwert zur Verteidigung des neuen Glaubens zu ziehen, und dies in dem Augenblick, wo der neue Glaube der Übermacht Karls V. zu erliegen schien. Er weigerte sich nicht nur, an dem bewaffneten Widerstand des Schmalkaldischen Bundes teilzunehmen, sondern bot dem Kaiser seine geheimen Dienste an. Die deutsche Reformation fand also bei den Hohenzollern zur Zeit ihres Entstehens offene Feindseligkeit, zur Zeit ihrer ersten Kämpfe falsche Neutralität und während ihres schrecklichen Abschlusses durch den Dreißigjährigen Krieg schwächlichen Wankelmut, feige Untätigkeit und niedrige Treulosigkeit. Es ist bekannt, daß der Kurfürst Georg Wilhelm der Befreierarmee Gustav Adolfs den Weg versperren wollte, so daß ihn dieser mit Fußtritten und Schlägen ins protestantische Lager treiben mußte, aus dem er sich nachher durch einen Separatfrieden mit Österreich wieder herauszustehlen versuchte. Aber wenn die Hohenzollern auch nicht die Ritter der deutschen Reformation waren, so waren sie doch sicherlich ihre Kassierer. Ihr Widerwille, für die Sache der Reformation zu kämpfen, wurde nur durch ihre Begierde wettgemacht, im Namen der Reformation zu plündern. Für sie war die Reformation bloß der religiöse Vorwand zur Säkularisation, so daß der beste Teil ihrer Erwerbungen im sechzehnten und siebzehnten Jahrhundert auf eine einzige große Quelle zurückgeführt werden kann: Kirchenraub, eine ziemlich sonderbare Erscheinungsweise des göttlichen Rechts.

In der Entstehungsgeschichte der hohenzollernschen Monarchie stehen drei Ereignisse im Vordergrund: die Erwerbung des Kurfürstentums Brandenburg, die Angliederung des Herzogtums Preußen und endlich die Erhebung des Herzogtums zu einem Königreich. Wir haben gesehen, auf

welche Weise das Kurfürstentum erworben wurde. Das Herzogtum Preußen wurde durch drei Maßnahmen erworben. Erstens durch Säkularisation, dann durch Heiratsgeschäfte ziemlich zweideutigen Charakters – der Kurfürst Joachim Friedrich heiratete nämlich die jüngere Tochter und sein Sohn Johann Sigismund die ältere Tochter des verrückten Herzogs Albrecht von Preußen, der keine Söhne hatte – und endlich durch Bestechung, und zwar wurde mit der rechten Hand der Hof des polnischen Königs und mit der linken der Reichstag der polnischen Republik bestochen. Diese Bestechungsaffären waren so verwickelt, daß sie sich über eine ganze Reihe von Jahren erstreckten. Zur Verwandlung des Herzogtums Preußen in ein Königreich wurde eine ähnliche Methode angewandt. Um den Königstitel zu erlangen, brauchte Kurfürst Friedrich III., nachmaliger König Friedrich I., die Zustimmung des deutschen Kaisers. Um diese Zustimmung zu erlangen, gegen die sich das katholische Gewissen des Kaisers sträubte, bestach Friedrich den Jesuiten Wolf, Beichtvater Leopolds I., und gab bei dem Handel noch 30 000 Brandenburger Landeskinder drauf, dazu bestimmt, im österreich-spanischen Erbfolgekrieg hingeschlachtet zu werden. Der hohenzollernsche Kurfürst griff auf die alte germanische Institution der Verwendung lebender Wesen als Geld zurück, nur daß die alten Deutschen mit Rindvieh zahlten und er mit Menschen. So wurde das hohenzollernsche Königtum von Gottes Gnaden gegründet.
Vom Beginn des achtzehnten Jahrhunderts an verbesserten die Hohenzollern mit der Zunahme ihrer Macht ihre Vergrößerungsmethoden, indem sie der Bestechung und dem Schacher noch Teilungsverträge mit Rußland hinzufügten gegen Staaten, die sie zwar nicht zu Fall gebracht hatten, über die sie aber herfielen, nachdem sie gefallen waren. So sehen wir sie zusammen mit Peter dem Großen bei der Teilung der schwedischen Besitztümer, mit Katharina II. bei der Teilung Polens und mit Alexander I. bei der Teilung Deutschlands.«

Karl Marx / Friedrich Engels: Werke. Hrsg. vom Institut für Marxismus-Leninismus beim ZK der SED. Bd. 12. Berlin: Dietz, 1961. S. 97–101.

Der von Kleist stark beeinflußte und auch mit dem Kleist-Preis (1914) ausgezeichnete Dramatiker Fritz von Unruh (1885–1970) griff die im »Prinz von Homburg« verschlüsselte Zeitgeschichte direkt auf und schrieb 1913 das Stück »Louis Ferdinand Prinz von Preußen«. Auf Anregung von Otto Brahm, Max Reinhardt und Walter Rathenau sollte es zur 25. Jahrfeier der Freien Volksbühne Berlin im Lessingtheater gespielt werden. Aber der Kriegsausbruch verhinderte dieses Vorhaben. Eine Aufführung im Staatstheater Berlin wurde von Kaiser Wilhelm II. verboten. Schließlich wurde das Drama 1923 im Staatstheater Darmstadt uraufgeführt.

1. Der Konflikt und seine Häupter (2. Akt, 2. Szene)

König. Ich werde den Frieden erhalten, bestimmt erhalten.

Braunschweig. Majestät, man wird uns entgegenarbeiten.

König. Ich widerstehe jedem Einfluß, der den Krieg herbeiführen könnte, und werde niemals zugeben, daß durch etwa zu erlangenden Ruhm das Glück der Untertanen aufgeopfert werde!

Braunschweig. Ich weiß, an wen Eure Majestät leider denken müssen!

König. Wir werden den Prinzen zu befriedigen wissen, und sollte eine ernste Krisis drohen, so sind Sie nicht allein. Ihrem Kriegsrat wird mein Hauptquartier folgen!

Braunschweig. So nehme ich das Kommando untertänigst an.

Hohenlohe *(führt die Generäle herein, mit ihnen Prinz Louis Ferdinand, Wiesel, Haugwitz).* Ihre Generäle zur Stelle.

König. Ich habe Sie zu ungewöhnlicher Stunde befohlen. Mein Entschluß soll es rechtfertigen. Um Bonaparte Achtung vor Preußen zu lehren, ordne ich die Mobilmachung meiner Armee an.

Generäle. Gott lohn es Euer Majestät!

König. Unser verehrter Feldmarschall wird Ihnen im Kriegsrat, für dessen Standort ich Erfurt bestimme, die Pläne vorlegen. Prinz Ferdinand, ich habe mich entschlossen, Ihrem Kommando eine Armee zu unterstellen.

Louis Ferdinand. Die Gnade meines Königs überrascht mich...

Wiesel *(leise)*. Prinz! Erwarteten Sie nicht die Kriegserklärung?

Louis Ferdinand. Wie?

Wiesel. Der König geht.

Louis Ferdinand *(teilt die Generäle)*. Ein Wort, Sire! Die seltene Beförderung kam mir zu unerwartet. Ich vergaß, im Namen der Generäle zu danken. Mit uns dankt die Armee, das Volk. Wir wollen die holde Schlachtengöttin von Sieg zu Sieg an den Locken schleifen: Zu Brandenburgs Triumph!

König. Das überlassen wir dem Himmel.

Louis Ferdinand. Verzeihung, Sire! Die Freude bringt mich von Verstand! Ihr königliches Wort verbürgte doch den Krieg?

König. Ich habe die Mobilmachung befohlen.

Louis Ferdinand. Mobilmachung? Kein Krieg? Antworten Sie. Vor Ihren Generälen: Antworten Sie! Nun, – um Feldherrnposten für Manöver zu besetzen, gibt es wohl andere als mich. Ich danke untertänigst für solch ein ehrendes Kommando!

König. Generäle, entschuldigt den Auftritt! Der Prinz will zum Kommando noch das Register seiner Siege. *(Ab.)*

Louis Ferdinand *(vor den Generälen)*. Wenn Sie Napoleon weiter beleidigt und anspuckt, so vergessen Sie nicht: Es ist Ihnen in Gnaden eingeräumt, Ihre Ehre durch Fauchen zu verteidigen wie geprügelte Affen. *(Ab.)*

Hohenlohe. Uns entschuldigt nur unser Alter, daß wir nicht mit des Prinzen Feuer vom König promptere Orders erbaten.

Generäle. Der Fürst hat recht.

2. Vertraulichkeit und Loyalität contra Leidenschaft und Ehrgeiz (3. Akt)

Königin. Ich höre.

Louis Ferdinand. Aber ich weiß nicht, wie es sich anhören wird, was sich aus dieser Brust befreit.

Königin. Das eben möchte ich wissen! So schwer wird's dir? Ich werde einen lieben Menschen kennen lernen.

Louis Ferdinand. Auf meiner Stirn muß ein Gotteszeichen stehen.

Königin. Wie, mein Lieber?

Louis Ferdinand. Wie mache ich mich verständlich! Mich durchglüht Kraft, einem Volke die Flügel zu lösen! Sie muß mir aus den Augen brennen. Erschrecken Sie? Mein Mund bleibt stumm.

Königin. Ich versprach es Ihnen doch.

Louis Ferdinand. Denken Sie an den Aufstand der Bürger heute abend! Mir vertrauen die Leute! Ich frage mich: Warum? Denken Sie an die Armee! An die Generäle! Ich soll für jeden Wunsch der Dolmetscher sein! Von mir erwartet man jegliche Lösung! Warum von mir? Bin ich denn ein Gottverfluchter? Aber warum wächst von Frankreich her gerade jetzt Gefahr auf Gefahr! Warum gerade jetzt bläht sich dieser Bürgergeneral und speit seine Beleidigungen über unsere Altäre aus? Dem Plebejer bin ich gewachsen! Ich kann es nicht mehr mit ansehen, wie man die Dinge laufen läßt.

Königin. Genug.

Louis Ferdinand. Preußens Schicksal ist das meine, und das regiere ich!

Königin. Nehmen Sie Rücksicht! Ich wußte ja nicht. Gott!

Louis Ferdinand. Vielleicht reißt mich meine Jugend zu solcher Sprache hin, oder vielleicht, vielleicht, weil mir noch kein Größerer gegenübertrat. Wär' ich nicht Prinz! Das sind die Handschellen an meiner Faust! Sie stehen vor mir wie ein Marmorbild?

Königin. Ich gestehe, Ihre Phantasie bewegte mich.

Louis Ferdinand. Den Namen verdient es nicht! Was sich zum erstenmal in Worte quälte, das soll jetzt leben.

Königin. Auf dieser Erde?

Louis Ferdinand. Ja! Ja! Fühlten wir unsere Kraft!

Königin. Lieber Freund: Ich bin schön! Aber kann uns nicht beides genommen werden?!

Louis Ferdinand. Schönheit.

Königin. Ebenso die Kraft.

Louis Ferdinand. Wer könnte sie uns nehmen!

Königin. Wer sind wir vor Gott!

Louis Ferdinand. Wie?

Königin. Er machte uns stark, um unter die Menschen zu gehen, und ihre Seelen zu bilden zur höchsten Bestimmung.

Louis Ferdinand. So wäre es gleich, ob wir unter märkischen Kiefern leben oder an der Seine?

Königin. Gegen Frankreich habe ich so wenig wie gegen irgendein anderes Land, aber wie ich meine Kinder vor allen fremden zärtlicher liebe, so sind mir meine Brandenburger, meine Preußen inniger ans Herz gewachsen. Ihnen wollen wir unsere Kräfte bringen. Ferdinand, ich erahne einen Frühling.

Louis Ferdinand. Ich atme ihn aus deinem Wort. Senk nicht den Blick. Aus ihm begreife ich Gott und seine Schöpfung! Wonnen überfluten mich! Die Welt wird warm! Oh, Frau.

Königin. Mir tanzen Flammen vor den Augen.

Louis Ferdinand. Was hat danach noch Wert!

Königin. Ich werde viel leiden müssen um dich.

Louis Ferdinand. Ich fühl' nur Harmonie! Und trägt die Menschen dieses Gefühl, wie mich, an die Sterne! Weshalb dann leiden! Gott tut die Arme auf! Gehorchen wir! Was uns beseligt, überströme das Land! In aller Herzen: Die Kraft! Das scheint der Weg für Preußens Freiheit! Ich fühle schon, er ist's! Luise! Stürmen wir ihn!

Königin. Mir befahl Gott, den Weg als Königin zu gehen.

Louis Ferdinand. Hat denn dieses Muß ewig Macht! Mir verdunkelt es die Sonne!

Königin. Herrlich, einen Mann zu sehen unter seiner Pflicht. Von ihm geht Kraft aus!

Louis Ferdinand. Eisen um brennende Schläfen! Will uns der Himmel denn so hart!

Königin. Ich hätte wohl Mitgefühl. Begriffe ich nicht in seiner Tiefe das Gebot der Pflicht!

Louis Ferdinand. Aber, daß es uns auslöscht! Vernichtet – begreifen Sie das auch?

Königin. Ferdinand, ich bin Mutter.

Louis Ferdinand. Meine Königin!

Königin. Du wirst dich wiederfinden. Ich weiß es. Das macht mich sehr mutig. *(Ab.)*

Louis Ferdinand. Sind meine Lippen unwert, deine Hand zu küssen! ›Du wirst dich wiederfinden!‹ Wo denn bin ich! Gab mir nicht ein Gott die Kraft! Über Nacht könnten die Flügel brechen. Unsinnig. Diese Flügel! Aber warum denn nicht; warum denn nicht! Auftauchen kann ein Gesicht am Horizont ... das mich ... Ich seh es in der Luft gebildet.

Wiesel *(tritt auf)*. Ich hörte Sie rufen.

Louis Ferdinand *(gewürgt)*. Ganz und gar nicht.

Wiesel. Sie haben gute Bücher. Fand ein Bändchen in Schweinsleder. Die angestrichenen Stellen setzen ein Mosaik Ihrer Persönlichkeit zusammen! Wo ich blättre, Ihr Bleistift. Hier, sogar dreimal bezeichnet: Aut Caesar! Aut nihil!

3. Das riskante Kommando (4. Akt, 1. Szene)

Braunschweig *(mit Hohenlohe; auch die übrigen Generäle kommen nacheinander heraus)*. Basta! Basta!

Hohenlohe. Und weshalb wollen Sie Prinz Ferdinand diesen Posten bei Saalfeld nicht anvertrauen?

Braunschweig. Bitte! Bitte! Bitte!

Hohenlohe. Weshalb sträubt sich Ihr Haar schon beim bloßen Namen Saalfeld?

Braunschweig. Von Saalfeld still. Fürst, ich bitte keine Silbe von Saalfeld mehr. Man soll nicht Händel suchen. Saalfeld besetzen, heißt Händel suchen.

Hohenlohe. Wie? Der Übergang unserer Truppe soll nicht gedeckt werden? Saalfeld bleibt der bedeutungsvollste Posten für den ganzen weiteren Verlauf der Kampagne.

Braunschweig. Vom Übergang über die Saale war nie die Rede.

Hohenlohe. Ihr letztes Wort?

Braunschweig. Oder war die Rede davon?

Hohenlohe. Sie wollen den Offensivgedanken fallenlassen?

Braunschweig. Beraten wir morgen darüber weiter.

Hohenlohe. Morgen, immer morgen.

Braunschweig. Eine alte Erfahrung: Entschlüsse soll man beschlafen.

Hohenlohe. Wir sehnen uns nach den Türmen von Paris.

Braunschweig. Der König! *(König kommt.)* Er will zu Tisch.

Hohenlohe. Dies Hin und Her macht kopflos.

Braunschweig. Der König will zu Tisch. Er winkt uns zu sich.

König. Mein Kammerherr bringt eine Einladung vom Fürsten zu Rudolstadt. Er gibt den Offizieren heute nacht einen Ball. Mein Erscheinen habe ich zugesagt. Die Königin ist bereits auf dem Wege zum Schloß.

Romberg. Es wäre Seiner Hochfürstlichen Durchlaucht dem Fürsten erwünscht, wenn die Herren des Kriegsrates daran teilnehmen könnten.

Hohenlohe. Ich habe eine Konferenz mit meinem Generalstabe.

Lombard. Liebster Fürst, es wird aber ein ganz scharmantes Fest geben.

Braunschweig. Ich erinnere, in Rudolstadt hat man die ältesten Weine.

Lombard. Was war das?

Romberg. Böllerschüsse. Böllerschüsse. Erfurt begrüßt Eure Majestät.

König. Freundliche Stadt.

Hohenlohe. Sire, welcher Befehl soll nun Prinz Ferdinand übermittelt werden?

König. Herzog?

Braunschweig *(zu Hohenlohe).* Die Gelbsucht! *(Zum König.)* Majestät, billigen Sie das Avantgardenkommando des Prinzen um Gottes willen nicht.

Hohenlohe. Es ist der Wunsch des ganzen Kriegsrates, den kampfbewährten Prinzen durch den Posten bei Saalfeld zu ehren.

Braunschweig. Kampfbewährt! Nicht kampfbewährter als irgendein Rittmeister, der ein paar Kampagnen hinter sich hat.

König. Hohenlohe?

Hohenlohe. Zu Tisch, wenn es Euer Majestät beliebt.

König. Herzog?

Braunschweig. Zu Tisch!

König *(beschwichtigend).* Ist dies Kommando denn so wichtig?

Braunschweig. Aber der Prinz könnte im Eifer nach Lorbeeren draufgehen!

Lombard. Das wäre nicht erwünscht.

Braunschweig. Was wäre nicht erwünscht?

Romberg. Der Magistrat verneigt sich vor Eurer Majestät.

König *(zu Braunschweig und Hohenlohe).* Entscheiden Sie nach Ihrem Gutdünken. *(Ab mit Graf Romberg, im Hintergrund bleiben sie sichtbar.)*

Braunschweig *(zu Hohenlohe).* Fürst, ich ersuche Sie, Prinz Ferdinand von seinem Kommando in Kenntnis zu setzen.

Hohenlohe. Erstaunlich schnell den Sinn geändert!

Braunschweig. Überlegen wir, mein Bester. Der Prinz wird doch nicht draufgehen! Weshalb sollte er draufgehen. Enfin, er ist doch Mensch wie wir, und nicht nur ›Feuer‹ und ›pack an‹.

4. Hochverrat und Todesverlangen (5. Akt)

Wiesel. Ferdinand! Die Sonnenpferde sind bereit.

Louis Ferdinand. Könnten sie mich über das Letzte tragen!

Wiesel. Zum Ziel! Zum letzten Ziel!

Louis Ferdinand. Mir wird der Atem leichter.

Wiesel. Mir ist er leicht; wir sind in glücklichster Luft!

Louis Ferdinand. So frei soll ja des Menschen Brust werden – kurz vor dem Tod.

Wiesel. Kurz vor der Erfüllung. *(Klatscht in die Hände.)*

Louis Ferdinand. Was horchst du? Wo hinauf siehst du? Wen erwartest du? Wiesel! Bleib, wo du stehst!!

Wiesel *(kniet).*

Louis Ferdinand *(reißt sich von Wiesel los, will fort. Hohenlohe, Generäle und junge Offiziere, die inzwischen aus dem Schloß gekommen sind, halten ihn auf).* Was geschieht hier? Ich will's nicht glauben. Was wünschen die Herren? Was will man von mir?

Offiziere *(in gemessener Entfernung).* Preußen huldigt seinem König!

Hohenlohe *(tritt vor).* Empfangen Sie unseren Eid.

Louis Ferdinand. Worte! Worte! Ist meine Zunge starr?

Hohenlohe. Erlauchter Prinz, diesen Weg zeigte Gott seinen bedrängten Preußen in letzter Stunde. Wenn Ehre und edler Ruhm unter Männern lebendig bleiben sollen, so führen Sie uns. Nehmen Sie von den Bajonetten der Armee die Krone.

Louis Ferdinand. Eine Krone! Auf diesen Scheitel!

Offiziere. Wie erträgt er es!

Louis Ferdinand. Oh, Friedrich, hörst du das?

Hohenlohe. Geben Sie Ihrem Willen Ausdruck. Die Armee wartet, Majestät.

Louis Ferdinand. Nicht dieses Wort!

Hohenlohe. Klingt es so ungewohnt?

Wiesel. Nun beugt Euer Knie!

Hohenlohe *(kniet).* Herren!

Alle *(knien).* König Ferdinand!

Louis Ferdinand. Der Mond wird schwarz.

Ein General. Nun braucht Berlin nicht zu zittern.

Hohenlohe. Preußen hat wieder sein Schwert.

Offiziere. Führt zum Siege!

Louis Ferdinand. Vom Boden! Ich bitte, vom Boden!!

Hohenlohe. Gehorcht! *(Offiziere stehen auf.)*

Louis Ferdinand. Würden meine Augen zu Kröten! Aussätzig meine Haut! Was lockt noch an mir, daß so geschätzte Soldaten ganz von Besinnung sind. Steht einer unter uns, der jetzt den Kopf erheben dürfte.

Hohenlohe. Wird es uns dunkel ausgelegt?

Louis Ferdinand. Aber ein Augenblick schuf doch unmöglich – das!!

Wiesel *(leise).* Freilich nicht! Freilich nicht! *(Lacht.)* He, he, he!

Louis Ferdinand. Wie?

Offiziere. Was wird?

Louis Ferdinand. Gedanken könnten so gräßliche Gestalt annehmen! Ich schrei' Ihnen ins Gesicht: Der Prinz, den Sie suchen, lebt nicht mehr. Meine Gedanken:

Jetzt reicht ihr mir zitternd die Krone! Das zwingt mir nichts weiter mehr ab als: Lachen!!

Ein General. Es wird im Schloß gehört.

Louis Ferdinand. War ich ein Verräter?!

Hohenlohe. Die Nacht erschreckt Sie. Wir treten vor Sie hin, bei der Morgenröte. Bis dahin, hoher Herr, erwägen Sie, was Sie uns sind! *(Ab.)*

Louis Ferdinand. Welche Hoffnung klebt an mir! Keiner, der die Verwesung riecht?

Offiziere. Wir bleiben.

Louis Ferdinand. Das heißt, Sie wollen sterben!

Unruh: Dramen. Nürnberg: Carl, 1960. S. 176 f., 188–190, 199–201, 222 f.

VII. Literaturhinweise

1. Zu Leben und Werk Heinrich von Kleists

a) Einführende Überblicksdarstellungen

Birkenhauer, Klaus: Kleist. Tübingen 1977.

Gerlach, Kurt: Heinrich von Kleist. Sein Leben und Schaffen in neuer Sicht. 3 Bde. Dortmund 1971, 1972, 1977.

Hohoff, Curt: Heinrich von Kleist in Selbstzeugnissen und Bilddokumenten. Reinbek bei Hamburg 1958 [u. ö.; mit erneuerter Bibliographie: 109. – 113. Tsd. 1977]. (rowohlts monographien. Bd. 1.)

Loch, Rudolf: Heinrich von Kleist. Leben und Werk. Leipzig 1978.

Michaelis, Rolf: Heinrich von Kleist. 3., durchges. und erw. Aufl. Velber bei Hannover 1974. (Dramatiker des Welttheaters; dtv. Bd. 6805.)

b) Dokumentationen zur Biographie und Wirkungsgeschichte:

Kanzog, Klaus (Hrsg.): Text und Kontext. Quellen und Aufsätze zur Rezeptionsgeschichte der Werke Heinrich von Kleists. Berlin 1978.

Sembdner, Helmut (Hrsg.): Heinrich von Kleists Lebensspuren. Dokumente und Berichte der Zeitgenossen. Bremen 1957. ²1964. – Vom Hrsg. überarb. und erw. Ausg.: Bd. 8 der dtv-Gesamtausgabe München 1969. (dtv. Bd. 5198.) – Erw. Neuausg. [s. 2a]. Frankfurt a. M. 1977.

Sembdner, Helmut (Hrsg.): Heinrich von Kleists Nachruhm. Eine Wirkungsgeschichte in Dokumenten. Bremen 1967. – München 1977. (dtv. Bd. 4289.)

2. Zu »Prinz Friedrich von Homburg«

a) Ausgaben

Heinrich von Kleists hinterlassene Schriften. Hrsg. von Ludwig Tieck. Berlin: G. Reimer, 1821. [Über »Prinz Friedrich von Homburg« in der Vorrede S. LXIII–LXXIII; Text S. 1–108.]

Heinrich von Kleists gesammelte Schriften. Hrsg. von Ludwig Tieck. 3 Tle. Berlin: G. Reimer, 1826. [Text des Schauspiels in T. 2, S. 217 bis 306.]

Heinrich von Kleist's gesammelte Schriften. Hrsg. von Ludwig Tieck, rev., erg. und mit einer biogr. Einl. vers. von Julian Schmidt. 3 Tle. Berlin: G. Reimer, 1859. ²1863. [Text des Schauspiels in T. 2, S. 269 bis 379.]

Heinrich von Kleists sämtliche Werke. Hrsg. von Theophil Zolling. 4 Tle. Berlin/Stuttgart: Spemann, 1885. (Deutsche National-Litteratur. Bd. 149/150.) [Text des Schauspiels in T. 3: Bd. 150,1, S. 283–384.]

Heinrich von Kleist. Sämtliche Werke und Briefe. Hrsg. von Helmut

Sembdner. 2 Bde. München: Hanser, 1952. 6., erg. und rev. Aufl. Ebd. 1977. [Text des Schauspiels in Bd. 1, S. 629–709; Anm. S. 946 bis 955.]
Heinrich von Kleist. Prinz Friedrich von Homburg. Ein Schauspiel. Nach der Heidelberger Handschrift hrsg. von Richard Samuel unter Mitw. von Dorothea Coverlid. Berlin: Schmidt, 1964. [Text S. 35 bis 154; Lesarten S. 155–172; Erl. S. 173–202.]
Heinrich von Kleist. Werke und Briefe. Hrsg. von Helmut Sembdner. 8 Bde. München: Deutscher Taschenbuch Verlag, 1964–69. (dtv-Gesamtausgabe. Bd. 5191–5198.) [Text des Schauspiels in Bd. 3, S. 214 bis 289; Anm. S. 301–310.]
Heinrich von Kleist. Prinz Friedrich von Homburg. Text, Kontexte, Kommentar. Hrsg. von Klaus Kanzog. München: Hanser, 1977. (Reihe Hanser. Bd. 236. Literatur-Kommentare. Bd. 7.)

b) Beiträge zur Textüberlieferung und Edition

Barth, Ilse-Marie: Die Überlieferung des Schauspiels »Prinz Friedrich von Homburg«. Das Heidelberger Manuskript und die Erstausgabe des Jahres 1821 durch Ludwig Tieck. Mit einer verkleinerten Wiedergabe der Heidelberger Handschrift. Heidelberg: Winter, 1978. (Euphorion. Beih. 14.)
Ellis, John Martin: The Heidelberg Manuscript of Kleist's »Prinz von Homburg«. In: Euphorion 60 (1966) S. 383–387.
Kanzog, Klaus: Rudolf Köpkes handschriftliche Aufzeichnungen der Kleist-Bemerkungen Tiecks. Zugleich ein Schlußwort zur Manuskript-Lage des »Prinz von Homburg«. In: Euphorion 62 (1968) S. 160–168.
Kanzog, Klaus: Edition und Engagement. 150 Jahre Editionsgeschichte der Werke und Briefe Heinrich von Kleists. Habil.-Schr. München 1972. [Masch.] Bd. 1.
Kreutzer, Hans Joachim: Die dichterische Entwicklung Heinrichs von Kleist. Untersuchungen zu seinen Briefen und zu Chronologie und Aufbau seiner Werke. Berlin 1968. S. 179–181.
Sembdner, Helmut: Zu Heinrich und Marie von Kleist. In: Jahrbuch der Deutschen Schillergesellschaft 1 (1957) S. 157–178. [S. 169–178: Kap. III. Wie der »Prinz von Homburg« der Prinzeß Wilhelm überreicht wurde. – Kap. IV. Das Schicksal der Homburg-Manuskripte.] – Auch in: H. S.: In Sachen Kleist. München 1974. S. 196 ff.
Sembdner, Helmut: Rezension der Ausgabe von Richard Samuel (1964). In: Deutsche Literaturzeitung 86 (1965) Sp. 309–313.
Sembdner, Helmut: Noch einmal zur Manuskript-Lage des »Prinz von Homburg«. In: Euphorion 61 (1967) S. 163–169. – Auch in: H. S.: In Sachen Kleist. München 1974. S. 196–205.

c) Spezialbibliographien

Ellis, John Martin: Kleist's »Prinz Friedrich von Homburg«. A Critical Study. Berkeley / Los Angeles / London 1970. S. 127–132.
Samuel, Richard (Hrsg.): Prinz Friedrich von Homburg. Ein Schau-

spiel. Nach der Heidelberger Handschrift hrsg. von R. S. unter Mitw. von Dorothea Coverlid. Berlin 1964. S. 229–248.
Sembdner, Helmut (Hrsg.): Heinrich von Kleists Nachruhm. Eine Wirkungsgeschichte in Dokumenten. München 1977. (dtv. Bd. 4289.) S. 509–581.

d) Forschungsberichte

Busch, Rolf: Imperialistische und faschistische Kleist-Rezeption 1890–1945. Eine ideologiekritische Untersuchung. Frankfurt a. M. 1974.
Gätke, Ralph / Richter, Manfred, / Ulrich, Günter: Zur Wirkungsgeschichte von Kleists »Prinz von Homburg«. – In: die horen. Zeitschrift für Literatur, Grafik und Kritik 16 (1971) H. 84, S. 39–67.
Gilow, Hermann: Heinrich von Kleists »Prinz Friedrich von Homburg« 1821–1921. Ein geschichtlich-kritischer Rückblick. In: Jahrbuch der Kleist-Gesellschaft 1 (1921) S. 22–50.
Guth, Gert-Helmut: Eine kritische Beleuchtung der wichtigeren neuen Deutungen von Kleists Schauspiel »Prinz Friedrich von Homburg«. Diss. Johannesburg (Univ. Witwatersrand) 1968. [Masch.]
Hackert, Fritz: Kleists »Prinz Friedrich von Homburg« in der Nachkriegs-Interpretation 1947–1972. Ein Literaturbericht. In: Lili. Zeitschrift für Literaturwissenschaft und Linguistik 3 (1973) H. 12. S. 53–80.
Lefèvre, Manfred: Kleist-Forschung 1961–1967. In: Colloquia Germanica 3 (1969) S. 1–86.

e) Untersuchungen

Albrecht, Egon-Erich: Heinrich von Kleists »Prinz Friedrich von Homburg« auf der deutschen Bühne. Diss. Kiel 1921. [Masch.]
Atkins, Stuart: Taught by Success – Kleist's Prince of Homburg. In: The German Quarterly 50 (1977) S. 1–9.
Ayrault, Roger: Heinrich von Kleist. Paris 1934. [Bes. S. 523–528.]
Bartels, Siegfried: Vermittlung der Gegensätze in der Dichtung Heinrich von Kleists. Bürgerliche Subjektivität im Konflikt mit höfischen Machtverhältnissen. Diss. Frankfurt a. M. 1972. [Bes. S. 132–180.]
Bauer, Gerhard: Absicht, Wirksamkeit und Kunst von Kleists Dialog im »Homburg«. In: Werner Keller (Hrsg.): Beiträge zur Poetik des Dramas. Darmstadt 1976. S. 91–107.
Baumgärtel, Gerhard: Zur Frage der Wandlung in Kleists »Prinz Friedrich von Homburg«. In: Germanisch-Romanische Monatsschrift N. F. 16 (1966) S. 264–277.
Beißner, Friedrich: Unvorgreifliche Gedanken über den Sprachrhythmus. In: Festschrift für Paul Kluckhohn und Hermann Schneider. Tübingen 1948. S. 427–444. [Bes. S. 438 f.]
Blankenagel, John C.: Wallenstein and Prinz Friedrich von Homburg. In: Germanic Review 2 (1927) S. 1–11.
Blöcker, Günter: Heinrich von Kleist oder das absolute Ich. Berlin 1960. [Bes. S. 147–159.] – Frankfurt a. M. 1977. (Fischer Taschenbuch. Bd. 1954.)

Brahm, Otto: Heinrich von Kleist. Berlin 1884. [Bes. S. 327–352.] – Ebd. [4]1911. [Bes. S. 360–381.]

Braig, Friedrich: Heinrich von Kleist. München 1925. [Bes. S. 369–430; Anm. S. 614–617.]

Brun, Jacques: L'Univers Tragique de Kleist. Essai. Paris 1966. [Bes. S. 161–170: Le Prince de Hombourg.]

Carré, Jean Marie: Der Somnambulismus in Kleists »Prinz von Homburg«. In: Zeitschrift für deutschen Unterricht 25 (1911) S. 513–519.

Cassirer, Ernst: Heinrich von Kleist und die Kantische Philosophie. Berlin 1919. [Bes. S. 48–55.] – Auch in: E. C.: Idee und Gestalt. Berlin 1921. S. 153–200. [Bes. S. 194–200.] – Ebd. [2]1924. S. 157–202. [Bes. S. 196–202.]

Catholy, Eckehard: Der preußische Hoftheater-Stil und seine Auswirkungen auf die Bühnen-Rezeption von Kleists Schauspiel »Prinz Friedrich von Homburg«. In: Walter Müller-Seidel (Hrsg.): Kleist und die Gesellschaft. Eine Diskussion. Berlin 1965. S. 75–94.

Corssen, Meta: Der Kurfürst im »Prinzen von Homburg«. In: Zeitschrift für Deutschkunde 43 (1929) S. 415–419.

Corssen, Meta: Kleist und Shakespeare. Weimar 1930. [Bes. S. 22 f.; 37 f.; 108 ff.; 153 ff.]

Crosby, Donald H.: Kleist's »Prinz von Homburg« – an intensified »Egmont«? In: German Life and Letters 23 (1970) S. 315–322.

Deiters, Heinrich: Heinrich von Kleist und die politischen Kämpfe seiner Zeit. In: Fritz Klein / Joachim Streisand (Hrsg.): Beiträge zum neuen Geschichtsbild. Zum 60. Geburtstag von Alfred Meusel. Berlin [1956]. S. 184–200. [Bes. S. 193–197.]

Demetz, Peter: The Elm and the Vine. Notes toward the History of a Marriage Topos. In: Publications of the Modern Language Association of America 73 (1958) S. 521–532. [Bes. S. 530–532.]

Dethlefsen, Dirk: Zu Metrum und Rhythmus des Blankverses in den Dramen Heinrich von Kleists. München 1970.

Dettmering, Peter: Die Totsagung des Vaters im »Prinzen von Homburg«. In: P. D.: Heinrich von Kleist. Zur Psychodynamik in seiner Dichtung. München 1975. S. 45–61.

Dürst, Rolf: Heinrich von Kleist. Dichter zwischen Ursprung und Endzeit. Kleists Werk im Licht idealistischer Eschatologie. Bern 1956. [Bes. S. 147–165; 197–200.]

Ellis, John Martin: Kleist's »Prinz Friedrich von Homburg«. A Critical Study. Berkeley / Los Angeles / London 1970. [Psychoanalytische Interpretation.]

Fischer, Ernst: Heinrich von Kleist. In: Sinn und Form 13 (1961) S. 759–844. [Bes. S. 833–841.] – Auch in: Walter Müller-Seidel (Hrsg.): Heinrich von Kleist. Aufsätze und Essays. Darmstadt 1967. S. 459–552. [Bes. S. 540–549.]

Fricke, Gerhard: Gefühl und Schicksal bei Heinrich von Kleist. Studien über den inneren Vorgang im Leben und Schaffen des Dichters. Berlin 1929. [Bes. S. 170–201.]

Fricke, Gerhard: Kleists »Prinz von Homburg«. Versuch einer Interpretation. In: Germanisch-Romanische Monatsschrift N. F. 2 (1951 bis 1952) S. 189–208. – Auch in: G. F.: Studien und Interpretationen. Ausgewählte Schriften zur deutschen Dichtung. Frankfurt a. M. 1956. S. 239–263.

Fürstenheim, E. G.: The Sources of Kleist's Prinz Friedrich von Homburg. In: German Life and Letters 8 (1954/55) S. 103–110. [Entdeckung des Krauseschen Lesebuchs als Quelle.]

Garland, Mary: Kleist's »Prinz Friedrich von Homburg«. An Interpretation through Word Pattern. Den Haag / Paris 1968.

Gearey, John: Character and Idea in »Prinz Friedrich von Homburg«. In: The Germanic Review 42 (1967) Nr. 4. S. 276–292.

Gelus, Marjorie: Laughter and Joking in the Works of Heinrich von Kleist. In: The German Quarterly 50 (1977) S. 452–473. [Bes. S. 461 bis 466.]

Gleißberg, Gerhart: Kleists »Prinz Friedrich von Homburg« und seine Stellung in der Romantik. Breslau 1929.

Graham, Ilse: Heinrich von Kleist. Word into Flesh: A Poet's Quest for the Symbol. Berlin / New York 1977. [Bes. S. 103–108; 181–192.]

Hafner, Franz: Heinrich von Kleists »Prinz Friedrich von Homburg«. Zürich 1952.

Hart, Julius: Das Kleist-Buch. Berlin 1912. [Bes. S. 20–258: Kleist als Prinz von Homburg.]

Hellmann, Hanna: Kleists »Prinz von Homburg« und Shakespeares »Maß für Maß«. In: Germanisch-Romanische Monatsschrift 11 (1923) S. 288–296.

Henkel, Arthur: Traum und Gesetz in Kleists »Prinz von Homburg«. In: Neue Rundschau 73 (1962) S. 438–464. – Auch in: Walter Müller-Seidel (Hrsg.): Heinrich von Kleist. Aufsätze und Essays. Darmstadt 1967. S. 576–604.

Henschel, Arnold J.: The Primacy of Free-Will in the Mind of Kleist and in The Prinz von Homburg. – In: German Life and Letters 17 (1964) S. 97–115.

Herzog, Wilhelm: Heinrich von Kleist. Sein Leben und sein Werk. München 1911. [Bes. S. 529–564.]

Hohendahl, Peter U.: Der Paß des Grafen Horn: Ein Aspekt des Politischen in »Prinz Friedrich von Homburg«. In: The German Quarterly 41 (1968) S. 167–176.

Houben, Heinrich Hubert: Der gefesselte Biedermeier. Leipzig 1924. [S. 244–247: Die Zensurschicksale des »Homburg«.] – Auch in: H. H. H.: Verbotene Literatur von der klassischen Zeit bis zur Gegenwart. Ein kritisch-historisches Lexikon über verbotene Bücher, Zeitschriften und Theaterstücke, Schriftsteller und Verleger. Berlin 1924. [S. 465 bis 468.]

Hubbs, V. C.: Heinrich von Kleist and the Symbol of the Wise Man. In: Symposium. A Quarterly Journal in Modern Literatures 16 (1962) Nr. 3. S. 165–179. [Kurfürst als Archetyp.]

Kaiser, Hellmuth: Kleists »Prinz von Homburg«. In: Imago 16 (1930) S. 119–137. [Psychoanalytische Deutung.]
Kanzog, Klaus: Heinrich von Kleist und die Musik. Eine Bibliographie. In: K. K. / Hans Joachim Kreutzer (Hrsg.): Werke Kleists auf dem modernen Musiktheater. Berlin 1977. S. 172–210. [Prinz Friedrich von Homburg: S. 195–200.]
Koch, Friedrich: Heinrich von Kleist. Bewußtsein und Wirklichkeit. Stuttgart 1958. [Bes. S. 193–262.]
Köpke, Rudolf: Heinrich von Kleists politische Schriften und andere Nachträge zu seinen Werken. Berlin 1862. [Bes. S. 58 f.]
Kohrs, Ingrid: Das Wesen des Tragischen im Drama Heinrichs von Kleist. Dargestellt an Interpretationen von »Penthesilea« und »Prinz Friedrich von Homburg«. Marburg 1951.
Kommerell, Max: Die Sprache und das Unaussprechliche. Eine Betrachtung über Heinrich von Kleist. In: Das Innere Reich. Zeitschrift für Dichtung, Kunst und deutsches Leben 4 (1937/38) S. 654–697. – Auch in: M. K.: Geist und Buchstabe der Dichtung. Frankfurt a. M. 1937. S. 180–254. [Bes. S. 188–192; 215–228.] – Ebd. ^{4}1956. S. 243 bis 317. [Bes. S. 251–255; 278–291.]
Korff, Hermann August: Geist der Goethezeit. T. 4: Hochromantik. Leipzig 1953. ^{2}1958. [Bes. S. 289–314.]
Kreutzer, Hans Joachim: Libretto und Schauspiel. Zu Ingeborg Bachmanns Text für Henzes »Der Prinz von Homburg«. In: Klaus Kanzog / Hans Joachim Kreutzer (Hrsg.): Werke Kleists auf dem modernen Musiktheater. Berlin 1977. S. 60–100.
Kreuzer, Helmut: Hebbel und Kleist. In: Der Deutschunterricht 13 (1961) H. 2. S. 92–115.
Krumpelmann, John T.: Fear and Farce in Fehrbellin. In: Siegfried Mews (Hrsg.): Studies in German Literature of the Nineteenth and Twentieth Centuries. Festschrift for Frederic E. Coenen. Chapel Hill 1970. S. 24–34.
Kühn, Walter: Heinrich von Kleist und das deutsche Theater. München/Leipzig 1912. [Bes. S. 71–83: Bühnengeschichte des »Homburg«.]
Lütteken, Anton: Die Dresdener Romantik und Heinrich von Kleist. Borna bei Leipzig 1917. [Bes. S. 69–73.]
Lugowski, Clemens: Wirklichkeit und Dichtung. Untersuchungen zur Wirklichkeitsauffassung Heinrich von Kleists. Frankfurt a. M. 1936. [Bes. S. 211–220.]
Lukács, Georg: Die Tragödie Heinrichs von Kleist. In: Internationale Literatur. Deutsche Blätter (Moskau) 7 (1937) H. 8. S. 105–126. – Mehrfacher Abdruck, u. a. verändert in: G. L.: Deutsche Realisten des 19. Jahrhunderts. Berlin 1956. [S. 19–47: Die Tragödie Heinrich von Kleists; vgl. bes. S. 35–38.]
Lupi, Sergio: Il Prinz von Homburg di Heinrich von Kleist ovvero La coscienza ritrovata. In: studi germanici 6 (1968) Nr. 2. S. 25–73. – Auch in: S. L.: Coscienza e inconscio nell'arte di Heinrich von Kleist. Florenz 1969.

Luther, Bernhard: Kleists »Prinz von Homburg« und Adam Müllers »Elemente der Staatskunst«. In: Zeitschrift für deutschen Unterricht 30 (1916) S. 171–183.

Martini, Fritz: Heinrich von Kleist und die geschichtliche Welt. Berlin 1940. [Bes. S. 98–109.]

Mason, E. E.: In my Beginning is my End. In: German Life and Letters 31 (1978) S. 135–144.

Mathieu, Gustave: The Struggle for a Man's Mind: A Modern View of Kleist's »Prinz von Homburg«. In: German Life and Letters 13 (1959/60) S. 169–177.

Mayer, Hans: Heinrich von Kleist. Der geschichtliche Augenblick. Pfullingen 1962. [Bes. S. 49–54; S. 68–71.]

Meyer-Benfey, Heinrich: Das Drama Heinrich von Kleists. 2 Bde. Göttingen 1911–13. [»Prinz von Homburg« in Bd. 2 (1913), S. 353 bis 515; Anm. S. 578–589.]

Mommsen, Katharina: Kleists Kampf mit Goethe. Heidelberg 1974. [Bes. S. 159–193.]

Müller, Joachim: Zum Verständnis von Kleists »Prinz Friedrich von Homburg«. In: Weimarer Beiträge 2 (1956) S. 413–416.

Müller, Johann Karl-Heinz: Die Rechts- und Staatsauffassung Heinrich von Kleists. Bonn 1962. [Bes. S. 108–126.]

Müller-Seidel, Walter: Kleist. Prinz Friedrich von Homburg. In: Benno von Wiese (Hrsg.): Das deutsche Drama vom Barock bis zur Gegenwart. Bd. 1. Düsseldorf 1958. S. 385–404.

Müller-Seidel, Walter: Versehen und Erkennen. Eine Studie über Heinrich von Kleist. Köln/Graz. [2]1967. [Bes. S. 179–186.]

Muschg, Walter: Kleist. Zürich 1923. [Bes. S. 299–314.]

Niejahr, Johannes: Ein Livianisches Motiv in Kleists »Prinz von Homburg«. In: Euphorion 4 (1897) S. 61–66. [Zum Motiv des Ungehorsams.]

Politzer, Heinz: Kleists Trauerspiel vom Traum: Prinz Friedrich von Homburg. In: Euphorion 64 (1970) S. 200–220. – Auch in: H. P.: Hatte Ödipus einen Ödipuskomplex? Versuche zum Thema Psychoanalyse und Literatur. München 1974. S. 150–181.

Pongs, Hermann: Heinrich von Kleist. »Der Prinz von Homburg«. In: H. P.: Das Bild in der Dichtung. Bd. 3: Der symbolische Kosmos der Dichtung. Marburg 1969. S. 587–618.

Reusner, Ernst von: Satz, Gestalt. Schicksal. Untersuchungen über die Struktur in der Dichtung Kleists. Berlin 1961. [Bes. S. 112–121.]

Richardson, Frank: Kleist in France. Chapel Hill 1962. (University of North Carolina. Studies in the Germanic Languages and Literatures. Vol. 35.) [Bes. S. 140–145.]

Salm, Peter: »Confidence« and the »Miraculous« in Kleist's Prinz Friedrich von Homburg. In: German Quarterly 34 (1961) S. 238–247.

Samuel, Richard: Heinrich von Kleist und Neithardt von Gneisenau. In: Jahrbuch der Deutschen Schillergesellschaft 7 (1963) S. 352–370. – Auch in: R. S.: Selected Writings. Melbourne 1965. S. 93–111.

Schanze, Helmut (Hrsg.): Wörterbuch zu Heinrich von Kleist. Sämtliche Dramen und Dramenvarianten. Nendeln (Liechtenstein) 1978.

Schlagdenhauffen, Alfred: L'univers existentiel de Kleist dans le Prince de Hombourg. Paris 1953.

Schmidt, Jochen: Heinrich von Kleist. Studien zu seiner poetischen Verfahrensweise. Tübingen 1974.

Schulze, Berthold: Der Kurfürst in Kleists »Prinzen von Homburg«. In: Zeitschrift für deutschen Unterricht 14 (1900) S. 448–460.

Schulze, Berthold: Neue Studien über Heinrich von Kleist. Heidelberg 1904. S. 78–91. [Der Charakter des Kurfürsten.]

Sembdner, Helmut: Fouqués unbekanntes Wirken für Heinrich von Kleist. – In: Jahrbuch der Deutschen Schillergesellschaft 2 (1958) S. 83–113. [Bes. S. 106–111.] – Auch in: H. S.: In Sachen Kleist. Beiträge zur Forschung. München 1974. S. 206–226.

Sembdner, Helmut: Kleists »Prinz von Homburg« auf der Bühne. Unbekanntes zur Theatergeschichte. In: Theater heute 9 (1968) H. 9. S. 45–47.

Siebert, Eberhard: Heinrich von Kleist und Prinz Louis Ferdinand von Preußen. Neue Überlegungen zur Quellenfrage und zur Rezeption des »Prinzen von Homburg«. In: Jahrbuch für die Geschichte Mittel- und Ostdeutschlands 26 (1977) S. 146–160.

Silz, Walter: Kleist's Prinz Friedrich von Homburg, lines 172–174. In: Modern Language Notes 51 (1936) S. 93–94. [Einfluß von Carraccis Gemälde »Der Genius des Ruhmes«.]

Silz, Walter: On the interpretation of Kleist's Prinz Friedrich von Homburg. In: The Journal of English and Germanic Philology 35 (1936) S. 500–516. – Überarbeitet als »Motivation in Prinz Friedrich von Homburg« in: W. S.: Heinrich von Kleist. Studies in his works and literary character. Philadelphia 1961. S. 225–246.

Silz, Walter: Zur Bühnenkunst in Kleists »Prinz Friedrich von Homburg«. In: Der Deutschunterricht 13 (1961) H. 2. S. 72–91. – Auch als »Stagecraft in Prinz Friedrich von Homburg« in: W. S.: Heinrich von Kleist. Studies in his works and literary character. Philadelphia 1961. S. 199–223.

Singer, Herbert: Kleists ›Verhöre‹. In: Studi in onore di Lorenzo Bianchi. Bologna 1960. S. 423–442. [Bes. S. 440–442.]

Skrotzki, Ditmar: Die Gebärde des Errötens im Werk Heinrich von Kleists. Marburg 1971. [Bes. S. 108–116.]

Stahl, Ernst Leopold: Heinrich von Kleist's Dramas. Oxford 1948. Unveränd. Neudr. ebd. 1961. [Bes. S. 103–115.]

Streller, Siegfried: Das dramatische Werk Heinrich von Kleists. Berlin 1966. [Bes. S. 195–225.]

Stümcke, Heinrich: Hohenzollernfürsten im Drama. Ein Beitrag zur vergleichenden Litteratur- und Theatergeschichte. Leipzig 1903.

Tatar, Maria M.: Psychology and Poetics. J. C. Reil and Kleist's »Prinz Friedrich von Homburg«. In: The Germanic Review 48 (1973) Nr. 1. S. 21–34.

Thalheim, Hans-Günther: Kleists »Prinz Friedrich von Homburg«. In:

Weimarer Beiträge 11 (1965) S. 483–550. – Auch in: H.-G. Th.: Zur Literatur der Goethezeit. Berlin 1969. S. 322–410, 440–447.
Tymms, Ralph: Doubles in Literary Psychology. Cambridge 1949. [S. 43–53: Kleist; S. 49–51: Persönlichkeitsspaltung bei Homburg.]
Vohland, Ulrich: Bürgerliche Emanzipation in Heinrich von Kleists Dramen und theoretischen Schriften. Bern / Frankfurt a. M. 1976. [Bes. S. 441–475.]
Weißenfels, Richard: Über französische und antike Elemente im Stil Heinrich von Kleists. In: Archiv für das Studium der Neueren Sprachen und Litteraturen 80 (1888) S. 265–312, 369–416.
Wiese, Benno von: Die deutsche Tragödie von Lessing bis Hebbel. Bd. 2. Hamburg 1948. [Bes. S. 89–102.] 5. Aufl. [in 1 Bd.] Ebd. 1961. [Bes. S. 334–344.]
Wittkowski, Wolfgang: Absolutes Gefühl und absolute Kunst in Kleists »Prinz Friedrich von Homburg«. In: Der Deutschunterricht 13 (1961) H. 2. S. 27–71.
Wittkowski, Wolfgang: Weltdialektik und Weltüberwindung. Zur Dramaturgie Kleists. In: Reinhold Grimm (Hrsg.): Deutsche Dramentheorien. Beiträge zu einer historischen Poetik des Dramas in Deutschland. Bd. 1. Frankfurt a. M. 1971. S. 270–292.
Wukadinović, Spiridion: Kleist-Studien. Stuttgart/Berlin 1904. [Zum »Prinz von Homburg« bes. S. 173–192; u. a. Erörterung der Somnambulismus-Frage.]
Xylander, Oskar Ritter von: Heinrich von Kleist und J. J. Rousseau. Berlin 1937. [Bes. S. 316–329.]
Zucker, A. E.: Biographical Elements in Homburgs ›Todesfurchtszene‹. In: Studies in Philology 34 (1937) S. 564–575.

3. *Zur preußischen Geschichte*

Kleßmann, Eckart (Hrsg.): Deutschland unter Napoleon in Augenzeugenberichten. Düsseldorf ²1965.
Kleßmann, Eckart: Prinz Louis Ferdinand von Preußen 1772–1806. Gestalt einer Zeitenwende. München 1978.
Rosendorfer, Herbert: Der Prinz von Homburg *oder* Der Landgraf mit dem silbernen Bein. Biographie. München 1978.
Schmidt, Arno: Fouqué und einige seiner Zeitgenossen. Darmstadt 1958.
Eduard Vehses Illustrierte Geschichte des preußischen Hofes, des Adels und der Diplomatie vom großen Kurfürsten bis zum Tode Kaiser Wilhelms I. Fortgesetzt von Vehse redivivus. 2 Bde. Stuttgart o. J.

Erläuterungen und Dokumente

zu Büchner, *Dantons Tod.* (J. Jansen) 8104
zu Büchner, *Woyzeck.* (L. Bornscheuer) 8117
zu Droste-Hülshoff, *Die Judenbuche.* (W. Huge) 8145
zu Dürrenmatt, *Der Besuch der alten Dame.* (K. Schmidt) 8130
zu Fontane, *Effi Briest.* (W. Schafarschik) 8119 [2]
zu Fontane, *Frau Jenny Treibel.* (W. Wagner) 8132 [2]
zu Fontane, *Irrungen, Wirrungen.* (F. Betz) 8146 [2]
zu Fontane, *Der Stechlin.* (H. Aust) 8144 [2]
zu Frisch, *Biedermann und die Brandstifter.* (I. Springmann) 8129 [2]
zu Goethe, *Egmont.* (H. Wagener) 8126 [2]
zu Goethe, *Götz von Berlichingen.* (V. Neuhaus) 8122 [2]
zu Goethe, *Hermann und Dorothea.* (J. Schmidt) 8107 [2]
zu Goethe, *Iphigenie auf Tauris.* (J. Angst und F. Hackert) 8101
zu Goethe, *Die Leiden des jungen Werthers.* (K. Rothmann) 8113 [2]
zu Grass, *Katz und Maus.* (A. Ritter) 8137 [2]
zu Grillparzer, *König Ottokars Glück und Ende.* (K. Pörnbacher) 8103
zu Grillparzer, *Weh dem, der lügt!* (K. Pörnbacher) 8110
zu Hauptmann, *Bahnwärter Thiel.* (V. Neuhaus) 8125
zu Hauptmann, *Der Biberpelz.* (W. Bellmann) 8141
zu Hebbel, *Agnes Bernauer.* (K. Pörnbacher) 8127 [2]
zu Hebbel, *Maria Magdalena.* (K. Pörnbacher) 8105
zu Hoffmann, *Das Fräulein von Scuderi.* (H. U. Lindken) 8142 [2]
zu Kaiser, *Von morgens bis mitternachts.* (E. Schürer) 8131 [2]
zu Keller, *Das Fähnlein der sieben Aufrechten.* (J. Schmidt) 8121

zu Keller, *Romeo und Julia auf dem Dorfe.* (J. Hein) 8114
zu Kleist, *Das Käthchen von Heilbronn.* (D. Grathoff) 8139 [2]
zu Kleist, *Michael Kohlhaas.* (G. Hagedorn) 8106
zu Kleist, *Prinz Friedrich von Homburg.* (F. Hackert) 8147 [3]
zu Kleist, *Der zerbrochne Krug.* (H. Sembdner) 8123 [2]
zu J. M. R. Lenz, *Die Soldaten.* (H. Krämer) 8124
zu Lessing, *Emilia Galotti.* (J.-D. Müller) 8111 [2]
zu Lessing, *Minna von Barnhelm.* (J. Hein) 8108
zu Lessing, *Nathan der Weise.* (P. von Düffel) 8118 [2]
zu Th. Mann, *Tristan.* (U. Dittmann) 8115
zu Meyer, *Das Amulett.* (H. Martin) 8140
zu Mörike, *Mozart auf der Reise nach Prag.* (K. Pörnbacher) 8135 [2]
zu Nestroy, *Der Talisman.* (J. Hein) 8128
zu Schiller, *Don Carlos.* (K. Pörnbacher) 8120 [3]
zu Schiller, *Maria Stuart.* (Chr. Grawe) 8143 [3]
zu Schiller, *Die Räuber.* (Chr. Grawe) 8134 [3]
zu Schiller, *Wallenstein.* (K. Rothmann) 8136 [3]
zu Schiller, *Wilhelm Tell.* (J. Schmidt) 8102
zu Shakespeare, *Hamlet.* (H. H. Rudnick) 8116 [3]
zu Stifter, *Abdias.* (U. Dittmann) 8112
zu Stifter, *Brigitta.* (U. Dittmann) 8109
zu Storm, *Der Schimmelreiter.* (H. Wagener) 8133 [2]
zu Zuckmayer, *Der Hauptmann von Köpenick.* (H. Scheible) 8138 [2]

In Vorbereitung:

zu Th. Mann, *Mario und der Zauberer.*
zu Nestroy, *Lumpazivagabundus.*
zu Schiller, *Kabale und Liebe.*
zu Wedekind, *Frühlings Erwachen.*

Philipp Reclam jun. Stuttgart